Super Sabine

Sabine Krink

Sichtbarkeitsmentorin für selbstständige Frauen, Autorin und Speakerin. Geboren 1965 in Nürnberg, Bayern. Glückliche Mutter seit 1989. Selbstständige Erfolgsfrau seit 2001 und Gründerin von „Super Sabine". Gefährtin eines wundervollen Mannes seit 2001. Lebt, liebt und arbeitet in Köln, online und überall auf der Welt. Begleitet selbstständige Businessfrauen in die Sichtbarkeit und in den Erfolg. Erschafft und entwickelt Wertschätzungsräume für weibliche Selbstständigkeit. Verbindet professionelles Business und moderne Spiritualität. Stiftet zu Transformation in der Welt an, damit sich jede Frau auf dieser Erde willkommen fühlt, sich authentisch zeigen kann und, so wie sie ist, wertgeschätzt wird. Schreibt Bücher, weil sie Wortmagie liebt.

www.super-sabine.de

Für meine Tochter Sava, die ich über alles liebe und deren weise Seele ich achte. Für meine Mutter Isolde und für all die Seelen, die ungehört aus diesem Leben gegangen sind und ihren Platz nicht fanden, um sich wahrhaftig zeigen zu können. Für meine Hündin Swantje, deren hingebungsvolle Begleitung ich ehre. Für jede Frau, die auf dem Weg ist, ihre Königinnen-Seele zu entfalten. Mögen wir hell und strahlend das Frauenleuchten entfachen!

Super Sabine

Die sichtbare Erfolgsfrau

Das 7-Zyklus-Prinzip weiblicher Selbstständigkeit

1. Auflage 2019

Umschlag und Illustrationen: Sava Krink
Verlag & Druck: tredition GmbH, Halenreie 40-44, 22359 Hamburg

Fragen und Feedbacks: service@super-sabine.de

ISBN Hardcover 978-3-7497-0760-7
ISBN Paperback 978-3-7497-0759-1
ISBN e-Book 978-3-7497-0761-4

| Inhalt

| Eröffnung 7

| Erfolg als selbstständige Frau 11

Erfüllung mit dem Herzensbusiness 17

Spiritualität und Business 26

Weibliches Erfolgsdenken 31

| Sichtbarkeit mit dem eigenen Business 41

Sichtbarmachen – und zwar richtig 46

Authentisch und wirksam sein 53

Integrität als innere Führung 58

| Das 7-Zyklus-Prinzip 64

Transformationsprozess 68

Phase 1 – Planung 77

Phase 2 – Gründung 91

Phase 3 - Wachstum 101

Phase 4 – Optimierung 117

Phase 5 – Fülle 135

Phase 6 – Reichtum 153

Phase 7 – Vollendung 169

| Erfolgsverhinderinnen 179

Angst – die Furchtsame 186

Manipulation – die Ohnmächtige 191

Scham – die Zurückhaltende 199

Schuld – die Perfekte 204

Neid – die Eifersüchtige 213

Zertifikatswahnsinn – die Gewissenhafte 219

Show – die Drama-Queen 227

Kreativität – die Chaos-Lady 234
Verleugnung – die Kleine 239
Schatten des weiblichen Kollektivs 246

| **Mind-Soul-Set einer Erfolgsfrau** 260
Übernimm die Verantwortung für dich 263
Kreiere eine eigene Emotionsblase 267
Verbinde dich mit Frauen 272
Liebe die Veränderung 278
Nutze deine Intuition 284
Lebe Rituale für Heilung 290
Befeuere dein heiliges Fokus-Feuer 294
Bau dir Erinnerungsmagnete ein 301
Entschuldige dich nicht 310
Suche deine inneren Kraftplätze auf 314
Erkenne deine Größe an 317
Ermächtige dich 326
Wende Wortmagie und Geldzauber an 334
Sei dankbar und ehre jeden Erfolg 345
Aktiviere deine Schöpferinnenkraft 347

| **Mantras und Wortfreuden** 352

| **Das Manifest der Erfolgsfrau** 353

| **Abschluss** 355
Dankbarkeit 355
Ich erkenne mich 357

| **Literaturverzeichnis** 358

| Eröffnung

Das Leben führt dich. Immer.
So hat es dich zu diesem Buch geführt. So hat es *mich* zu diesem Buch geführt:

Es ist wasserstill. Leises Plätschern trifft auf unendliche Weite. Am ersten Tag meines Buchschreibe-Retreats zum Frühlingsbeginn sitze ich morgens auf der kleinen Holzterrasse des Strandhauses und schaue aufs Meer.
In solcher Stille, frei von menschlichem Geschnatter, jenseits meines eigenen lauten Kopf-Geschwätzes kann ich in meine Innenwelt abtauchen. Von dort wandere ich hinüber in die Welt, in der es mehr und Anderes gibt als nur das, was wir in unserer Jetzt-Welt sehen und erfassen können. Ich nenne sie „Anderswelt".
Dafür brauche ich kein Voodoo, keine Klangschale, kein mystisches Räucherwerk, kein Hexenkraut und auch keine Trance-Musik. Es ist schlicht eine Entscheidung. Eine Entscheidung, tief in mich zu versinken. Jede*r kann das. Auch du. Zugegeben, es erfordert etwas Übung, um in unserem lauten Alltag diese innere Stille zu finden. Deshalb gelingt es den meisten Menschen leichter, wenn sie Klangschalen, Trommeln oder Musik als Wegbereiter nutzen, um in den Zustand der spirituellen Verbundenheit, des All-eins-Seins mit sich selbst und allen Wesen zu gelangen. Ich bin eine spirituelle und schamanisch-verwurzelte Frau und zugleich bin ich eine bodenständige, erfolgreiche Business-Frau. Die Anderswelt ist mir vertraut, seit ich denken kann, und ich ahne, dass ich sie auch weit darüber hinaus kenne. Die Jetzt-Welt ist mein Zuhause, in der ich meine Aufgabe des Lebens mehr und mehr erfülle. In der Anderswelt sind meine Wurzeln.
Um in die Anderswelt zu gehen, besuche ich an diesem Morgen am Meer wieder einmal mein Tipi – einen Kraftplatz, den ich je-

derzeit im Geist herbeirufen kann. Dessen Zelt-Tür öffnet sich stets einladend, sobald ich bereit bin, in die Anderswelt einzutauchen. Die wundersame Geschichte, wie dieses Kraftzelt zu mir kam, erzähle ich dir später. An diesem Morgen trete ich ins Tipi ein, um mich zu reinigen. Um mich von all dem zu befreien, was ich jetzt nicht brauche, damit ich dieses Buch schreiben kann. Ein alter weiser Schamane erwartet mich bereits in meinem Tipi. Er führt mich durch eine komplizierte Zeremonie, mit der er meinen Körper mit Öl flutet, alles aus mir herauszupft, was unnötig ist, und ein blaues Band als Spirale der Reinheit um mich schlängelt.

Da ich – wie schon erwähnt – seit vielen Jahrzehnten schamanisch und spirituell unterwegs bin, weiß ich, dass das Gebaren in der Anderswelt oft wirklich „anders" ist. Es geht nicht immer sanft zu und nicht immer begreife ich mit dem Verstand, was geschieht. Manchmal packen mich die Wesen heftig und unverschämt an (schamlos, das heißt, ohne irgendeine Art von Scham zu zeigen), was sie stets in Liebe tun, obgleich es ruppig wirken kann. Die Sprache und das Verhalten sind in meiner Anderswelt drastischer und dadurch meistens eindeutiger. Manchmal kommt es mir so vor, als müssten sie so mit mir umgehen, weil mein Geist sonst womöglich hoch intellektuell agiert und allerhand in das hinein interpretiert, was sie mir doch als klare Botschaft mitgeben. Also werden sie brachial.

Am Ende meines damaligen Tipi-Besuchs malt mir der Medizinmann ein Zeichen auf die Stirn und gibt mir einen Satz mit auf den Weg:

„Ich bin klar, frei und eins mit mir."

Als ich die Augen wieder öffne – hellwach und mit geschärften Sinnen –, schwimmen auf dem Meer zwei Schwäne. In der Jetzt-Welt. Ganz real! Noch nie zuvor hatte ich Schwäne auf dem Meer gesehen. Ich kenne sie von Flüssen, Seen oder Weihern. Sie haben mir schon oft wundervolle Schwanenfedern aus ihrem Gefieder geschenkt, die ich behutsam an mich nahm und die ich in so manchem Ritual einsetze.

Der Schwan ist bereits im Jahr zuvor in den Rauhnächten zu mir gekommen. An Tag drei, also für den Monat März, habe ich ihn als Krafttierkarte gezogen. Manchmal ziehe ich Karten. Aus Freude, weil mir die Tiere und ihre Geschichten gefallen. Oft bringen die Bilder eine Botschaft für mich mit. So wie damals, als die Rauhnächte-Karte den Schwan für den Monat März schickte. Genau im Monat März hatte ich bereits mein Buch-Retreat geplant gehabt und sitze jetzt am Meer. Und da ist er wieder, der Schwan. Nicht nur als Karte, sondern dieses Mal leibhaftig auf dem Wasser, und das gleich zweimal.
Der Schwan als Krafttier macht mich ehrfürchtig. Denn die Schwänin in ihrer Anmut, Stärke und Größe steht für die Macht der Frau, die den heiligen Raum der Intuition kennt, lebt und sich darin erhebt. Die schöne Schwänin erinnert uns Frauen daran, dass wir intuitive Gaben haben und dass wir unseren Vorahnungen voller Grazie und erhobenen Hauptes trauen dürfen.[1]
An diesem Morgen am Meer erinnere ich mich zudem, dass ich dreizehn Jahre lang einen kleinen Schwan als spirituelle Begleiterin an meiner Seite gehabt habe. Nicht in Form eines realen Schwans, sondern ihr Name „Swantje“ bedeutet „kleiner Schwan“. Meine Hündin Swantje war Zeit ihres Lebens der „Schwan“ an meiner Seite, der mich mit meiner Intuition verbunden hat. In unserer intensiven Beziehung ohne Worte verkörperte sie für mich die vollkommene Hingabe ans Leben und an ihre Aufgabe, intuitiv zu erspüren, wie sie die bestmögliche Begleiterin für mich sein konnte.
Noch heute, lange nach ihrem Tod, fühle ich mich tief mit ihr verbunden und sie erinnert mich daran, welch große Gnade es ist, mich der Macht des Lebens hinzugeben, um mich vom Leben führen zu lassen. Es ist meine tiefe Intuition, die mich in den Erfolg geleitet hat, leitet und leiten wird. Es ist meine weibliche

---

[1] Sams, Jamie, Carson, David: Karten der Kraft, Ein schamanisches Einweihungs-Spiel in den „Pfad der Tiere“, 3. Auflage. Aitrang: Windpferd Verlagsgesellschaft mbH 1992, S. 210

Intuition, die mich zum Wohle aller Entscheidungen treffen lässt. Es ist meine weise Intuition, die mich auf den Weg geführt hat, dieses Buch zu schreiben.
Mit einundzwanzig Jahren hatte ich diese Vision:
Ich sitze in einem Strandhaus direkt am Meer und schreibe ein Buch.
Mehr wusste ich damals nicht. Mein ganzes Leben lang hat mich dieses Bild immer wieder aufgesucht. Ich habe nichts beschleunigt, nichts forciert, sondern das Leben wirken und mich von ihm leiten lassen. Bis ich wusste, dass ich genau das jetzt tun musste. Dreiunddreißig Jahre später:
Ich sitze in einem bezaubernden Strandhaus direkt am Meer und schreibe dieses Buch.

Hier ist es. Für dich. Für alle Frauen. Und für alle Männer, die hier gelandet sind. Liebe Leser*in: Ich wünsche dir und mir, dass du beim Lesen offen und berührbar bleibst. Nimm mit, was dir gut tut. Lass hier, was du nicht brauchst. Alles ist bereit für dich. Es wird einen wichtigen Grund geben, warum du hier bist und dieses Buch liest. Denn das Leben führt dich. Immer.

Tief verbunden mit dem Leben,
Sabine

| Erfolg als selbstständige Frau

Frauen denken im Kreis. Nicht linear. Der Zyklus ist das System, das uns Frauen entspricht. Wenn wir versuchen, Business linear zu machen, entmachten wir uns selbst. Wir schneiden uns von unserem natürlichen System ab.

Der weibliche Menstruationszyklus ist ein Kreislauf und würde natürlicherweise immer vom Mond und seinen Phasen gesteuert werden. Ohne Beeinflussungen von außen, die den Kontakt zwischen Mond und Frau stören, wie künstliche Lichtquellen, Strom und andere ablenkende Einflüsse, fände der Eisprung an Vollmond statt, zu Neumond begänne die Menstruation. Wir verwenden sogar viele Begriffe und Lebensweisheiten, denen das Kreis-Prinzip zugrunde liegt:

„Wir drehen uns im Kreis."

„Der Kreis schließt sich."

„Alles läuft rund."

Bei Familienzusammenkünften mögen es viele Frauen am liebsten, wenn alle an einem runden Tisch versammelt sind. Auch bei Business-Meetings und bei Seminaren sitzen Frauen, wenn sie unter sich sind, lieber im Kreis statt an Konferenztafeln.

Wir sind nicht linear ausgerichtet. Wir lieben das Zyklische. Ein Kreislauf mit seinen Phasen, seinem periodischen Verlauf und seiner Unendlichkeit sind uns vertraut. Das prägt viele Lebensbereiche. Zu meinem Liebsten habe ich einmal gesagt:

„Für mich ist Sex am schönsten, wenn er wie ein Kreis ist – ohne Anfang und ohne Ende."

Wir Frauen sind mit dem Kreis-Prinzip verbunden. Den eigenen Businessweg als Zyklus mit verschiedenen Phasen zu betrachten, erscheint da nur logisch. Mein 7-Zyklus-Prinzip ermöglicht deshalb ein tiefes Verständnis für die Zusammenhänge, um als Frau ein erfolgreiches Business zu leben. Es ist mir wichtig, dass du als selbstständige Frau oder solche, die es werden will, weißt, dass es völlig normal und okay ist, wie du dich in deiner

Business-Entwicklung fühlst – und dass es vielen Frauen so geht wie dir. Das öffnet die Tür, damit sich mehr Frauen trauen, sich mit ihrem Business zu zeigen und mehr Erfolg zu haben.
Laut Selbstständigen Report 2018 des Verbandes der Gründer und Selbstständigen Deutschland (VGSD) e.V. waren von den dort befragten Selbstständigen nur ein Drittel Frauen. Erschreckend ist nicht nur diese Tatsache, sondern vor allem folgender Fakt: Trotz durchschnittlich höherer Schulbildung als die männlichen Selbstständigen, erreichen Frauen geringere Umsätze. Selbstständige Frauen entscheiden sich mit einem fast dreimal so hohen Prozentsatz lieber für den Kleinunternehmer-Status als Männer und beschränken ihren Umsatz somit von vornherein auf die aktuell in Deutschland gültige Grenze von 17.500 Euro.[2]
Manche Frauen werden mit ihrem Business immer erfolgreicher, sodass es eines Tages darum geht, die Kleinunternehmer*innengrenze zu überschreiten. Viele entscheiden sich bewusst dagegen und dafür, finanziell von ihrem Mann abhängig zu bleiben, weil sie sich sonst „ja so viel um so etwas wie Steuern kümmern müssten". Diesen Ausspruch höre ich öfter. Er ist kein Einzelfall. Frauen planen ihr Business finanziell von Anfang an eher niedrig als hoch, mit einem geringen Risiko und scheuen den Sprung in hohe Businessumsätze.
Ich bin überzeugt davon, dass dies unter anderem mit einer männlich geprägten Vorstellung eines Businesswegs zu tun hat. Wenn Frauen ein linear ausgerichtetes Business machen sollen, fällt es ihnen schwer, sich vorzustellen, dass sie damit erfolgreich sind. Weil ihnen das Wesen der Linie, also der Businessentwicklung von A nach B, nicht wirklich vertraut ist. Es widerstrebt vielen Frauen, ihr Business nach einem Raster zu planen. In dieser Gesellschaft werden Businessfrauen jedoch dazu angeregt, so zu denken:
„Als Erstes musst du einen Business-Plan machen! Mit Zeiten,

---

[2] Verband der Gründer und Selbstständigen Deutschland e.V.: Selbstständigen Report 2018. Neunkirchen: Buhl Data Service GmbH 2018, S. 32

bis wann was erreicht wird, und mit klar messbaren Unternehmenszielen für die nächsten fünf bis zehn Jahre.“
Hast du deinen privaten Lebensweg jemals so geplant? Hat sich irgendeine Frau, als sie zur Welt gekommen ist, einen Plan gemacht? So wie diesen:
„Mit neun Monaten laufe ich.
Mit zwei Jahren spreche ich ganze Sätze.
Mit sechs gehe ich in die Schule und Sport finde ich das tollste Fach, Mathe finde ich doof, mein Abitur-Notenschnitt liegt bei 2,3.
Ich fange mit einundzwanzig an, zu studieren, wobei ich vorher ein Jahr nach Australien gehe.
Dann will ich Ärztin werden, werde das Studium alledings abbrechen und zweimal heiraten, weil ich in der ersten Ehe nicht genug auf mich achte.
Ich bekomme drei Kinder und sie heißen: Toni, Rosi und Siggy, wovon eines transgender ist.
Karriere als Arzthelferin – dem Ausweichjob statt Ärztin – werde ich nicht machen.
Dann, mit fünfundvierzig, mache ich mich selbstständig mit einer Praxis für Naturheilkunde und Energiearbeit. Nebenbei. Nicht in Vollzeit, weil mein Mann das zu esoterisch findet.
Am 7. Dezember 2042 sterbe ich einsam auf meinem Sofa, ohne jemals wirtschaftlich unabhängig gewesen zu sein.“
So planen wir Frauen unser Leben und unseren Tod nicht, wenn wir zur Welt kommen! Warum also wollen oder sollten wir das plötzlich mit dem eigenen Business so machen? Meiner Erfahrung nach verlaufen Business-Erfolgswege nicht geradlinig von A nach B. Es sind meistens wirre Wege, die vom Leben geprägt sind.
Sich ein unbekanntes Ziel vorzunehmen und es zu erreichen – das klappt oft nicht. Weil du das Ziel, das du dir gesteckt hast, in seiner Gänze noch gar nicht kennst, wenn du an Punkt A stehst. Du weißt nicht genau, wie das Ziel B wirklich aussieht oder wie es sich wahrhaftig anfühlt. Wir kennen in vollem Um-

fang immer nur das, was *jetzt* ist. Für etwas, das in der Zukunft liegt, haben wir kein Wissen, vor allem dann nicht, wenn wir auch in der Vergangenheit keine ähnliche Erfahrung gemacht haben. Wenn du nie eine Million Euro verdient hast, kannst du ein Umsatzziel von einer Million Euro schlecht erreichen, wenn du nur diese Million als Ziel vor Augen hast. Selbst wenn ich den sehr spirituellen Ansatz zugrunde lege, dass wir in der Zeit wandern könnten, bist du immer nur in der augenblicklichen Präsenz mit allem anwesend: mit Körper, Geist und Seele.
Zieldenken bedeutet, in die Zukunft zu denken. Deshalb stresst Zieldenken die meisten Menschen enorm (übrigens nicht nur Frauen). Viele Manager*innen sind meiner Meinung nach unter einem Dauerstress, weil sie versuchen, ein Ziel in der Zukunft zu erreichen und dieses als erstrebenswert zu finden, obwohl sie es gar nicht kennen. Viel lebenswertvoller ist es, zu bejahen, was jetzt ist. Zu fühlen, was jetzt dran ist. Zu tun, was jetzt getan werden darf.
Entgegen aller Meinungen von Business-Berater-Gurus stelle ich meistens kein fixes Ziel auf und halte mich vor allem nicht stur an dessen Erreichung. Wir wissen nicht, was wir erreichen können. Wir kennen das „Erfolgsgefühl“ oft noch gar nicht. Wie willst du etwas als Ziel ansetzen, das du nicht kennst? 50.000 Euro pro Jahr oder 10.000 Euro pro Monat? Wenn du diese Geldeinnahmen noch nie hattest, bleibt das nur eine Zahl, die du schlecht als Ziel visualisieren kannst. Ein Ziel mit einem bekannten Gefühl zu verbinden, gelingt schon eher:
„Ich möchte sorglos und frei mit Geld umgehen.“
Das ruft ein Gefühl hervor.

Eine andere Herausforderung ist, dass du dir immer wieder selbst beweisen wirst, dass Erfolg und deine Zielerreichung nicht funktionieren, wenn du deine Erfolgsverhinderinnen und die Faktoren, die dich beeinflussen, nicht haargenau kennst. Du bist auf Mangel und nicht auf Erfolg trainiert. Dir wurde meistens – wie nahezu allen Frauen – anerzogen, dass Bescheiden-

heit eine Tugend ist, dass Reichtum vererbt wird oder durch harte Arbeit erwirtschaftet wird, und dass du als Frau nicht so hart arbeiten kannst wie ein Mann, ergo nie so erfolgreich sein wirst. Das sind nur einige Denkweisen, die ich hier stellvertretend für die zahlreichen Glaubenssätze und Muster nenne, die uns prägen. Deshalb versuchst du immer wieder, eher Mangel zu kreieren als Erfolg, weil du diesen Zustand besser kennst als den der Fülle. Der Mangelzustand ist dir vertraut. Der Mangel wird gesellschaftlich kultiviert. Du erfährst in bestimmten gesellschaftlichen Zusammenhängen sogar eher Anerkennung für den Mangel und Armutszustand als dafür, eine reiche Frau zu sein, die ihr Leben in Fülle sichtbar zeigt.
Deshalb ist der für mich sinnvollere Weg, nicht ausschließlich mit Business-Zielen zu arbeiten. Sondern vielmehr dem Leben und seinen Aufgaben zu lauschen und deinen Erfolgsverhinderinnen zu begegnen. Es ist wichtig, zu schauen, was sie brauchen und ob und wie du sie gegebenenfalls transformieren möchtest. Wenn ich im Dezember auf mein jeweiliges Jahr als Erfolgsfrau zurückblicke, habe ich stets Erfolge erlebt, die ich im Januar niemals als Ziele aufgestellt hätte! Das Leben überrascht uns, wenn wir es lassen.

In diesem Buch beschäftige ich mich mit neuen Definitionen für Erfolg und mit einem weiblichen Erfolgsweg. Insbesondere inspiriere ich dich, dich für das 7-Zyklus-Prinzip zu öffnen und dein Business aus einem weiblichen Bewusstsein heraus zu führen. Ich gebe dir Inspirationen und praktische Umsetzungsmöglichkeiten an die Hand, um deine Erfolgsverhinderinnen zu erkennen und ein starkes Mind-Soul-Set für dein gesamtes Leben aufzubauen und nachhaltig zu etablieren.

Impuls

Notiere dir, was für dich bisher „ein Erfolg“ war – und was nicht.

....

....

....

....

*Überprüfe, ob das wirklich so stimmt. Ist das wahrhaftig deine Definition oder die von anderen, wie Eltern, Partner*in, Freund*in, Verwandte?*

....

....

Möchtest du an deiner aktuellen Erfolgsdefinition etwas verändern? Dann sieh wach und aufmerksam hin, welche Definition dir wirklich gut tut und kreiere sie!

....

....

....

....

Erfüllung mit dem Herzensbusiness

Was ist Erfolg für dich? Wirklich.
Gewöhnlich ist Erfolg damit verbunden, Geld zu haben oder etwas erreicht zu haben, was meistens ebenfalls mit Geld zu tun hat: Eine gute Jobposition innezuhaben oder ein florierendes Unternehmen zu führen. Ein Haus zu besitzen oder Miete für eine große Wohnung zahlen zu können. Ein tolles Auto zu fahren. Die Familie versorgen zu können. Sich etwas zu leisten, wie das neue Smartphone, schöne Ferien, schicke Klamotten oder etwas ganz Individuelles. Erfolg wird meistens mit Errungenschaften gleichgesetzt.
Für manche Menschen bedeutet Erfolg auch Anerkennung, zum Beispiel der Doktortitel, das veröffentlichte Buch, das Zertifikat oder der Auftritt auf einer großen Bühne. Wenn ein Ergebnis oder ein (selbst gestecktes) Ziel erreicht wird, kann ein Erfolg verbucht werden, und die Bemühungen und Anstrengungen, die jemand bis dahin auf sich genommen hat, werden belohnt.
Das sind alles tolle Definitionen. Ich frage dich allerdings:
Machen sie dich glücklich – diese Varianten von Erfolg?
Mich schon. Bis zu einem gewissen Punkt. Doch immer fehlt mir etwas, um einen Erfolg wirklich als erfüllend zu empfinden. Nur ein Ziel zu erreichen, das genügt mir nicht. Da bleibt jedes Mal eine gewisse Leere in mir zurück. 5000 Euro, 35.000 Euro, 100.000 Euro Umsatz zu machen, ist toll. Das Hype-Gefühl bleibt jedoch nur sehr kurz erhalten. Ich kenne viele Frauen, denen es ähnlich geht.
Die aktuelle Erfolgsdefinition ist sehr männlich geprägt. Männer haben das toll gemacht (das meine ich komplett ernst!), dass sie den Begriff „Erfolg“ erobert und ihn mit ihrer Definition besetzt haben. Doch was ist weiblicher Erfolg? Frauen definieren Erfolg oft anders. Es ist nicht immer das große Geld, das ihnen Freude bereitet, und auch nicht die Zielerreichung allein. Es ist vielmehr, was sie mit dem Geld *tun* können. Eine Studie zum Um-

gang mit Geld, durchgeführt von Neuroökonomen der Universität Zürich[3], hat Folgendes ergeben:
Männer schütten Glückshormone aus, wenn sie Geld real in der Hand oder auf ihrem Konto als Zahl haben. Frauen hingegen schütten Dopamin (das Glückshormon) aus, wenn sie Geld hergeben und mit anderen teilen können. Deshalb gehen Frauen wahrscheinlich gerne shoppen und Männer weniger gern. Beim Spenden oder Shoppen geben Frauen das Geld weg und Männer sehen, wie es ihnen aus der Hand genommen wird. Die Dopamin-Ausschüttung findet an dieser Stelle nur im Frauengehirn statt. Die Forschung geht allerdings davon aus, dass dieses Verhalten erlernt und nicht angeboren ist.
Weiblicher Erfolg ist deshalb oft eng mit Wirksamkeit verknüpft. Frauen fühlen sich erfolgreich, wenn sie etwas bewirkt haben: mit ihrem Business, mit dem, was sie tun, mit dem, was sie in sich selbst bewerkstelligt haben, wie das Auflösen eines Glaubenssatzes. Das kann folglich auch etwas nicht Monetäres sein. Sie sind glücklich, wenn sie eine Botschaft in die Welt gebracht haben und wenn diese dort angekommen ist. Erfolg bei Frauen hat ebenfalls etwas mit „Alle sind versorgt." zu tun. Wenn es allen gut geht und die Familie glücklich ist, verbuchen Frauen das unter Erfolg. Das ergeben meine jahrelangen Beobachtungen als Sichtbarkeitsmentorin in meinen Mentoringprogrammen und Beratungen mit hunderten von selbstständigen Frauen.
Auch Sicherheit spielt beim Erfolgsgefühl einer Frau eine wichtige Rolle. Wenn Ruhe ist, sich niemand Sorgen machen braucht und alle gesund sind und ein Dach über dem Kopf haben, empfinden Frauen das als Erfolg. Erfolgreich zu sein, wird bei Frauen oft darin bemessen, dass es den anderen gut geht. Nicht nur sich selbst, sondern auch allen ihren Liebsten. Eine Frau, die sehr viel Umsatz in ihrem Unternehmen macht, und die gleich-

---

[3] Soutschek, Alexander, Universität Zürich (UZH): Frauengehirn reagiert stärker auf Grosszügigkeit als Männergehirn, 2017. Unter:
https://www.media.uzh.ch/de/medienmitteilungen/2017/Frauengehirn-Grosszuegigkeit.html (abgerufen am: 13.03.2019)

zeitig kranke Kinder hat, weil diese darunter leiden, dass Mama dauernd businessmäßig unterwegs ist, fühlt sich in der Regel nicht erfolgreich. Selbst dann nicht, wenn die Businessziele erreicht wurden. Kranke Kinder zu Hause zu haben, assoziiert ein Vater oftmals nicht so stark mit dem eigenen Business-Kontext, sondern spaltet dies von sich ab: Die Kinder sind krank, doch das beeinflusst sein Erfolgsgefühl nicht, wenn er den eine Million-Euro-Deal gemacht hat. Die kranken Kinder haben für ihn nichts damit zu tun, dass er sich als Vater wenig um die Kids kümmern konnte, weil das Business Vorrang hatte. Business-Mütter hingegen stellen diesen Zusammenhang meistens sofort her:

„Die Kinder sind krank, ich bin selten zu Hause, also bin ich schuld!"

Erfolg bedeutet für Frauen auch, dass sie ihr Business mit Freude machen, und zwar im Einklang mit sich und ihren Werten. Männer können oft leichter Geld verdienen und das als Erfolg verbuchen, selbst wenn das „womit" nicht zu ihren Werten passt. Frauen haben Bauchschmerzen, wenn sie Geld mit etwas verdienen, das ihrem Wertesystem widerspricht, und ihr Erfolg fühlt sich deshalb nicht gut oder gar nicht als Erfolg an. Ein Business in Übereinstimmung mit den inneren Überzeugungen zu leben, ist für die meisten Frauen wichtig, damit sie einen Erfolg überhaupt als solchen empfinden können.

Meine eigene Interpretation von Erfolg ist folgende:

Erfolg bedeutet, dem Leben zu folgen.

In Erfolg steckt das Wort „folg" drin, das von „folgen" kommt. Das Leben gibt mir etwas und dem folge ich. Erfolg folgt dem Leben und ist im Fluss. Nicht im Widerstand. Konkret heißt das für mich, dass ich keine starren Pläne mache, um ein Ziel zu erreichen, sondern ein starkes übergeordnetes Ziel habe und mich diesem jeden Tag unterordne:

„Als Sabine selbstwirksam sein und dem Leben aus der Liebe heraus dienen, damit sich jeder Mensch und insbesondere jede Frau so zeigen kann, wie sie ist, und sich in dieser Welt will-

kommen und wertgeschätzt fühlt, und dass sie das leben kann, was sie möchte, weil dadurch mehr Frieden auf der Erde entsteht.“
Das ist mein übergeordnetes Ziel. Auf dieser Basis schaue ich mir an, was das Leben mir täglich schenkt und spüre in mich und in die Situation, was hier meine Aufgabe ist und wie ich diese mit meinen Fähigkeiten, meinem Wissen und meinen Begabungen bestmöglich zum Wohle aller erfüllen kann. Ich frage mich bei allem, was mir in meinem Business begegnet, wozu genau diese Situation jetzt meinem übergeordneten Ziel dient und was ich dafür tun darf. Die Freude an meinem Business ist dabei die Basis.
Erfolg ist für die meisten Frauen anstrengend. Business zu machen, ist für die meisten anstrengend. Das ist kontraproduktiv! Wie willst du etwas Tag für Tag ein ganzes Leben lang machen, was anstrengend ist? Da ist es nahezu vorprogrammiert, dass du scheiterst. Mache ein Business, das dir Spaß macht und das sich für dich leicht und freudvoll anfühlt.
Erfolg zu haben, ist leicht, weil er die Folge eines erfüllten Business-Lebens ist. Es ist nicht, wie die meisten verinnerlicht haben: Erst kommt der Erfolg und dann darfst du ein erfülltes Business-Leben haben. So funktioniert es nicht! Sondern es läuft umgekehrt: Dann, wenn du dein Business-Leben erfüllt lebst, täglich Dinge mit Freude machst und dich jeden Tag mit deinem Business glücklich und ausgefüllt fühlst, hast du auch Erfolg. Und zwar sowohl den, der dich glücklich macht, als auch den wirtschaftlich-finanziellen.

Um ein Business-Leben erfüllt zu führen, ist es wichtig, dass du weißt, warum du dein Business machst. Nicht wegen Geld. Nicht wegen Anerkennung. Nicht, um zu überleben. Weißt du, warum du dein Business hast? Was ist dein wahrhaftiger, tiefer Grund? Um diesen in dir zu finden, habe ich eine Geschichte für dich:

Das Märchen von der Kröte der Ekstase

Die dicke, fette, goldene Kröte der Ekstase sitzt vor dem Eingang zum goldenen Tor deines Königinnenreichs. Sie fängt dann an zu hüpfen und dir für den Weg in dein Königinnenreich Platz zu machen, wenn sie prickelt. Ihr Prickeln wird ausgelöst, indem sie *dein* Prickeln spürt. Je ekstatischer dieses Prickeln für dein Business ist, umso mehr überträgt es sich und die Kröte der Ekstase hüpft hoch hinauf oder weit weg, damit der Weg zu deinem Königinnenreich frei wird. Sie fragt dich Folgendes – und es prickelt bei ihr nur, wenn sie spürt, dass deine Antwort von tiefster Wahrhaftigkeit durchdrungen ist:

„Was ist dein ehrlicher und tief verwurzelter Grund, der Beweggrund, der dich in Ekstase versetzt, warum du hier auf dieser Welt bist, warum du dein Business machst, warum du diese Aufgabe annimmst, die du bekommen hast?"

Um dieses Herzenswarum geht es immer.

Gerade, wenn es Business-Phasen gibt, die nicht so gut laufen, ist es wichtig, dass du dich daran erinnerst. Wenn du verwirrt bist oder dich gefühlt verirrst, ist es zwingend notwendig, zu wissen, warum du hier bist. Wenn du nicht weißt, ob deine Strategien fruchten, oder wenn dich dein Business phasenweise langweilt, weil du so Sachen wie Steuern zu erledigen hast, dann brauchst du deinen ekstatischen Grund, damit auch diese Momente bestmöglich gelingen.

Verschwende deine Energie nicht an ein Business, das du nicht wirklich mit allen Phasen deines Seins willst. Das Leben ist zu einmalig, um es mit Dingen zu verbringen, auf die du keine Lust hast. Entscheide dich für das, was wirklich in dir brennt! Was macht dir ekstatische Freude? Da geht der Weg entlang, um dein Herzenswarum zu finden. Wenn du ein glasklares "Ja, genau das will ich" hast, dann kannst du loslegen und alles andere lernen und entwickeln. Dann wirst du der Spur folgen, die sich automatisch zeigt, wenn du deinem Ja Raum gibst, und du wirst dieser Spur immer tiefer, immer intensiver nachgehen und deinen Weg finden. Das nennt sich Transformationsprozess zur sichtbaren Erfolgsfrau.

Nur ein ekstatisches Ja zu deinem Business befähigt dich, all diese Prozesse zu gehen, die notwendig sind, wie

- in all die Tiefen abzutauchen, die sich dir zeigen werden
- dran zu bleiben, wenn es schwierig wird
- die nötige Offenheit für Neues zu behalten
- zu lernen und Tag für Tag mehr deines wahren Selbst zu entwickeln
- mit den Widerständen zu gehen, die kommen
- an deinem Mind-Soul-Set wahrhaftig etwas zu ändern
- den Mut zu fassen, groß zu sein
- voll und ganz sichtbar zu werden

und vieles mehr.

Wenn das Ja zu dem, was du machst oder machen willst, nicht hundertprozentig in dir brennt, wird es nicht gelingen. Ein "damit könnte ich gutes Geld machen" reicht nicht, um nachhaltig ein erfolgreiches und erfüllendes Business aufzubauen. Möglicherweise funktioniert es, kurzzeitig damit Geld zu verdienen. Die meisten scheitern jedoch bei einem nicht-beseelten Business auf die ein oder andere Art: finanziell, gesundheitlich, seelisch. Schau dir all die Unternehmer*innen mit Burn-out an. Der kommt daher, weil das Feuer nicht *in* ihnen brennt, sondern sie sich für das Business *verbrennen.*

Du erkennst, ob du wirklich für dein Business brennst und das Feuer in dir trägst, wenn du das, was du tust, auch dann noch voller Freude tun würdest, wenn es kein Geld dafür gäbe, weil du genug Geld hast. Wenn du dann sagst:

„Ja und dafür stehe ich trotzdem jeden Tag auf und habe Spaß dabei!“ – dann ist es ein Herzensbusiness, mit dem du Erfüllung lebst.

Deine Liebe für das, was du tust, ist ein Must-have für den glücklich machenden Erfolg mit deinem Business. Es ist egal, ob du die Technik beherrschst, genug Know-how, ein grandioses Alleinstellungsmerkmal, eine erstklassige Strategie oder eine*n erfahrene Mentor*in an deiner Seite hast:

Dein Herz muss für dein Business brennen! Tut es das nicht, wirst du nie wirklich erfolgreich sein. Das klingt hart, ist jedoch die Wahrheit.
Denn es gibt zu viele Phasen, durch die du in deinem Business durchgehen wirst, wie zum Beispiel, dass die Technik nicht funktioniert wie geplant, dass du alles neu machen oder optimieren musst, dass das Produkt sich nicht verkauft oder du dich den disruptiven Technologien beugen und dein Business neu erfinden musst und viele Herausforderungen mehr. Das schaffst du nur, wenn dein Herz für dein Business glüht.
Wenn ich nicht gewusst hätte, warum ich mein Business mache, hätte ich vieles nicht durchgestanden. Ich brenne dafür, dass Frauen leuchten und ihre wahre Größe zeigen. Das ist Magic für mich! Dafür tue ich alles. Das sind Zaubermomente, in denen ich heulen kann vor Glück, vor Berührung und vor tiefem inneren Frieden, weil ich weiß: Die Welt heilt in diesen Momenten ein Stück. Diese Welt wird in diesen Augenblicken reicher.
Wofür brennst du? Was ist das Leuchtfeuer in dir? Welche Zauberkraft trägt dich, die dich vor Glück überfließen lässt? Sie vor Augen zu haben, ist alles, was du brauchst. Das ist das eine Must-have für dein Business, das existenziell ist.
Ein unperfekter Webseiten-Auftritt, wenn darin dein Glühen zu spüren ist? Funktioniert! Das Facebook-Live Video verwackelt, weil du leidenschaftlich von dir und deinem Business erzählst? Funktioniert! Ein Blogbeitrag mit Fehlern, in dem jedoch dein Herzensanliegen zu spüren ist? Funktioniert! Menschen verzeihen nahezu alles, wenn sie dein Brennen spüren. Umgekehrt bedeutet das auch, dass beispielsweise die perfekte Website ohne Seele keinen Erfolg bringen wird. Was auch immer du tust: Dein Herzens-Warum ist das, was dich in deinem Business weiter und weiter zieht. Wenn du nicht weißt, warum du das alles machst, wirst du spätestens bei der ersten Steuerprüfung einknicken. Dein Warum ist deine Antriebsfeder. Dein Warum nährt dich, wenn einmal keine Kund*innen kommen – und die Phasen gibt es bei jeder. Auch wenn du noch so gut bist, gibt es

in jedem Business immer Plateauphasen der Stille. Genieße in solchen Momenten die Aussicht, schau zurück, was du schon geschafft hast und denk an dein inneres Feuer. Das muss auch dann noch lodern, wenn es kalt wird, zum Beispiel, wenn du ein tolles Produkt, das du arbeits-, zeit- und geldintensiv entwickelt hast, in die Tonne stampfen musst, weil es einfach niemand haben will und weil du dich verrannt hast. Das kann passieren! Das ist auch mir schon passiert.
Dein Warum ist auch der Seelenbereich, in den du immer wieder reinspürst, um zu überprüfen, ob dein Marketing noch stimmt, dein Webseitenauftritt passt, deine Social-Media-Posts wahrhaftig sind und deine Strategien echt zeigen, was dein Business ist. Kenne dein Herzens-Warum und spüre das lodernde und ekstatische Ja zu deinem Business! Dann gelingt ein Herzensbusiness, das nicht nur erfolgreich ist, sondern das dich erfüllt.

Impuls

Wie lautet dein Warum für dein Herzensbusiness? Was ist der Grund, der die Kröte der Ekstase zum Hüpfen bringt, weil sie dein Prickeln, dein Fieber, dein Brennen spürt?
Dieser Grund macht den Weg zu deinem Königinnenreich frei – zum Erfolg sowie zur Erfüllung.

....

....

....

....

Tipp

Notiere dir den Grund – dein Herzenswarum – auf einem wunderschönen Zettel oder fotografiere ihn für dein Mobilgerät ab, speichere ihn und trage ihn stets bei dir – als Erinnerung.

Krafttier Kröte

Die Kröte steht für die Weiblichkeit, insbesondere für Mutter Erde, auf der sie lebt und mit der sie stark verbunden ist. Sie erinnert dich an dein weibliches Sein auf dieser Erde und an deine Erdverbundenheit. Sie bringt Themen wie Kräuterkunde, Hexenweisheit, Natur, Reichtum und innere Führung mit. Die Kröte kann dir zurufen: Lerne (wieder), aus der tiefen Perspektive der Erde – aus Krötensicht – auf alles zu schauen, und verbinde dich mit deinem inneren Reichtum statt dich an Äußerlichkeiten aufzuhalten, damit du nicht nur irdischen Erfolg erlangst, sondern inneren Frieden durch Erfüllung.

Spiritualität und Business

Spiritualität und Business gehören für mich zusammen. Ich bin eine spirituell-verwurzelte Frau, die dem Schamanismus zugetan ist, und ich bin zugleich eine bodenständige Businessfrau, die erfolgreich ist und zu deren Schwerpunkten Sichtbarkeit, authentisches Marketing und Suchmaschinenoptimierung (SEO) zählen. Das bedeutet für mich nicht, dass ich jedes Mal die Sterne befrage, bevor ich eine Entscheidung treffe. Oder dass ich vor jedem Meeting Räucherstäbchen anzünde. Es bedeutet auch nicht, dass ich im Walla-Walla-Kleid zum Business-Meeting gehe. Ich lausche. Ich lausche in mich und in die Welt und achte auf das, was mir täglich begegnet und integriere diese Begegnungen in meine Business-Entscheidungen und Handlungen. Rituale gehören für mich ebenfalls dazu, um meinen Business-Alltag kraftvoll spirituell zu leben. Dabei gibt es für mich kein Konzept, kein Dogma, keine Box, auf der stehen würde „So lebst du Spiritualität".

Kommt dir das bekannt vor? Denkst du auch, dass Spiritualität und Business sich nicht ausschließen und dass es an der Zeit ist, eine modern gelebte Spiritualität mit einem erfolgreichen Business zu verknüpfen – und dies auch sichtbar zu machen?

Viele Frauen machen ein Business und leben eine Form von Spiritualität, die ich alltagstauglich und lebensnah nenne. Oftmals zeigen sie diese gelebte Spiritualität allerdings nicht nach außen und noch seltener im Business-Kontext. Ich meine mit einer alltagstauglichen Spiritualität, dass wir sehr wohl anerkennen, dass wir in einer Welt leben, in der es das Internet gibt, und diese Möglichkeiten auch nutzen. Ich meine damit ebenfalls, dass wir Naturwissenschaften als Bereicherung sehen, um die Welt besser zu verstehen, und Politik als Bestandteil der Gesellschaft und ihrer Entwicklung anerkennen. Ich halte nichts davon, sich auf einen Baum zu setzen und an den Erfolg zu glauben, dazu eine Kerze anzuzünden, die Engel auszuschicken und zu erwarten, dass die Sterntaler herunterfallen. Das ist nicht meine Vorstellung von Spiritualität.

Vielmehr lebe ich ein waches spirituelles Bewusstsein, indem ich wahrnehme, dass es zwischen Himmel und Erde mehr gibt, als das, was wir anfassen und was Wissenschaftler*innen erklären können. Zudem glaube ich an eine Verbundenheit, die über unser Jetzt-Sein hinausreicht, zurück in unsere Ahn*innenlinie und voraus in ein Erfühlen dessen, was kommt. Ich fühle mich verbunden mit allen Menschen und allen Wesen – seien es Tiere, Pflanzen, Steine oder auch solche Wesensarten, die wir nicht sehen können, und jene, die nicht (mehr) auf der Erde leben. Ich bin überzeugt davon, dass wir mit all diesen Wesen eine Verbindung haben, wie ein großes Netz, und dass jede Wesenheit hier eine Aufgabe, eine Bestimmung und einen Platz hat. Erfüllt ein Wesen seine Aufgabe nicht, ergibt sich daraus ein Ungleichgewicht. Manchmal übernehmen andere dann diese Position. Manchmal bleibt sie schlicht leer.

Aktuell ist in dieser Welt ein Ungleichgewicht – vor allem zwischen erfolgreichen Männern und erfolgreichen Frauen. Die Plätze der weiblichen Erfolgsmenschen sind oft leer. Eine Auswirkung davon ist, dass Spiritualität im Business nicht vorkommt, zumindest nicht sichtbar in den Vorstandsetagen. Tatsächlich kenne ich auch Geschichten von erfolgreichen Managern, die angeblich zu einer „professionellen Hexe“ (was auch immer eine professionelle Hexe sein soll) gehen und sich beraten lassen, wie sie ihr Unternehmen führen sollen, und die selbst vor schwarz-magischen Trickversuchen nicht zurückschrecken. Die Frauen und Managerinnen, die ich kenne, haben weitaus mehr Skrupel und Respekt vor der Magie. Ich selbst besuche keine Hexe und befrage sie nicht zu irgendwelchen Entscheidungen. Ich weiß um die „hexische“, also verändernde Kraft in mir selbst und erkenne diese an. Das genügt.

Wir müssen keine Tarotkarten vor einem Meeting legen (können wir aber) und kein Salz verstreuen, um uns zu schützen (können wir aber), und keine Chakrakette um den Hals tragen (können wir aber), um uns energetisch zu stärken. Viel wichtiger finde ich, dass wir eine hohe Selbstverantwortung und ein Wach-Bewusstsein leben, die uns erkennen lassen, welche Auswirkungen unser Handeln, Denken und Fühlen hat – und zwar nicht nur auf den engen Kreis bezogen, sondern weltweit betrachtet. Alles, was zu einer solchen Haltung beiträgt, nenne ich gelebte Spiritualität.

Wenn wir die Blumenwiese als Teil unseres eigenen Lebenssystems betrachten und wir uns dessen gewahr sind, was es bedeutet, wenn wir sie mit Beton zuschütten, sind wir in meiner Weltanschauung spirituell verbunden. Mit der Erde, mit dem Leben, mit ihren Lebewesen und deren Geschichten in jeder ihrer historischen Epochen. Dieses Bewusstsein und diese Haltung bezeichne ich als spirituell. Wenn wir uns der Kraft bewusst sind, die wir selbst haben, sobald wir handeln, ja sogar, sobald wir nur denken, dann würde uns Magie und spirituelles Sein nicht solche Angst machen. Jede*r ist magisch. Auch du. Allein durch dein Sein. Oftmals nutzen wir diese magischen Fähigkeiten nur nicht und verbinden deshalb Spiritualität mit magischen Werkzeugen, Zaubersprüchen oder instrumentalisierten Ritualen.

Ich liebe Rituale – dazu später mehr. Ich liebe Symbolik. Und ich liebe magisches Wirken! Doch das sind nur Begrifflichkeiten für ein Leben, das ich führe, in welchem ich mich als Teil eines Ganzen sehe und gleichzeitig das Ganze bin. Als ich anfangs mit meinem Hang zur Symbolik bei meiner besten Freundin Denisa ankam – einer schamanisch wirksamen Drachenfrau, mit der ich gemeinsam schamanische Business-Ritual-Seminare durchgeführt habe –, da runzelte sie immer die Stirn.

Einmal sagte ich zu ihr, weil ich ein Fan von spielerischen Elementen bin:

„Hey, Denisa, lass uns um die Welt reisen und Mehl-Spiralen auf die Erde malen! Überall dort, wo es zerstörte Kraftorte gibt, malen wir Spiralen und die Orte heilen wir dann."

Denisas Antwort lautete:

„Wieso soll ich Mehl-Spiralen malen, wenn ich das auch so kann?“
So ist es. Wir können auch ohne all den Schnickschnack Großes bewirken. Zu meiner Form der Spiritualität gehört es nicht, sich Doktrinen zu unterwerfen oder nur mit bestimmten Gegenständen, nur an besonderen Orten oder nur mit geheimen Zaubersprüchen zu agieren. Wir sind immer magisch, wenn wir unsere Kräfte wahrhaftig nutzen. Denn da geht viel mehr, als wir alle glauben.
In einem der Harry Potter Filme gibt es eine Szene, da eröffnen die Zwillinge einen Scherzartikelladen: „Weasleys Zauberhafte Zauberscherze“. Die Zauberkids gehen total gerne in diesen Laden. Überall gibt es dort coole Zauber, wie springende Frösche, explodierende Nebel und so weiter. Ich lache bei dieser Szene jedes Mal laut auf: Diese Kinder *sind* junge Zauberer und Hexen. Sie können ohne jeden Schnickschnack mächtig und magisch zaubern – und sie fahren voll auf diese lustigen Zauber im Zauberladen ab!
Edelsteinläden haben für mich dieselbe Wirkung. Ich gehe da rein, nicht weil ich denke, der Stein zaubert. Sondern ich nutze die Power des Steins, um mich an meine Fähigkeiten zu erinnern. Der Bergkristall selbst macht nicht, dass ich Klarheit habe. Egal wie groß er wäre. Wenn ich nicht willens bin, mich klar zu fokussieren, dann macht der beste Bergkristall nichts, weil ich ständig gegen seine Energie arbeiten würde. Magische Gegenstände können uns erinnern. Wir können sie energetisch als Unterstützung nutzen und wir können uns von ihrer Energie beeinflussen lassen. Doch letztendlich ist jeder Mensch für das, was er oder sie tut, selbst verantwortlich.
Ich habe natürlich einen magischen Lieblingsladen. In diesem habe ich einen Zauber gefunden, der mich besonders fasziniert. Es ist eine Zauberblüte aus Messing. Als ich sie im Laden entdeckte, waren ihre Blütenblätter, die einer Lotusblüte ähnlich sehen, geschlossen. Ich zog an einem Blütenblatt, um sie zu öffnen, doch es bewegte sich nichts. Ich zog an einem anderen

Blatt und sie ging nicht auf. Schließlich suchte ich einen Knopf, der die Blüte öffnen würde, doch auch den gab es nicht. Dann entdeckte ich, dass sie auf einem Sockel stand, der eine Schildkröte darstellte. Die Schildkröte ist eine äußert gemächliche Zeitgenossin. Plötzlich fing ich an zu begreifen, dass es sich um eine andere Art von Zauber handeln müsse, eine Magie, die mit Langsamkeit zu tun hat. Also begann ich, die Blüte insgesamt zu drehen. Bei den ersten Runden tat sich kaum etwas. Doch nach und nach öffnete die Blüte ihre Blätter sehr langsam, bis sie voll offen war. Es dauerte viele Runden.

Der Zauber dieses Blütenmechanismus liegt für mich in seiner Übertragung aufs Business-Machen: Wir drehen Runde um Runde, immer und immer wieder machen wir die scheinbar gleichen Sachen, kommen wir an die anscheinend gleichen Knackpunkte. Früher dachte ich, ich würde im Kreis laufen und es würde sich nichts bewegen. Jahrelang hatte ich das Gefühl, stets an die gleichen Stellen zu kommen. Ich haderte mit dem Leben und dachte, das könne nicht die Bestimmung des Business-Lebens sein, nicht die *meines* Lebens. Das stimmte so auch nicht! Denn wie diese Zauberblüte kam ich zwar an einen Punkt, der ähnlich war wie in der letzten Business-Runde, und dennoch war etwas anders. Es war etwas mehr Öffnung da und es war mehr von meinem Licht zu sehen. Ich breitete mich immer weiter aus und entfaltete mich.

Das Business-Leben verläuft exakt so: Runde um Runde geht deine Blüte immer mehr auf, entfaltest du dich Stück für Stück zu deiner wahren Größe. Anfangs kaum sichtbar und später immer offener und immer freier für alle zu erkennen. Der Blütenzauber als spiritueller Gegenstand bewirkt das nicht, denn dein Business bringst du selbst in die Entfaltung und in den Erfolg. Doch diese Blüte kann dich daran erinnern, dass es langsam geht, dass jede Runde wichtig ist und dass du, wenn du deine Entwicklungsphasen im Business-Zyklus gehst, am Ende voll zum Erblühen kommst.

Weibliches Erfolgsdenken

Ich gehe davon aus, dass wir in einer friedvollen Welt leben wollen, in der sowohl Männer als auch Frauen erfolgreich sind. Erfolgreich-Sein, beziehungsweise das Spüren von Erfolg, geschieht meiner Erfahrung nach auf unterschiedlichen Wegen. Mit meinen Inspirationen möchte ich den Blick dafür öffnen, dass das, was heutzutage gesellschaftlich als „erfolgreich“ anerkannt ist und als „Erfolg“ bezeichnet wird, keine Begriffsdefinitionen sind, die bestehen bleiben müssen. Sie dürfen sich ändern.

Mein Ansatz ist, bestimmte Verhaltensweisen oder Wesensarten von Frauen in Bezug auf die aktuelle Erfolgsdefinition nicht als negativ zu bewerten, sondern vielmehr als etwas Gutes zu betrachten. Es funktioniert offensichtlich für Frauen nicht, einen männlich geprägten Erfolgsbegriff zu übernehmen, geschweige denn ihn als eigenen zu betrachten. Es ist an der Zeit, dass wir Frauen damit aufhören, Erfolg, wie er heute definiert wird, hin terherzujagen, denn daran scheitern wir ständig. Stattdessen finde ich es sinnvoll, eigene Definitionen, also ein „weibliches Erfolgsdenken“, zu etablieren. Ich möchte dich dazu inspirieren, dich auf den Gedanken einzulassen, was wäre, wenn bestimmte weibliche Handlungsweisen ein Erfolg wären oder wichtig dafür wären, erfolgreich zu sein?

Dies ist eine Annäherung, um den Erfolgsbegriff neu und anders zu interpretieren und zu prägen als bisher. Dieser Versuch ist genau das: ein Versuch. Er ist nicht vollends ausgereift, denn ich bin auf der Suche, wie wir Frauen in dieser Welt mit Erfolg umgehen wollen – wie *ich* Erfolg leben und mit Inhalt füllen möchte, der mir als Frau entspricht. Meine neuen Gedanken zu Erfolg haben sich entwickelt, weil ich erschrocken bin, als mir bewusst wurde, dass hier im 21. Jahrhundert aktuell

- nicht einmal 4 Prozent aller Frauen in Deutschland Gründerinnen eines Unternehmens sind[4]

- es im Deutschen Bundestag nur circa 30 % weibliche Abgeordnete gibt[5]
- in den 200 deutschen Top-Unternehmen nur 9 % Vorständinnen sitzen[6]

Das macht mich betroffen. In der heutigen westlichen Welt ist es theoretisch möglich, dass gleich viele Frauen wie Männer ein Unternehmen gründen, selbstständig sind und in Führungspositionen arbeiten. Niemand verbietet uns Frauen das. Keine wird bestraft, hingerichtet oder gefoltert, wenn sie eine Machtposition in einem Unternehmen einnehmen will. Ich gehe hier davon aus, dass nicht „die Männer" uns Frauen aktiv hindern, machtvoll und erfolgreich zu sein, sondern dass es andere, tiefer liegende Gründe gibt. Mich beschäftigt deshalb die Frage:

Warum sind so wenige Frauen in Macht- und Führungspositionen?

Um Unternehmerin zu sein oder in hohe Führungsetagen zu gelangen, ist es wichtig, erfolgreich zu sein. Weibliches Erfolgsdenken tickt allerdings anders als das, was hierzulande als Erfolg anerkannt und als Maßstab angelegt wird. Ich möchte nicht nur Konditionierungen auf Basis der kollektiven Geschichte, wie der Hexenverfolgung oder des Naziregimes, anführen und auch nicht nur persönliche Entwicklungstraumata als Hintergründe für ein anderes weibliches Erfolgsverhalten betrachten. Sondern ich schaue mir im Folgenden insbesondere evolutionäre Strukturen an, durch die sich der Begriff „Erfolg" bisher maßgeblich männ-

---

[4] Cayir, Fulya, Flocke, Camille: Miserable Gründerinnenquote – Selbständige Frauen gehören in Deutschland zu den Exoten, 2018. Unter: https://www.handelsblatt.com/unternehmen/beruf-und-buero/the_shift/global-entrepreneurship-monitor-miserable-gruenderinnenquote-selbstaendige-frauen-gehoeren-in-deutschland-zu-den-exoten/22788934.html (abgerufen am: 15.03.2019)

[5] Kailitz, Susanne: Frauen fordern Parität im Bundestag, 2019. Unter: https://www.das-parlament.de/2019/12/innenpolitik/629274-629274 (abgerufen am: 20.6.2019)

[6] Statista GmbH: Frauenanteil in den Vorständen* der 100 bzw. 200 größten deutschen Unternehmen** von 2006 bis 2018, 2018. Unter: https://de.statista.com/statistik/daten/studie/180102/umfrage/frauenanteil-in-den-vorstaenden-der-200-groessten-deutschen-unternehmen (abgerufen am 15.3.2019)

lich geprägt und entwickelt hat.
Mit den folgenden Thesen und meinen Schlussfolgerungen zu weiblichem Erfolgsdenken pauschalisiere ich sehr stark. Das ist mir bewusst. Ich bitte dich als Leser*in, dich einfach auf meine neuen Gedanken einzulassen. Mir ist klar, dass nicht alle Frauen so sind und auch nicht alle Männer so denken. Um einen generellen Strukturwandel zu initiieren, ist es jedoch nötig, sich zunächst mit Grundsätzlichem zu beschäftigen, bevor wir auf die Ausnahmen schauen. Geht es an die Grundsätze eines Gesellschaftssystems sind zu Beginn neuer Denkweisen Pauschalisierungen notwendig, um sich nicht zu sehr im Detail der Ausnahmen zu verlieren. Pauschalen sind wichtig, um zu sehen, was viele Menschen gemeinsam haben, damit wir später differenzieren können.
Ich setze bei der Erfolgskultur an, die sich hier in dieser deutschen Gesellschaft entwickelt hat, und stelle sie in Frage, breche sie auf und stelle die Frage in den Raum, was wäre, wenn wir diese Definitionen verändern. Basierend auf meiner Grundhaltung, dass alles im Leben eine Entscheidung ist und wir Schöpfer*innen unseres Lebens sind, können wir auch die aktuellen Erfolgsstrukturen anders denken und entscheiden, wie wir sie haben wollen. Ich wünsche mir eine Welt, in der unsere weibliche Einzigartigkeit, die unter anderem geprägt ist von Intuition, Gefühlen und vom Kollektiv-Bewusstsein, als eine wertvolle Basis zugrunde gelegt wird, aus der heraus wir Business machen und erfolgreich leben. Aktuell lehnen wir dieses weibliche Bewusstsein gerade im Business und in Bezug auf Erfolg oftmals ab und empfinden es sogar als minderwertig, weil es gesellschaftlich nicht anerkannt ist. Wir erfahren keine Anerkennung dafür und versuchen sogar, männliche Attribute zu übernehmen, wie Gabriele Sigg in ihrem Artikel „Das Sehen als weibliche Form der Erkenntnis“ erläutert.[7]

[7] Sigg, Gabriele: Das Sehen als weibliche Form der Erkenntnis, Ein theoretischer Versuch. In: Tattva Viveka, Zeitschrift für Wissenschaft, Philosophie und spirituelle Kultur 2016, S. 8-17

Wenn wir damit aufhören und anders auf die Dinge schauen, Erfolg neu definieren und ein neuartiges weibliches Erfolgsdenken entwickeln, könnte das Ungleichgewicht zwischen erfolgreichen Männern und erfolgreichen Frauen in ein Gleichgewicht kommen. Dies ist aus meiner Sicht existenziell notwendig, damit wir die Erde nicht weiter zugrunde richten und uns nicht weiter in unnützen Kriegen gegenseitig zerstören, obwohl wir alle Menschen derselben Erde sind.
Dies sind meine Ansätze zu weiblichem Erfolgsdenken als Ausgangsbasis für die gesamtgesellschaftliche Neuprägung des Begriffs „Erfolg“. Möglicherweise löst der ein oder andere Satz zunächst Widerstand in dir aus. Mein Wunsch ist: Lass dich einfach auf ein Gedankenexperiment ein und öffne dich für Neues.

These 1

„Frauen scheuen die Verantwortung für viele Menschen.“
Grundsätzlich sind Frauen bereit, Verantwortung für ihre Kinder, die Familie, den Fortbestand der eigenen Sippe zu übernehmen. Das ist großartig und wichtig. Macht- und Führungspositionen beinhalten jedoch immer, mit zunehmendem Wachstum des Unternehmens Verantwortung für viele Menschen, in der Regel für viele fremde Menschen zu übernehmen. Je erfolgreicher eine Person wird, umso mehr Mitarbeiter*innen braucht sie und umso mehr Verantwortung trägt sie für diese, ihr zumeist nicht intensiv bekannten, Menschen. Als Führungsperson ist es erforderlich, gegenüber dieser Mitarbeiter*innengemeinschaft klar Stellung zu beziehen. Entscheidungen sind zu treffen und es ist notwendig, zu diesen Entscheidungen zu stehen. Das empfinden viele Frauen als anstrengend und stressig.
Sie spüren Stress, wenn sie eine Person entlassen müssen und dieser sagen müssen, dass sie nicht mehr zur Gemeinschaft dazugehört. Sie mögen es nicht, unliebsame Entscheidungen durchzusetzen, Haltung zu bewahren, Rückgrat zu zeigen und im Feuer stehen zu bleiben, wenn es Kritik an ihrer Führung gibt. Es wird aktuell als Unfähigkeit bewertet, wenn Frauen kei-

ne solche Verantwortung für ein Unternehmen übernehmen wollen. Frauen möchten viel eher Harmonie und Verbindung als Trennung, weil tiefe Verbindungen und Beziehungen wichtig waren und sind, um die eigene Art zu erhalten. Evolutionär betrachtet sind Frauen für ein harmonisches Gefüge zur Arterhaltung zuständig, um Kinder zu gebären und dafür zu sorgen, dass diese überleben.
Männer stresst es weniger, Disharmonien auszuhalten, und es fällt ihnen deshalb leichter, Verantwortung in einem Unternehmen zu übernehmen. Sie sind nicht so sehr in der Tiefe verbunden, sondern eher in der Breite. Seilschaften zu gründen, Business-Kooperationen einzugehen, vorübergehende Brüderschaften zu nutzen – das ist ihnen vertraut und sie können es schneller und leichter als Frauen. Während für Frauen stets der Aspekt des Sich-Mögens eine Rolle spielt, wenn sie über Business-Kooperationen nachdenken, ist es für Männer nicht so wichtig, sich zu mögen. Die Frage, die sich Männer stellen, lautet:
„Dient dieser Zusammenschluss hier meinem Vorwärtskommen oder nicht?“
In der aktuellen Erfolgskultur wird Erfolg daran festgemacht, ob du Verantwortung für viele Menschen, große Projekte und hohe Umsatzzahlen übernehmen kannst und willst.

Mein Gedanke dazu:
Was wäre jedoch, wenn Erfolg daran gemessen wird, wie sehr wir intensive Beziehungen eingehen können, wie stark wir mit anderen verbunden sind, wie intensiv wir mit dem Team und den Mitarbeiter*innen in die Tiefe gehen können, wie verantwortungsbewusst wir für unsere Unternehmenszugehörigen und zugleich für unsere Kinder und unsere Familie handeln können? Was bedeutet es für die Welt, wenn Menschen in Führungspositionen sind, die so ticken? Wenn die Fähigkeit von Frauen, Verantwortung für tiefe Beziehung zu übernehmen, eine hohe Wertschätzung erfährt?

These 2

„Frauen messen Erfolg nicht im Außen, sondern im Innen."
Für Frauen ist ein Erfolg nicht (ausschließlich), ein Ziel zu erreichen, sondern eine Erkenntnis zu haben. Es beflügelt sie eher, wenn sie erkennen, welchen inneren Mustern sie erliegen oder welche Glaubenssätze in ihnen schlummern und wie sie ihr Potenzial entfalten können, was für schwierige Kindheitsprägungen sie aufzulösen haben und wie ihnen das gelingt. Das ist Innenschau und nichts, das nach außen gerichtet ist. Die Freude einer Frau ist oft größer, wenn sie einen uralten Glaubenssatz endlich gewandelt hat, als wenn sie das Umsatzziel von 50.000 Euro erreicht hat.
Ich kenne dies selbst nur allzu gut aus meiner Zeit als Angestellte. Damals habe ich als Vertriebsassistentin quasi eine eigene Abteilung gehabt, ohne dass dies jemals jemand so bezeichnet hätte. Faktisch war es so. Denn außer mir hat niemand sämtliche Mitarbeiterschulungen im Haus gemacht und es hätte auch niemand machen können, weil ich die einzige Person im gesamten Unternehmen war, die das umfangreiche Produktportfolio vollständig kannte. Zudem habe ich alle externen Promotionkräfte ausgebildet, geschult und dadurch zu einer Erhöhung des Umsatzes beigetragen. Mir war wichtig, dass meine Promotionkräfte vor Ort in den Märkten toll arbeiteten, sich wohlfühlten, mit den Materialien zurechtkamen, die ich für sie entwickelt hatte, und dass wir ein tolles Verhältnis zueinander hatten.
Insbesondere verzeichnete ich es als einen Erfolg, dass sie an das Unternehmen glaubten, obwohl sie dort nicht angestellt waren, weil sie externe Dienstleiterinnen waren. Trotzdem hatte ich es geschafft, sie mit der Unternehmenskultur so sehr in Kontakt zu bringen, dass sie diese Werte vor Ort vertreten konnten. Das war „nach innen schauen" par excellence. Im Außen hat die Abteilung, zu der ich gehörte, den Umsatz dadurch erheblich steigern können. Das hat mein damaliger Abteilungsleiter in der Besprechung mit dem Inhaber hervorgehoben. Es wurde allerdings als *sein* Verdienst gewertet und er wurde befördert. Ich bekam

keinerlei Aufmerksamkeit, weil ich mich mit dem, was ich als Erfolg ansah, nicht bemerkbar gemacht habe. Mutmaßlich, weil ich ahnte, dass es niemanden interessierte, wie sich die Promotionkräfte *fühlten*.
Frauen reicht oft das innere Glücksgefühl, dass sie etwas bei Menschen bewirkt haben, wie es mir hier gereicht hat, dass ich es geschafft hatte, dass die Promotionkräfte sich gut mit dem Unternehmen identifizieren konnten und ich somit eine Einstellung bei ihnen zum Positiven gewandelt hatte, die zu mehr finanziellem Umsatz beitrug. Das sah ich als Erfolg an. Bei Männern reicht das meistens nicht, um sich erfolgreich zu fühlen. Sie wollen und brauchen das Lob von außen und zwar in messbaren Zahlen. In der aktuellen Erfolgskultur wird Erfolg an klar berechenbaren Zielen festgemacht. „Menschen vertrauen mir" ist kein klar messbares Ziel. „200.000 Euro Umsatz mehr als letztes Jahr" schon.

Mein Gedanke dazu:
Was wäre, wenn Erfolg daran gemessen wird, wie intensiv wir alte Muster geheilt haben, wie intensiv wir Glaubenssätze gewandelt haben, wie sehr jede einzelne Person innerlich „heil" (im Sinne von „ganz mit sich selbst in Frieden") und frei ist, und wie sehr wir unsere Werte leben? Was wäre, wenn Menschen in Führungspositionen wären, die so ticken? *

These 3

„Frauen möchten keine Fehler machen." *
Ein Fehler ist in meinem Weltbild nichts, was negativ ist, sondern schlicht das Fehlen eines bestimmten Wissens oder das Fehlen einer Fähigkeit, das Fehlen von Achtsamkeit oder ähnlichem. Wenn Frauen einen Fehler in diesem Sinne machten, war es – evolutionär betrachtet – existenziell. Wenn sie das falsche Kraut ins Essen mischten, starben alle. Wenn sie das Kind nicht richtig versorgten, war der Fortbestand der Gemeinschaft gefährdet. Wenn sie vergessen hatten, ihren Nachkommen ihr Wis-

sen weiterzugeben, war der Stamm vom Tod bedroht. Die Lebenserhaltung der Art war und ist von Beginn an unser Job als Frau. Als Gebärende, als Lebensbringerin, als Art-Erhalterin.
Männer sind nicht so nah und dauerhaft mit der Art-Erhaltung konfrontiert wie Frauen. Sie geben ihren Samen zur Fortpflanzung dazu und danach haben sie andere Aufgaben. Männer verhalten sich mehr im Modus „ausprobieren und schauen, was geschieht". Das mussten sie auch. Um die Welt zu entdecken, neues Terrain zu erkunden und Beute zu jagen, brauchte es Abenteuerlust und Mut, um ins unbekannte Gebiet zu gehen und zu schauen, was dort geschieht.
Während Frauen erst sechzig Mal prüfen, ob wirklich alles fehlerfrei ist, bevor sie mit ihrem Business rausgehen und auf zig Möglichkeiten vorbereitet sind, die geschehen könnten, tun es Männer einfach. Das macht uns Frauen in vielen Bereichen langsamer, beispielsweise in der Entwicklung unseres Business, und damit auch im Erreichen von Erfolg. Während wir noch abwägen, ob wir den offenen Vorstandsposten mit Kind und Familie unter einen Hut bringen können und alles in einen guten Fluss bringen wollen, hat der Mann sich längst beworben und es wurde ihm schon zugesagt. Er überlegt hinterher, wie er sein Leben neu sortiert. Der Vorstandsposten ist für uns Frauen weg. Wir waren zu langsam.
Während Frauen noch prüfen, was ihre Erfindungen wohl mit der Welt machen, haben Männer, wie der "Vater der Kunststoffe", der Belgier Leo Hendrik Baekeland, ein neues Zeitalter eingeleitet. Was mit den Auswirkungen ist – das schauen wir später, nämlich heute, und müssen mit den Folgen der Plastik-Entwicklung zurechtkommen.
In der aktuellen Erfolgskultur wird Erfolg daran festgemacht, schnell zu handeln, Fehler zu machen und mit den Auswirkungen später umzugehen.

Mein Gedanke dazu:
Was wäre, wenn Erfolg daran gemessen wird, langsamer zu ma-

chen, den Dingen mehr Entwicklungszeit zu geben und den Moment abzuwarten, bis alles miteinander im Fluss ist, und Konsequenzen in Bezug auf Familie und unsere Erde stärker durchdacht werden, bevor wir starten? Was wäre, wenn Menschen in Führungspositionen wären, die so ticken?

These 4

„Frauen wollen intuitionsgeleitetes Business machen."
Männer streben ein Ziel an, sie wollen von A nach B. Ein Erfolg ist hierzulande dann groß, wenn dies schnell, effizient und mit möglichst wenig Ressourcenverbrauch und möglichst viel (finanziellem) Gewinn geschieht. Frauen wollen gar nicht auf schnellstem Weg von A nach B kommen. Sie genießen es, wenn sie Zeit haben, sich mit dem jeweiligen Weg-Abschnitt beschäftigen können, wenn Muße dafür da ist, sich umzusehen, wo sie aktuell stehen, wenn sie reinspüren können, was dieser momentane Prozess mit ihnen macht, und wenn sie der Intuition trauen dürfen, bis sie den nächsten Schritt tun.
Frauen mögen es, wenn die Dinge wieder von vorn beginnen – wie in der Natur. Wenn ein Jahreskreislauf abgeschlossen ist und der nächste startet erneut, dann sind Frauen im Fluss mit dem Leben. Jede Schwangerschaft ist ein „von vorn" beginnen und startet einen neuen Zyklus.

Mein Gedanke dazu:
Was wäre, wenn Erfolg daran gemessen wird, ein Business als einen Zyklus anzusehen, in dem es bestimmte Phasen gibt und jede dieser Phasen intuitiv gelebt werden will? Was wäre, wenn Menschen in Führungspositionen wären, die so ticken?

Ich habe mein 7-Zyklus-Prinzip genau aus diesen Gründen und auf Basis dieser Erfahrungen mit Frauen und dem weiblichen Erfolgsdenken entwickelt. Es bietet eine Chance, um die Lücke in der bisherigen Erfolgsdefinition zu füllen und eine neue Erfolgskultur zu kreieren, in der wir uns als Frauen wiedererkennen. Ich inspiriere damit zu einem Erfolgsleben, mit dem wir in tiefe Resonanz gehen und durch das wir Erfolg als erstrebenswert erachten.

| Sichtbarkeit mit dem eigenen Business

Ich bin überzeugt: Wir richten diese Welt zugrunde, wenn wir Frauen uns nicht in unserer vollen Größe zeigen. Ladys, es ist unsere Aufgabe, uns sichtbar zu machen. Es ist unsere Verantwortung, hell und strahlend zu leuchten. Wir – du und ich – sind dran, uns voll zu zeigen. Wenn wir nicht endlich aufstehen und sagen, was wir zu sagen haben, überlassen wir das Feld den Männern. Männer, ich liebe Euch, und: Es ist an der Zeit, unsere Plätze einzunehmen. Die Plätze der Frauen. Denn da sind zu viele leer. Da fehlt etwas in dieser Welt. Da fehlen sichtbare Erfolgsfrauen!

Wir lassen uns einlullen, weil es uns wirtschaftlich so gut geht. Doch in Wahrheit sind in der Wirtschaft und in der gesamten Gesellschaft vakante Plätze. Es fehlt Weiblichkeit. Da fehlen Frauen, die diese Gesellschaft sichtbar mitprägen. Da fehlst du, die sich mit ihrem Business und dem, was sie zu sagen hat, voll zeigt. Denn Menschen können sich nur in dir erkennen und zu dir finden, wenn du dich offenbarst. Erst dann wirst du wirksam.

Sichtbarkeit ist der Schlüssel zu echten Begegnungen. Zu solchen, die ein Glücksgefühl auslösen, die berühren, die kribbeln und die das Herz erreichen. Wenn du niemanden triffst, spielt Sichtbarkeit keine Rolle. Sie wird erst dann wichtig, wenn du mit anderen in Kontakt gehst oder gehen willst. Dann ist sie ein Signal, um dich mit deinen Bedürfnissen, deiner Meinung, deiner Haltung, deinen Wünschen und deiner Aufgabe zu zeigen. Da wir alle soziale Wesen sind, ist Sichtbarkeit die Voraussetzung, um erfüllende soziale Kontakte aufzubauen. Sichtbarkeit ist auch die Basis für ein erfolgreiches und erfülltes Business. In deinem Leben und Business passiert nur dann, was du dir wünschst, wenn du dich sichtbar machst – mit deiner Botschaft, mit deinen Angeboten, mit deinem Herzensbusiness.

Dein Gegenüber kann erst erkennen, was dich ausmacht, was

du anbietest und wie du „tickst“, wenn du dich wirklich so zeigst, wie du bist. Erst dann können andere mit dir in Kontakt gehen. Menschen verbinden sich miteinander, weil es eine gleiche Wellenlänge, ähnliche Anschauungen oder gemeinsame Werte gibt. Wenn du ein Business oder ein Projekt in die Welt bringen willst, kannst du die besten Ideen haben: Es wird dich niemand finden, wenn du dich nicht zeigst. Es kann dich keine*r erkennen und zu dir kommen, wenn du unsichtbar bist und wenn du dein Business nicht wahrhaftig nach außen kommunizierst. Oder es finden dich die falschen Menschen, wenn du dich nicht ehrlich sichtbar machst.

Je sichtbarer du wirst, umso höher sind deine Chancen, dich mit den für dich richtigen Menschen zu verbinden. Mit solchen, die dir gut tun. Denn erst, wenn Menschen erkennen, was du willst und magst, können sie mit dir in Kontakt treten und sagen:

„Das mag ich auch!“

Je weniger sichtbar du dich machst, umso größer ist die Wahrscheinlichkeit, dass du in deinem Leben von Menschen umgeben bist, die dir nicht gut tun. Glücklich sein, sich wohl fühlen, Erfolg leben, die richtigen Menschen in deinem Business haben, die dir Freude bereiten – das hat alles mit deiner Sichtbarkeit zu tun. Wenn du nur einen kleinen Teil dessen zeigst, was dich ausmacht, denkt dein Gegenüber:

„Oh, nur so wenig stimmt zwischen ihr und mir überein! Da suche ich lieber weiter, nach einem Menschen, der besser zu mir passt.“

Dabei hast du nur zehn Prozent von dir gezeigt! Dein Gegenüber glaubt jedoch, das wären hundert Prozent und schlussfolgert daraus, dass du nicht zu ihm passt. Menschen um dich herum können nur das von dir erkennen, was du aussendest – durch Worte, Taten und Ausstrahlung. Jetzt kommt das Fatale an deinem Zehn-Prozent-Zeigen: Aufgrund der Reaktion des anderen, der sich abwendet, beginnt dein Kopfkino zu rattern. Es entstehen Gedanken und Gefühle wie diese:

- Mich mag keiner.
- Niemand sieht mich.
- Ich werde nicht beachtet.
- Ich erhalte keine Anerkennung.
- Ich bin nicht gut genug.

In dir manifestieren sich Glaubenssätze, Muster und Annahmen, die auch noch bestätigt werden, obwohl das Gegenteil dieser Annahmen der Fall sein kann! In Wahrheit stimmen vielleicht sogar neunzig Prozent mit deinem Gegenüber überein und du bist „mehr als genug“ für ihn oder sie. Du bist möglicherweise die perfekte Coachin oder die beste Trainerin für diese Person. Die Menschen um dich herum wissen das nur nicht – und du weißt damit auch nicht, wer dich wirklich toll findet. Denn du zeigst dich nur zu zehn Prozent.

Die Lösung liegt nicht in den anderen, sondern in dir selbst. Wenn du dich mehr zeigst, bedeutet das die Chance auf mehr Kontakte mit den richtigen (zu dir passenden) Menschen. Und damit mehr Anerkennung, mehr Zufriedenheit, mehr Glücksgefühl und mehr Erfolg. Denn wir sind dann glücklicher, wenn wir in guten Verbindungen zu anderen Menschen leben. Durch dein Dich-nicht-voll-Zeigen kreierst du täglich Irrtümer und verhinderst wohltuende Kontakte. Als Businessfrau boykottierst du damit sogar, dass dich die richtigen Kund*innen finden. Es kommen die falschen oder keine Kund*innen, weil du dich nicht zu hundert Prozent zeigst. Ich kenne zahlreiche intelligente Businessfrauen mit fantastischen Ideen, die mit ihrem Business scheitern, weil sie sich nicht oder nicht richtig sichtbar machen. Sichtbarkeit ist die Voraussetzung für ein erfolgreiches Business.

Wenn ich das Wort auseinandernehme, kommt dabei übrigens Spannendes zutage: Sicht-bar bedeutet die „bare Sicht“, also die „nackte Sicht“. „Bar“ wird hier als Synonym für „nackt“ verwendet. Es geht um die nackte Sicht auf dich, um die unverhüllte, um die ehrliche Sicht. Sichtbarkeit und Ehrlichkeit gehören zusammen, um erfüllenden Erfolg zu haben. Eine bare Sicht ist

zugleich eine klare Sicht. Klarheit ist ebenfalls die Begleiterin von Sichtbarkeit. Die klare Sicht auf dich und das, was dir wichtig ist, was du zu bieten hast und was du in die Welt bringen möchtest – darum geht es beim Sichtbarmachen.
Oftmals ziehen Menschen es vor, unehrlich und unsichtbar zu bleiben, um Konflikten auszuweichen, die deutliche Sichtbarkeit hervorrufen kann. Wenn du sichtbar bist, bist du nämlich auch bemerkbar, was ebenfalls ein Synonym für „sichtbar“ ist, genauso wie auffallend, fühlbar oder offenkundig. Die Menschen nehmen dich wahr, wenn du offen kundtust, wer du bist, was du willst, wie du lebst und wie du Business machst. Das ruft nicht nur Freude hervor, sondern kann auch dazu führen, dass sich Menschen von dir abwenden, gerade, wenn deine Veränderung zur klaren Sichtbarkeit sehr plötzlich erfolgt. Es kann bewirken, dass Menschen gehen, und zwar genau die, die es nicht gut finden, wie du wahrhaftig bist. Jetzt hast du Klarheit! Vermeintliche Freund*innen oder Kund*innen gehen, die nicht wirklich dich meinen, und die dich so, wie du wahrhaftig bist, auch nicht wollen. Das schafft Platz für neue Menschen. Die, mit denen du gut arbeiten und gut leben kannst. Die, die spüren, dass sie hier bei dir genau richtig sind, denn jetzt bist du echt und fühlbar. Die, mit denen du ein Business und Leben der Erfüllung führen kannst.
Unsichtbarkeit ist wie ein wabernder Nebel, der nicht greifbar ist. Sichtbarkeit bringt Konturen in dein Tun, es bringt Ecken und Kanten, und damit wirst du fühlbar. Die Menschen um dich spüren dich – authentisch und ehrlich. Die Frage ist: Willst du sichtbar, und damit ehrlich, authentisch, bemerkenswert, deutlich und fühlbar sein, oder nicht?
Sichtbar zu sein, ist radikal. Ein bisschen Sichtbarkeit geht nicht. Entweder du zeigst dich oder nicht. Das Bisschen, das du gegebenenfalls nicht zeigst, ist bereits ein Verheimlichen und ist damit unehrlich. Es führt zu der oben beschriebenen Verwirrung und zu Missständen in deinem Umfeld. Dich voll und ganz sichtbar zu machen und zwar in der souveränen Haltung einer

Erfolgsfrau, wirkt befreiend. Es ist, wie aus dem Smog einer Großstadt zu fahren und in den Bergen frische Luft zu atmen. Du bist voll du – weiblich, authentisch, sichtbar.

Impuls

In welchen Businessbereichen und Lebenssituationen bist du bereits sichtbar, bemerkbar und fühlbar?

....

....

....

Wo noch nicht?

....

....

....

Sichtbarmachen – und zwar richtig

Eine richtige Sichtbarkeit ist wichtig, also solch eine, die authentisch und echt ist. Sie ist existenziell, damit dich die zu dir passenden Personen finden – und damit du gesund bleibst. Dich für ein Business-Image zu verbiegen, beschert meistens Bauchschmerzen, weil du versuchst, ein Konstrukt deines Selbst darzustellen. Das ist anstrengend und kann auf Dauer sogar krank machen. Etwas nicht preiszugeben, ist übrigens nichts anderes, als etwas Unechtes in die Welt zu schicken. In beiden Fällen bist du nicht richtig sichtbar, nicht wirklich du.

Eine Version deines Ichs, die du konstruiert hast, lockt Menschen an, die du gar nicht in deinem Leben oder in deinem Business haben willst. Dadurch entstehen schräge Situationen oder du fühlst dich unwohl und unglücklich. Vielleicht kennst du Situationen, in denen du dich nicht wirklich zeigst, wie du tatsächlich bist. Du bist unklar und zurückhaltend. Du bist mit deinen Wünschen und Werten für andere nicht erkennbar. Daraus können beispielsweise Begebenheiten und Auswirkungen wie die nachfolgenden entstehen:

Du triffst immer wieder diese eine Person, die dich mit einem Gespräch überrollt. Sie drängt dir eine Unterhaltung auf, die du gar nicht willst und zieht dich mit ihrem Gejammer energetisch nach unten. Höflich nickst du im Gespräch und fragst womöglich noch nach, wie es ihr geht. Tatsächlich hast du kein Interesse an ihr und sie tut dir nicht gut. Dein Verhalten signalisiert jedoch das Gegenteil. Solche energiefressenden Menschen setzen sich in deinem Leben fest und kosten dich Kraft, wenn du an dieser Stelle nicht entweder zeigst, dass du gar nichts mit ihnen zu tun haben willst, oder dass du über etwas Anderes, Gehaltvolleres mit ihnen reden willst.

Solange die Quengel-Person in ihrem Wunsch sehr viel klarer ist als du, wird sie sich durchsetzen: Sie will jemandem ihr Leid klagen und wahrscheinlich will sie auch schlicht Kontakt haben. Sie macht sich deshalb deutlich sichtbar bei dir und zieht dich mit in ihre Jammerwelt. Das kannst du ändern, indem du dich mit dem sichtbar machst, was *du* möchtest: Ruhe oder andere Gesprächsthemen.

Ein anderes Szenario, das viele Businessfrauen kennen, sind Kund*innen, die ihre Rechnungen zu spät zahlen. Wie deutlich und klar hast du kommuniziert, dass dir pünktliches Bezahlen wichtig ist? Hast du Verbindlichkeit als einen Wert ausgegeben, der auf deiner Webseite steht oder den du im Kund*innengespräch klar gemacht hast? Oder lavierst du dich in deinen Mails oder sogar in deiner Rechnungsstellung um die Pünktlichkeit der Zahlung herum? Genau diese Unsichtbarkeit von Werten, die dir wichtig sind, zieht Menschen an, die andere Werte haben. Werte klar zu kommunizieren, ist immens heilsam für dein Seelenwohl, für deinen Erfolg und deine Zufriedenheit im Business.

Möglicherweise findest du dich auch in diesem Schlamassel wieder:

Du arbeitest mit Menschen, mit denen es anstrengend oder schwierig ist – und das, obwohl du selbstständig bist und dir ein erfüllendes Business mit tollen Kund*innen wünschst? Überlege dir, wie sehr du in dir geklärt und nach außen klar ausgesprochen hast, wer deine Business-Lieblingsmenschen[8] sind! Oder hast du es verschleiert, weil du Angst hast, dass dann Menschen weg bleiben und du nicht genug Kund*innen bekommen könntest?

Dich klar zu positionieren und dir vor Augen zu führen, wer die Menschen sind, mit denen du arbeiten möchtest, ist existenziell notwendig. Sonst sammelt sich in deinem Umfeld ein Schwarm an Leuten, mit denen du nicht klar kommst. Unklarheit erzeugt „nicht klar kommen“. Dich mit deiner Vorstellung der idealen

---

[8] Krink, Sabine: In 10 Schritten zu deinen Business-Lieblingsmenschen. Köln: Super Sabine 2018, S. 4-5

Kund*innen sichtbar zu machen, ist wichtig, um Freude und Erfolg im Business zu haben.
Ich bekomme immer wieder zu hören:
„Sabine, ich mache so viel Marketing und nichts bringt etwas!“
Sichtbarkeit ist das, was wir nach außen zeigen. Wenn das nicht kongruent mit dem ist, was Menschen von uns wahrnehmen, entsteht Disharmonie. Deshalb reicht Sichtbarkeit allein nicht. Die richtige Sichtbarkeit, nämlich authentische, ist wichtig. Machst du ein Marketing, das dir nicht entspricht, bringt es nichts. Wenn du dich sichtbar machst, entstehen im Außen zwei Wahrnehmungsströme. Diese verdeutlichen sehr gut, warum authentische Sichtbarkeit wichtig ist.
Die kognitive Wahrnehmung ist der eine Strom. Hierbei nehmen Menschen deine Worte oder deine Handlung über ein kognitives Verstehen war. Du sagst bei der Begrüßung zum Beispiel:
„Ich freue mich, dich zu sehen!“
Über die Worte „Ich freue mich!“ gibst du an das Gehirn deines Gegenübers das Signal „Freude“. Wir haben gelernt, dass Freude etwas Schönes ist. Also geht derjenige mit dieser Freude, die du aussprichst, in Kontakt und er freut sich ebenfalls.
Die energetische Wahrnehmung ist der andere Strom. Dein ganzer Körper und alles, was du nicht anfassen kannst, nicht „begreifen“ kannst, sendet in Windeseile Signale aus. Wenn du dich abwendest, während du behauptest, du würdest dich freuen, diese Person zu sehen, ist das nicht kongruent. Du kennst sicherlich solche Begegnungen wie diese:
Ein Bekannter aus früheren Zeiten trifft dich zufällig auf der Straße. Er sagt:
„Ach, ist das schön, dass wir uns mal wieder treffen!“
Dabei schüttelt er dir die Hand und schaut an dir vorbei. Es ist kaum merkbar, doch gerade so viel an deinem Kopf vorbei, dass du dich unwohl fühlst. Der Bekannte plaudert weiter:
„Wir müssen mal wieder etwas zusammen machen. Wir haben uns ja ewig nicht gesehen!“
Dabei schüttelt er ununterbrochen deine Hand, was viel zu lang

ist, und schaut auf die Uhr. Du spürst, dass er weg will.

„Du, jetzt hab ich‘s grade eilig … aber wir machen mal einen Termin aus, ja? Tschüss.“

Die Worte haben hier signalisiert, dass sich dieser Bekannte freut, Interesse an dir hat und dich wiedersehen will. Alle energetische Sichtbarkeit, die du wahrgenommen hast, war das krasse Gegenteil: Er freute sich kein bisschen, dich zu sehen, du interessierst ihn nicht, er will hier schnell weg.

Du hast zwei Informationen bekommen, die gegensätzlicher nicht sein könnten. Liegen die beiden Ströme aus kognitiver und energetischer Wahrnehmung weit auseinander, verwirrt das unser ganzes System. Menschen merken die Ambivalenz in einer Situation und das verunsichert sie. Verunsicherung ist wiederum kein angenehmes Gefühl. Weil Menschen im Kontakt miteinander jedoch gute Gefühle bevorzugen, wenden sie sich bei unangenehmen eher ab. Für dein Business bedeutet das: Wenn du Verwirrung erzeugst, weil du viele unterschiedliche Signale aussendest, kommen keine Kund*innen zu dir. Nur, wenn deine Sichtbarkeit eindeutig und in sich stimmig ist, also Worte, Handlungen und Energie deckungsgleich sind, werden Menschen zu dir kommen.

Wenn du ein Business startest, kennt dich in der Regel niemand. Du bist für deine potenziellen Kund*innen ein Nobody. Möglicherweise hast du ein sagenhaftes Produkt oder eine grandiose Idee, auf welche die Menschheit gewartet hat. Doch selbst dann gilt: Niemand kennt dich. Deshalb kauft niemand bei dir. Dein Produkt, dein Angebot und deine besten Absichten sind vollkommen egal. Ja, selbst der Preis ist in den meisten Fällen unwichtig.

Als ich meinen ersten Onlinekurs herausgebracht habe, wollte ihn quasi niemand. Dieser SEO-Kurs hat sich inzwischen als sensationelle Hilfe für zahlreiche Businessfrauen erwiesen. Er hat vielen dazu verholfen, ein sichtbares Business und eine Top-Website aufzubauen. Am Anfang hätte ich ihn allerdings verschenken können und es hätte ihn keine genommen. Denn nie-

mand kannte mich. Das Vertrauen fehlte.
Wenn Menschen dich nicht kennen, kaufen sie nicht bei dir. Egal, wie gut du bist. Egal, wie seriös du bist. Egal, wie fantastisch und ehrenhaft du ihnen helfen könntest. Um Vertrauen aufzubauen, braucht es Erkennen, und das geht wiederum nur, wenn du dich zeigst. Erst, wenn Menschen dich wirklich sehen, beginnen sie, dir zu vertrauen. Langsam. Im Businessbereich meistens sogar sehr langsam.
Wir vertrauen eher einem Arzt, nur weil er einen weißen Kittel trägt, als einer Heilerin. Der Arzt hat durch seinen Doktortitel, seine Praxis, sein Auftreten per se eine Reputation und ein sichtbares Schild an seiner Praxis, auf der etwas steht, was die meisten Menschen kennen: „Doktor". Er kann dennoch ein schlechter Arzt sein. Die Heilerin im Internet mit dem Angebot Fernheilung muss sich dieses Vertrauen erst erarbeiten – obwohl sie möglicherweise unfassbare Heilerfolge bewirkt. Gäbe es so viele Heilerinnen wie Ärzte, die sichtbar und bekannt wären, und wäre der Beruf der Heilerin anerkannt, sähe das sicher anders aus.
Um Vertrauen aufzubauen, brauchst du also eine hohe Sichtbarkeit. Sie ist wichtig, um zu zeigen, wer du bist und was du kannst. Sichtbar zu sein, ist umso wichtiger, je unbekannter dein Angebot im Allgemeinen ist. Wenn du etwas Neues kreiert hast, ist zudem Aufklärung nötig. Dich mit Angeboten, die an sich schon bekannt sind, wie „Psychologie" zu zeigen, ist leichter als dich mit „Kinesiologie" zu positionieren, die kaum jemand kennt. Dein Business wird nicht funktionieren, wenn du darauf wartest, dass die Kund*innen an deiner Tür klopfen und einfach erkennen, wie toll du bist. Das kannst du dir wünschen. Dafür kannst du beten. Doch der Realität entspricht das nicht.
Beobachte dich selbst: Wann kaufst du etwas – sei es ein Produkt oder eine Dienstleistung? Reicht dir wirklich die Aussage des Verkäufers „Das Produkt xy ist toll. Das musst du haben."? In den meisten Fällen genügt das nicht. Menschen wollen selbst beurteilen, ob dieses Angebot gut für sie ist. Das können sie nur,

wenn sie genau wissen, was dieses Angebot beinhaltet. Sie bilden sich ein Urteil. Sie beurteilen, ob sie der Aussage des Verkäufers trauen können. Und ob sie dem Verkäufer selbst tatsächlich vertrauen! Das ist meistens noch viel wichtiger. Wenn sich dieser Mensch nicht echt anfühlt, weil er eine imaginäre Maske trägt, die ausstrahlt „Ich bin der tolle Typ, aber eigentlich will ich nur Geld machen.“, haben Menschen ein komisches Gefühl. Ganz gleich, wie gut dann das Super-Produkt wäre – sie kaufen es nicht. Weil der Verkäufer einen unechten Eindruck macht und damit Unglaubwürdigkeit verströmt. Umgekehrt kaufen wir schnell bei jemandem, dem wir vertrauen, der ehrlich, glaubhaft und authentisch wirkt. Wir kaufen oftmals selbst dann, wenn wir das Produkt nicht zu hundert Prozent kennen! Zeige dich also so, wie du bist: echt und ehrlich. Denn Sichtbarkeit dient der Vertrauensbildung. Sie bereitet den Erfolg vor.

Impuls

Wie geht es dir mit deiner Art, dich sichtbar zu machen?

………………………………………………………………………………………………

………………………………………………………………………………………………

Nehmen andere dich so wahr, wie du bist oder entstehen da Verschiebungen?

………………………………………………………………………………………………

………………………………………………………………………………………………

Gibt es in dir Impulse, an deiner Sichtbarkeit/Nicht-Sichtbarkeit etwas ändern zu wollen?

………………………………………………………………………………………………

………………………………………………………………………………………………

Wenn ja, warum und an welchen Stellen?

………………………………………………………………………………………………

………………………………………………………………………………………………

Authentisch und wirksam sein

Dich sichtbar zu machen, bewirkt immer etwas. Genau genommen bewirkst du jederzeit etwas. Auch wenn du dich nicht bewusst zeigst, hat das Auswirkungen. Wenn beispielsweise im Supermarkt eine Horde alkoholisierter Jugendlicher auf eine alte, gebrechliche Frau losgeht und du nicht dazwischen gehst, dich also nicht zeigst, dann hat das Auswirkungen. Wenn du Coachin bist und auf deiner Website nicht schreibst, dass du besonders gut darin bist, gestressten Müttern mit Kleinkindern durch deine Entspannungsmethoden zu helfen, dann werden diese nicht oder nur zufällig zu dir kommen. Wenn in einem Meeting gefragt wird, wer dagegen ist, und du die Hand nicht hebst, weil du dich nicht traust, die Einzige zu sein, die anders denkt, dann hat das Auswirkungen.

Dich authentisch zu zeigen, hat im eigenen Business eine höhere Wirksamkeit als dich nur irgendwie zu zeigen. Denn du erreichst mit authentischer Sichtbarkeit die „richtigen" Menschen. Nicht alle, sondern exakt die, die wirklich zu dir passen und die dich oder deine Produkte wollen. Deine Aktivitäten, dein Marketing, dein Business läuft dann nicht mehr irgendwohin, sondern mehr und mehr in die Richtung, die dir gut tut. Dich an den falschen Stellen zu zeigen, verpufft in seiner Wirksamkeit. Dich mit zwei entgegengesetzt verlaufenden Strömen und Signalen zu zeigen, geht nicht in Resonanz mit deinen Gegenübern. Wenn du dich allerdings an der richtigen Stelle authentisch zeigst, kannst du enorme Wirksamkeit erzielen. Wirksam zu sein, erfüllt uns. Es macht uns glücklich.

Einer meiner wichtigsten Werte in meinem Leben und damit auch in meinem Business, ist, mir selbst gegenüber so ehrlich wie möglich zu sein. Denn ich lebe mit mir jeden Tag, jede Stunde, jede Sekunde. Da möchte ich mir selbst nichts vormachen und all die Scheinpersönlichkeiten ablegen, die sich im Laufe eines Lebens durchaus aufbauen können. Wir kriegen meistens

zu hören, dass wir im Business "professionell" oder „abgeklärt“ wirken müssten, und viele versuchen deshalb, in ihrem Unternehmen eine Persönlichkeit zu entwickeln, die ihnen möglicherweise nicht entspricht. Das führt dazu, dass du dich wahnsinnig anstrengst, ohne Erfolg zu haben. Es ist dein Leben. Dein Business. Du darfst es auf deine ureigene Art leben. Dann wirst du auch erfolgreich sein.
"Authentisch" kommt aus dem Griechischen und heißt "echt". Das Wort entstand ursprünglich, um in der Kunst ein Original-Bild als authentisch zu klassifizieren, im Gegensatz zur Kopie. Echt sein – darum geht es im eigenen Business immer. Deine Kund*innen spüren sehr schnell, ob du es bist oder nur ein Abbild deiner Selbst, eben nicht das Original. Ob du dir und damit auch ihnen etwas vorgaukelst, weil du vielleicht glaubst, etwas auf eine bestimmte Art machen zu müssen. Gerade im Business tappen wir oft in diese Falle. Deine Kund*innen oder Klient*innen merken, ob du etwas (auswendig) "gelernt" hast oder ob du es tatsächlich erfahren, gelebt und durchlebt hast.
Wenn du aktuell durch einen Prozess gehst und dich fragst: "Verdammt, wozu soll das alles gut sein?" ist es fast immer für deine authentische Sichtbarkeit gut. Es beschert dir eine Erfahrung, aus der du später schöpfen kannst. Es entwickelt sich ein authentisches Business mit allem, was dazu gehört. Mit allen Höhen, Freuden, Anstrengungen, mit allem Flow, Erfolg und auch mit allen Tiefen, Kämpfen, mit allem Hadern, Zweifeln und mit jeder Welle, die ein Business mit sich bringt. Diese Phasen bewusst zu durchleben, deine Augen und das Herz dafür zu öffnen und es als dein Erfahrungsgut anzunehmen und daraus zu schöpfen, heißt, ein authentisches Business zu leben. Nur dann wirst du Erfolg haben. Denn alle nicht wirklich durchlebten, sondern nur angelesenen Erfahrungen oder nur kopierten Business-Erlebnisse, die nicht wahrhaftig deine sind, lassen dein Business irgendwann wie ein Kartenhaus zusammenbrechen.
Authentisch zu sein, bedeutet, in Einklang mit dem zu handeln, was du fühlst, was du tatsächlich erfahren hast und was dir

wichtig ist. Dabei ist es notwendig, immer wieder zu spüren, was in dir ist, und zu wissen, für welche Werte du stehst und für welche du tatsächlich gehst. Ein "ausgedachter" Wert hat keinen Bestand. Nur ein gelebter Wert macht dich authentisch. Ehrlichkeit dir selbst gegenüber ist die Voraussetzung, um im Außen authentisch sein zu können. Dieses echte, ehrliche Hineinspüren in das, was in dir vorgeht, ist meiner Erfahrung nach der schwerste Schritt. Nur allzu gern geben wir vor, schlauer, besser, selbstbewusster, selbstsicherer, erfolgreicher und so weiter zu sein, als wir es tatsächlich zum jetzigen Zeitpunkt sind. Oftmals tun wir das, weil wir glauben, einem Bild von einer Businessfrau entsprechen zu müssen. Was für ein Humbug!
Andererseits zeigen viele Frauen das, was sie wirklich einzigartig macht, nicht. Genau darum geht es jedoch: Das, was dich jetzt tatsächlich ausmacht, zu zeigen. Das bedeutet, authentisch und wirksam ein Business zu führen. Dich mit deinem Herzen und deiner Seele zu verbinden und dein Business danach auszurichten, was dir wirklich wichtig ist. Und nicht vorzugeben, irgendeine „ach so professionelle" Businesslady wie aus dem Hochglanzmagazin zu sein, wenn du das gar nicht bist, sondern wahrhaftig echt zu sein. Wenn du merkst, du hast dich irgendwo verlassen oder verrannt, dann halte inne und geh (wieder) auf deinen Weg. Ich prüfe mich selbst andauernd. Die Reflexion meines Tuns und Denkens ist eine der wichtigsten Aufgaben in meinem Business-Alltag. Zwischen all den Business-To-dos und den Meinungen anderer, zwischen allen Feedbacks und Learnings kann der klare Blick auf dich selbst schnell verloren gehen. In den Spiegel zu schauen und ehrlich hinzusehen, wer du zum jetzigen Zeitpunkt wirklich bist, hilft. Tief atmen und zu dem, was ist, ja zu sagen – das ist die Basis, um authentisch und wirksam zu sein.
Denn deine Sichtbarkeit ist eng verknüpft mit deiner Wirksamkeit. Es ist für jede*n von uns wichtig, dass unsere Botschaft nicht ins Leere läuft. Keine Reaktion zu bekommen, ist das Schlimmste. Schon als Babys brauchen wir das Feedback, die

Resonanz. Lächelt das Baby und die Mutter freut sich, stimuliert dies das Kind, um noch mehr zu lächeln. So geschieht Entwicklung. Geben und Nehmen – das ist das Prinzip. Auch bei der Sichtbarkeit im Business. Hol dir deshalb Feedbacks und sei offen für die Resonanz, die auf dein Wirken erfolgt. Doch prüfe sehr genau, von wem diese Feedbacks kommen und ob das die Menschen sind, die dich wirklich weiterbringen. Du wirst es mit deinem Business und deiner Art, zu wirken, nicht jeder Person recht machen. Das ist bei einem Herzensbusiness auch nicht sinnvoll. Nur mit Ecken und Kanten positionierst du dich wirklich. Viel wichtiger, als Everybody‘s Darling zu sein, ist, dass die Richtung deiner Businessentwicklung insgesamt stimmt, dass du im Einklang mit deinen Werten handelst und dass du wahrhaftig das bewirkst, wozu du auf dieser Welt bist.

Impuls

Lebst du ein authentisches und wirksames Business – wo ja und wo nein?

....

....

....

....

Wo in deinem Business bist du nicht echt (was fühlt sich "schräg" an) und möchtest du dies ändern?

....

....

Wenn ja, wie sieht deine Vorstellung vom authentischen und wirksamen Business aus?

....

....

....

....

Integrität als innere Führung

Integrität und würdevolle Führung gehen für den Erfolg mit dem Herzensbusiness Hand in Hand. Damit meine ich nicht nur die Führung von anderen Menschen, sondern vor allem die eigene innere Führung. Die Stimme meiner Integrität ist der Wegweiser für die innere Führung. An ihr orientiere ich mich, wenn es darum geht, mich mit meinem Business sichtbar zu machen, Entscheidungen zu treffen oder die nächsten Schritte zu gehen. Integrität heißt für mich, mehr und mehr im Einklang mit meinen eigenen Werten zu handeln. Integer zu leben und integer Business zu machen, bedeutet, das zu zeigen, was du im Innersten als deine Haltung im Leben bezeichnest. Erst wenn niemand zusieht, zeigt sich wahrhaftige Integrität.

Ehrlichkeit ist beispielsweise ein Wert für mich, der mir sehr wichtig ist. Wenn zu mir jemand sagt: „Sabine, da warst du aber nicht ehrlich!“, dann verpasst mir das im ersten Moment einen schmerzhaften Stich. Und ... es ist wahr. Ich bin nicht immer ehrlich, noch nicht einmal mit mir selbst. Ich bemühe mich jeden Tag, das tiefer und umfassender zu sein. Fakt ist zum jetzigen Zeitpunkt allerdings: Ich bin nicht in jeder Sekunde ehrlich. Wenn jemand so etwas zu mir sagt, ist das für mich eine Chance, noch ein Stück mehr zu wachsen, mich noch mehr in einen meiner höchsten Werte – Ehrlichkeit – hinein zu entfalten.

Das ist für mich Integrität.

Im Duden wird als Synonym auch Makellosigkeit[9] genannt. Sie ist das Streben nach einem Zustand höchsten Ich-Seins. Damit meine ich nicht eine Makellosigkeit im klassischen Sinn von Perfektion, sondern ich meine bestmögliches Ich-Sein in der ganzen Vollkommenheit, die jedes Wesen in sich trägt. Aus diesem Sein heraus entsteht ein ganz anderes Handeln als unser geschäftiges Machen um des Erfolgs willen. Das Streben nach dem Zustand

---

[9] Bibliographisches Institut GmbH Dudenverlag: Integrität, 2019. Unter: https://www.duden.de/rechtschreibung/Integritaet (abgerufen am: 17.03.2019)

des vollkommenen Ich-Seins erfordert Hingabe an das, was jetzt ist und jetzt getan werden darf. Manchmal heißt das, anzuerkennen, dass wir nicht ehrlich zu uns selbst sind, dass wir nicht wertschätzend sind, nicht achtsam oder dass wir nicht vertrauen. Es geht für mich bei Integrität nicht darum, permanent alle meine Werte zu leben. Sondern es ist wichtig, mir meiner Werte gewahr zu sein und mein Handeln bestmöglich daran auszurichten. So gut es jetzt möglich ist, ohne sich selbst zu verurteilen, sondern sich vollkommen anzunehmen.

Mit deinen Taten zu deinen Worten und zu deinen Werten zu stehen, ist ein Weg, der aus vielen kleinen Schritten besteht. Ein erfolgreiches Leben mit dem eigenen Herzensbusiness zu führen, beinhaltet, die eigene Integrität zu deiner inneren Führung machen. Damit du dich auf Basis deines integeren Seins entscheidest und verhältst. Die Verlockungen für schnellen Erfolg oder unlauteren Reichtum sind besonders dann groß, wenn du nicht von Fülle umgeben bist. Ein Beispiel aus meinem Leben verdeutlicht das.

Ich habe zehn Jahre als freie Texterin und SEO-Expertin für unterschiedliche Unternehmen gearbeitet – von kleinen Ein-Mann-Betrieben bis zu großen Konzernen mit tausend Mitarbeiter*innen und Milliardenumsätzen. Die letzten Jahre dieser Texterinnen-Zeit waren sehr erfolgreich. Doch zu Beginn floss der Geldstrom noch nicht so üppig. In dieser Phase bekam ich ein extrem lukratives Angebot von einem Unternehmen, das Waffen exportierte. Angeblich waren es alles legale Waffen, wie Leuchtfeuerpistolen und erlaubte Gewehre, für die ein Waffenschein nötig ist. Ich habe keine Ahnung von Gewehren und Schusswaffen, deshalb konnte ich das nicht beurteilen. Tatsächlich habe ich einen Moment über dieses Angebot nachgedacht, weil es für meine damalige Situation wahnsinnig viel Geld war, das dieser Auftrag gebracht hätte. Letztendlich habe ich abgelehnt. Meine Integrität zu mir selbst hat es nicht zugelassen, dass ich, die ich mich für Frieden in dieser Welt einsetze, Produkttexte für einen Waffen-Shop geschrieben hätte, damit sich

diese Waffen dadurch besser verkaufen ließen.
Ein integres Business zu machen und integer mit dir zu sein, erfordert es auch, dir dein Verhältnis zu Geld und deine Geschichte mit Geld anzuschauen. Überprüfe, wie du mit Geld umgehst, ob du es magst, welche ungelösten Angelegenheiten in deiner persönlichen Geschichte mit Geld noch schlummern. Sind hier Knoten vorhanden oder Storys, die in der Vergangenheit liegen, bei denen du dich nicht integer verhalten hast, was Geld angeht? Wo schwelt noch ein unerlöster Konflikt mit Geld in dir? Wo hast du dich vielleicht „kaufen“ lassen oder wo warst du korrupt?
Auch wenn solche Episoden in der Vergangenheit liegen, dockst du da möglicherweise noch mit deinen Energien an. Schau hin, ob alles klar und rein ist. Wenn nicht: Bring das in Ordnung! Damit meine ich nicht zwingend, solche Situationen eins zu eins aufzulösen. Wenn das geht, ist es wunderbar. Doch wenn es nicht geht, weil die Person zum Beispiel nicht mehr lebt, sie für dich nicht erreichbar ist oder sie nicht mit dir sprechen will oder du nicht mit ihr, dann überlege dir, was du tun kannst. Wie kannst du den Zustand ändern, dass du dich nachhaltig schuldig fühlst oder dass du Mangel, Bestechung oder Korruption in dein Leben gelassen hast?
Wenn du dich entgegen deiner eigenen Werte hast kaufen lassen, verhältst du dich unwürdig. Du bringst dem Geld keine Würde entgegen. Das geschieht meistens dann, wenn es Mangel gibt, zu wenig Geld-Fülle, keine Anerkennung, zu wenig Lob, kaum Erfolg. Bei Existenzängsten und mangelndem Vertrauen ins Leben machen Menschen etwas für Geld, von dem sie wissen, dass es nicht in Ordnung ist. Das ist würdelos. Schau dein Leben sehr genau an! Oftmals ist der aktuelle Geldfluss nicht da, weil in deiner vergangenen Geldgeschichte noch etwas gestaut, blockiert oder unerlöst ist.
Das müssen keine großen Dinge sein. Oft sind es scheinbare Kleinigkeiten, welche die Tore für Geld öffnen, wenn du sie in Ordnung bringst. Solange noch Situationen in dir festhängen,

die gelöst werden wollen, Schuld dir im Nacken sitzt, der du dich stellen darfst, oder Geld in deinem Raum ist, das dir gehört und das du nicht zu dir nimmst, ist der Geldfluss in deinem Business gestört. Räume alle Momente auf, in denen du nicht integer mit Geld und deinen eigenen Werten warst oder bist!
Ich möchte dir ein Beispiel aus meinem Leben erzählen, damit du deinen eigenen nicht integren Geldgeschichten auf die Spur kommst:
Im Mai 2014 war ich zu Besuch bei einem befreundeten Ehepaar. Es war ein toller Abend und ich habe dort übernachtet. Auf den dunklen Holzdielen im Gästezimmer lagen 50 Cent. Einem Impuls folgend habe ich diese 50 Cent aufgehoben und in meine Strickjacke gesteckt. Wochenlang habe ich diese 50 Cent schwer wie Blei in meiner Jackentasche gefühlt. Das Freundespaar ist reich, sodass ihnen die 50 Cent wirtschaftlich nicht weh taten und sie wussten nicht einmal, dass ich dieses Geld genommen hatte. Vielleicht war es nicht ihr eigenes, sondern das eines anderen Gastes, der es dort liegen gelassen hatte. Das war nicht das Entscheidende. Der Punkt war meine eigene Integrität. Du erinnerst dich, dass Ehrlichkeit einer meiner Werte ist, nach denen ich bestmöglich lebe? Hier war ich nicht ehrlich! Es hat mir wochenlang Bauchschmerzen bereitet. Beim nächsten Besuch habe ich exakt diese 50 Cent und ein weiteres 50-Cent-Stück auf die dunklen Fußbodendielen gelegt, von wo ich es genommen hatte.
Das ist eine scheinbare Kleinigkeit gewesen. Doch eine solche vermeintliche Nichtigkeit führt zur nächsten und weiter zur nächstgrößeren und plötzlich ist es keine Kleinigkeit mehr, sondern ein großer Geld-Brocken, der sich mächtig und erdrückend in dein Geldflussbett gelegt hat und alles blockiert. Die Würde für Geld und die eigene Integrität gehen mehr und mehr verloren, bis der Weg zu einem würdelosen Business, das du nur noch aus Geldgründen machst, offen ist, wenn du nicht bei den Kleinigkeiten aufräumst. Ich habe viele solcher Erlebnisse nach und nach bereinigt und die Wirkung war immens. Mein nach-

haltiger Business-Erfolg stellte sich zunehmend ein, je mehr unklare Geldsituationen ich löste. Plötzlich floss das Geld leicht und entspannt zu mir und vermehrte sich dauerhaft.
Sei integer! Stehe mit deinen Taten zu deinen Werten, gerade, was deine Geldgeschichte und deinen Umgang mit Geld angeht. Übernimm die volle Verantwortung für dich und die Stationen in deinem Leben, in denen es um Geld geht oder ging. Löse die Situationen, in denen du dich nicht integer verhältst oder verhalten hast, auf. Ich weiß, das ist eine harte Nuss, dir ehrlich ins Gesicht zu sehen, wenn es um Geld, Bestechlichkeit oder Schulden geht. Und: Das ist für den Geldfluss in deinem Leben existenziell! Übernimm die Verantwortung für dich und deine Geldgeschichte. Erhebe deine Integrität zur inneren Führerin in deinem Business und mach den Weg frei für ein Leben in Fülle.

Impuls

Was sind die Werte, die dir im Leben wichtig sind, und an denen du dich und dein Business ausrichtest?

………………………………………………………………………………

………………………………………………………………………………

Wo bist du nicht integer (gewesen)?

………………………………………………………………………………

………………………………………………………………………………

Wo gibt es in deinem Leben ein Störgefühl zu Geld (Schuld, Mangel, Korruption, Käuflichkeit …) und in welchen Lebenssituationen mit Geld hast du dich nicht integer, nicht würdevoll verhalten?

………………………………………………………………………………

………………………………………………………………………………

Was kannst und möchtest du tun, um diese korrupten, bestechlichen, käuflichen Anteile in dir zu heilen und diese Situationen aufzulösen?

………………………………………………………………………………

………………………………………………………………………………

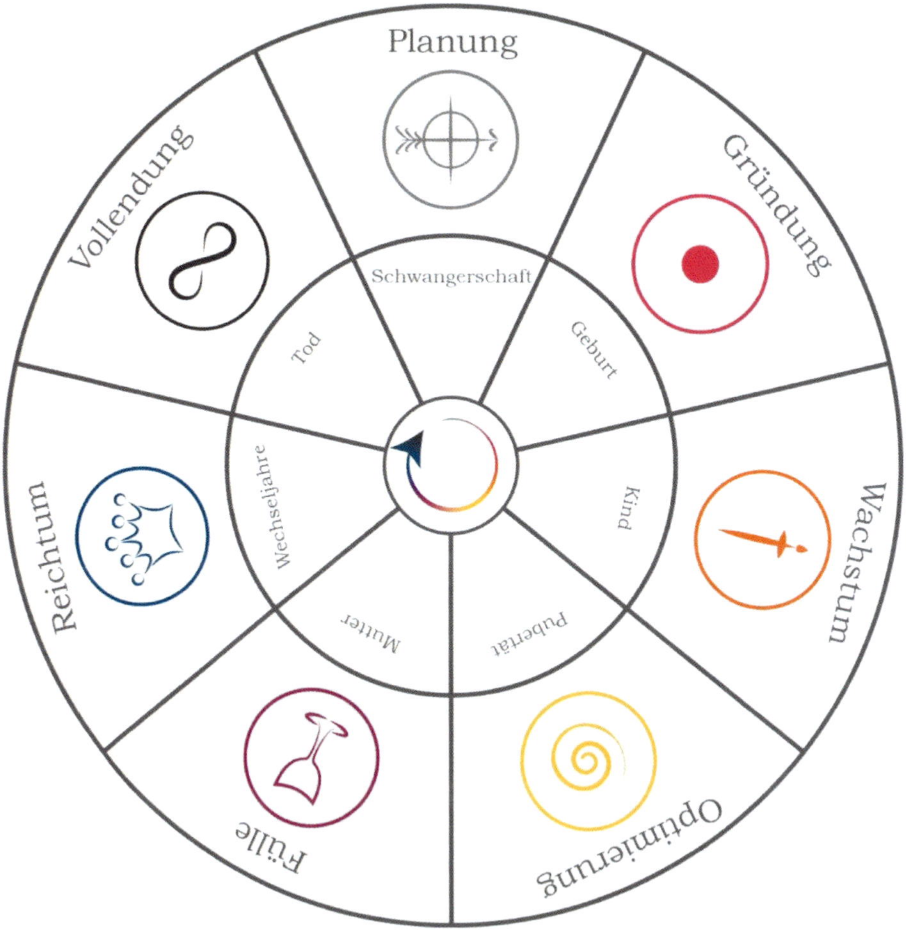
Planung
Gründung
Wachstum
Optimierung
Fülle
Reichtum
Vollendung
Schwangerschaft
Geburt
Kind
Pubertät
Mutter
Wechseljahre
Tod

| Das 7-Zyklus-Prinzip

„Sabine, endlich erkenne ich, was mit mir in meinem Business vorgeht!“

Das war die allererste Reaktion einer Frau, der ich mein 7-Zyklus-Prinzip vorgestellt hatte. Ich war überrascht über die immense Erleichterung, die es für diese Frau und viele nach ihr bedeutet. Da ich so viel Zuspruch für dieses Modell bekomme, wird mir die Dimension meiner Erforschung in Kombination mit dem Urwissen, mit dem ich dieses Prinzip verknüpfe, immer klarer: Wir brauchen einen weiblichen Weg der Selbstständigkeit als Leitlinie und zur Ausrichtung für uns als Businessfrauen, um erfolgreich zu sein.

Der weibliche Erfolgsweg ist aus meiner jahrzehntelangen Erfahrung als Zyklus aus Werden, Sein, Vergehen und Neuwerden im 7er-Rhythmus zu verstehen. Da ich dem Schamanismus zugetan bin, ist die Natur und ihr Jahreszeiten-Zyklus für mich das Vorbild, das in all mein Wirken einfließt. Der Mond, die Pflanzen, Tiere und auch wir Menschen leben in Zyklen und wir messen beispielsweise die Zeit in sieben Tages-Phasen. Weil wir als Frauen viel intensiver mit diesen ursprünglichen Prinzipien verbunden sind, denken wir naturgegeben eher im Kreis als linear.

Das 7-Zyklus-Prinzip bietet dir als selbstständiger Frau deshalb eine Orientierung. Es ermöglicht dir einen wertvollen Zugang zu deinem Erfolgsweg, wenn du diese sieben Business-Phasen kennst, verstehst und durchläufst. Jede Phase hat eine eigene Qualität. Deshalb ist es wichtig, jeden Zyklusabschnitt zu durchleben und keinen zu überspringen. Sonst schleudert es dich aus deinem Erfolgsweg hinaus, zurück auf eine vorherige Phase, oder dein Business stagniert, du bist überfordert und gibst auf. Wenn ein Kleinkind sofort in die Mutterrolle geworfen werden würde, kommt es damit nicht klar. Es braucht das Wachstum durch die Teeny-Phase bis ins Erwachsenenalter. Auch jede Erfolgsfrau muss den Transformationsprozess voll le-

ben, um stabil erfolgreich zu sein – wirtschaftlich und emotional. Kognitives Know-how, spirituelle Werkzeuge und energetische Elemente unterstützen dich dabei und befähigen dich, diese Business-Phasen leichter zu durchleben und vollständig zu verinnerlichen. So kannst du deinen Weg gefestigt gehen.
Bei der Zahl Sieben des 7-Zyklus-Prinzips „geht es um die Ganzheit, die verwirklicht werden möchte.“[10] Die drei Bereiche Körper, Geist, Seele vereinen sich mit den vier Elementen Wasser, Luft, Erde und Feuer zur Sieben. Die Sieben ist eine hoch mystische Zahl und durchdringt unser Leben auf so viele Arten. Bezeichnend für den Business-Zyklus, den ich dir hier vorstelle, ist, dass auch im menschlichen Körper immer wieder nach sieben Jahren Zell-Erneuerung eintritt. Für Wandlung und Entwicklung, Veränderung und Erneuerung hat die Sieben mystische Symbolkraft.
Ich gebe dir zu jeder der sieben Phasen die Qualität dieses Zyklusabschnitts an die Hand und stelle Parallelen zu den Entwicklungsstufen des Menschen her. Wobei du auch mit fünfzig Jahren dauerhaft in einer Business-Phase stecken bleiben kannst, wie zum Beispiel der des Kleinkinds, oder du kannst mit Mitte Zwanzig die Weise-Alte-Phase des Business erleben. Das Alter spielt für den Business-Zyklus keine Rolle. Ich verbinde den Zyklusabschnitt ganz konkret mit deinem Business und zeige dir die Herausforderungen und Gefahren auf, die für diese Phase charakteristisch sind. Du bekommst dazu handfeste Tipps und Impulse, die dich in dieser Zyklusphase unterstützen können und eine Liste der typischen Erfolgsverhinderinnen, die besonders häufig oder stark in der jeweiligen Phase auftreten. Die ausführliche Beschreibung der Erfolgsverhinderinnen findest du im Anschluss an das 7-Zyklus-Prinzip. Zugleich erhältst du weitergehende Inspirationen und Tipps, sowie Informationen zu mystischen Energien und Göttinnen, Pflanzenhelfern, Symbolen, Leit-

[10] Seifert, Ang Lee, herausgegeben von Verlag opus magnum, Müller, Prof. Dr. Lutz: Symboldatenbank, Sieben, 2011. Unter: https://symbolonline.de/index.php?title=Sieben (abgerufen am: 18.03.2019)

sätzen und Krafttieren. Damit kannst du deine eigenen Business-Rituale kreieren, dir Unterstützung holen und dein intuitives und spirituelles Wirken für die jeweilige Phase nutzen.
Lebe und tue das, was für diese Phase zu tun ist und was möglicherweise in deinem bisherigen Businessleben nicht ausgiebig gelebt oder nicht genug geachtet wurde. Die Transformation und der nächste Schritt erfolgen nahezu von allein, wenn die Zyklusphase zum jetzigen Zeitpunkt bestmöglich durchlebt wurde. Manchmal geht es nur darum, zu bejahen, was ist, und nichts zu forcieren, sondern in seiner Gänze anzunehmen, was dir diese Zyklusphase schenkt. Wenn du dir gewahr bist, was aktuell geschieht, durchschaust du, wo du dich selbst stoppst und wo du eine Weiterentwicklung verhinderst. Achte in jeder Phase darauf, welche Energien, Kräfte und Qualitäten in dieser Phase gewürdigt, geehrt und letztendlich gewandelt werden wollen.

Transformationsprozess

Eine abgeschlossene Transformation bedeutet einen vollzogenen Wandel. Ein Transformationsprozess hingegen ist der Wandel selbst. Beim 7-Zyklus-Prinzip geht es genau darum: Dein Business ist der permanente Wandel. Du befindest dich mit deinem Business andauernd in einem Transformationsprozess. Es gibt keinen Anfangszustand und kein Endergebnis, nur Zwischenstopps und Plateaus, auf denen du eine Zeit verweilst, um dann in den nächsten Zyklusabschnitt zu gehen.

Business als Frau zu machen, heißt, dich dem Zustand der dauernden Entwicklung und der steten Veränderung hinzugeben. Dein Business erfolgt in Zyklen, in Wellen eines unendlichen Kreises und in den Bewegungen einer Spirale. Diese Bewegung ist für Frauen erfüllend. Business als Mann zu machen, heißt, ein Ziel zu erreichen. Du gehst von einem Status zum nächsten Status und erlebst den jeweiligen Endzustand als Erfüllung. Die meisten Männer gehen einen möglichst gradlinigen Weg in einer steten Vorwärtsbewegung. Beide Businessprinzipien – männliche und weibliche – sind für das Gelingen eines Business, insbesondere eines großen Unternehmens, wichtig. Kannst du nicht in die jeweiligen Qualitäten des anderen Prinzips eintauchen, suche dir jemanden, die/der dich und dein Unternehmen mit ihrer/seiner Qualität unterstützt.

Komplett planlos ein Business zu machen, führt über kurz oder lang zu einer Stagnation. Ebenso bringt das rein intuitive Agieren dein Business nur bis zu einem bestimmten Erfolgspunkt und nicht darüber hinaus. Wir leben in einem Zeitalter, in dem dein Business bestimmten Parametern unterliegt, die Ziele, Pläne und Strukturen – also eher männlich geprägte Aspekte – erfordern, wie zum Beispiel Steuern, Buchhaltung, Analysen, Personalwesen und so weiter. Gleichermaßen sind intuitives Erfolgsspüren, Heilung, Hingabe, Gemeinschaftssinn und Trans-

formationsleidenschaft – eher weiblich geprägte Aspekte – notwendig, um ein Herzensbusiness zum Erfolg zu führen.
Ein Business so aufzubauen, dass es dich nachhaltig und in jeder Hinsicht – finanziell, sozial und energetisch – stabil trägt, dauert. All die Versprechungen von „in 5 Sekunden zum Millionär“ sind Marketingköder, um dich zum Kauf für das angepriesene Produkt zu bewegen. Es ist ein hohles Versprechen, zumal dann, wenn du ein wahrhaftiges und integres Herzensbusiness leben möchtest. Damit meine ich eines, das nicht nur Geld bringt, sondern das dir auf allen Ebenen ein Leben in Fülle ermöglicht und das zum Wohle aller beiträgt. Es ist wichtig, zu verstehen, dass der Businessaufbau in der Regel lange dauert und sich in permanenter Transformation befindet.
Du kannst im Durchschnitt von drei bis fünf Jahren ausgehen, bis du annähernd von deinem Business leben kannst. Jetzt kommt das Wichtige: Wenn du dich in diesen Jahren vollständig, ausschließlich und mit hohem Einsatz um den Aufbau kümmerst und keine Fehlentscheidungen machst, dann kann ein Businessaufbau in drei bis fünf Jahren gelingen! Ich wiederhole: vollständig, ausschließlich, mit hohem Einsatz, keine Fehlentscheidungen. Das kommt selten vor, weil gerade am Anfang viele Fehler passieren. „Im Durchschnitt“ bedeutet übrigens, dass es manche gar nicht schaffen oder dass es viel länger dauert. Die wenigsten Frauen können sich bisher ausschließlich und mit starkem Engagement ihrem Businessaufbau widmen, weil die aktuellen Gesellschaftsstrukturen wenig Unterstützung bieten. Die Familie, ein Job oder Teilzeitjob, die Beziehung, der Freund*innenkreis, ein Hobby – sie alle benötigen deine Finanz-, Energie- und Zeit-Ressourcen, die dir dann nicht mehr zum Aufbau deines Business zur Verfügung stehen. Ein Business von Null an ohne Investition aufzubauen, ist nicht möglich. Investition kann Geld sein oder eine andere deiner Ressourcen: Zeit, Energie, Businessbeziehungen, Know-how. Dein Einsatz kann die Zeit sein, die du für deinen Brotjob brauchst, und die Zeit, die du fürs Lernen all der neuen Dinge benötigst, um ein fun-

diertes Business aufzuziehen. Dein Einsatz kann Erspartes sein, deine Businessbeziehungen, ein*e Mentor*in, die dich pusht. Es kann auch Geld, wie ein Gründerinnenzuschuss sein, das dir genug Freiraum verschafft, um dein Business zu entwickeln. Es wird in der Regel viel länger dauern, als du aktuell annimmst. Stell dich darauf ein – und freue dich, falls es doch schneller geht.

Ich selbst habe als alleinerziehende Mutter acht Jahre gebraucht, bis meine Selbstständigkeit mich wirklich gut und beständig getragen hat, und fast weitere acht, bis es mich vollständig erfüllt und mit Reichtum gesegnet hat. Übrigens inklusive einer Pleite wegen einer Fehlentscheidung, bei der ich alles Finanzielle und Materielle verloren habe und nach der ich – ohne insolvent zu gehen – wieder neu angefangen habe. Auch das kann dir passieren und es ist kein Grund, aufzugeben.

Zwei Jahre in meiner Selbstständigkeit habe ich dabei nichts anderes gemacht, als meine für mich richtigen Ziele zu finden und zu visualisieren. Sie waren anfangs stets viel zu hoch. Weil sie mir so unerreichbar erschienen, habe ich sie auch nicht erreicht. Ich bin immer wieder in einer bestimmten Phase steckengeblieben. Bis ich genau hingeschaut habe, was mir an Geld so wichtig ist, wie das mit der Macht geht und warum ich bisher nicht wirklich Verantwortung übernommen habe, obwohl ich geglaubt habe, eine sehr verantwortungsbewusste Frau zu sein. In Wahrheit war ich verantwortungsbewusst für andere. Nicht für mich. Schließlich habe ich das Gefühl visualisiert, in dem ich leben will, und meine Freiheit mit Geld willkommen geheißen – ohne ein Zahlen-Ziel. Das hat funktioniert. Mit Bildern und Emotionen und dank erfahrener Mentor*innen an meiner Seite. Dieser Prozess war ein Marathon, kein Sprint.

Gehe davon aus, dass es in den allermeisten Fällen sogar wesentlich länger als drei Jahre dauert, bis dein Herzensbusiness zu einem finanziell tragfähigen Unternehmen gewachsen ist. Und noch viel länger, bis du wahrhaftig reich und erfüllt lebst. In diesen Jahren durchläufst du den 7er-Zyklus und befindest dich im dauernden Transformationsprozess. Du erlebst manche Phase immer wieder – nur mit einem anderen Erfahrungshintergrund. Denn bei jedem Zyklus, den du gerundet hast, nimmst du Erkenntnisse und Einsichten mit. Dieses Wissen steht dir im nächsten Zyklus an der vermeintlich gleichen Stelle im selben Abschnitt nun zur Verfügung. Beim letzten Mal hattest du diesen Erfahrungsschatz noch nicht. Es ist also nie exakt die gleiche Stelle, zu der du kommst. Manchmal geht es aufgrund des neuen Erkenntnis-Standes schneller, die jeweilige Phase zu durchwandern. Manchmal dauert die Zyklusphase sogar noch länger als bei der Runde davor, weil du nun bereit und vorbereitet bist, auf einer viel tieferen Ebene hinzusehen, was hier gespürt, gelebt und gewandelt werden will.

Du bist mit deinem Business der permanente Wandel.

Um das zu bejahen, ist es obendrein wichtig, das Prinzip der Disruption zu verinnerlichen und sowohl intellektuell als auch energetisch zu erkennen, warum sie nötig und Teil der Transformation ist. Während eine Innovation dein bestehendes Business erweitert, erneuert die Disruption das bisherige Business radikal.[11] Das wird in deinem Businessleben sehr wahrscheinlich mindestens einmal vorkommen. Die Zerstörung von Bisherigem, um Neues zu erschaffen und sich entfalten lassen zu können, ist ein schöpferischer Akt. Dabei wird das Alte vollständig aufgelöst und es ist ein fundamentales Umdenken erforderlich.

Im Digitalisierungszeitalter kann eine disruptive Innovation des Marktes, dem dein Business angehört, sehr schnell geschehen. Wir wissen alle nicht, wohin die Digitalisierung noch führt und die bahnbrechenden Neuerungen geschehen in einer atemberaubenden Geschwindigkeit. Damit dein Business nicht stecken bleibt und zugrunde geht, ist es wichtig, dass du offen dafür bleibst und einwilligst, es aktiv zu zerstören und neu zu erschaffen. Würden beispielsweise ab morgen alle Menschen nur noch

---

[11] Vertical Media GmbH: Gründerszene Lexikon, Disruption, 2019. Unter: https://www.gruenderszene.de/lexikon/begriffe/disruption?interstitial (abgerufen am: 18.03.2019)

Lieferdienste für ihre Lebensmitteleinkäufe nutzen, müssten sämtliche stationären Lebensmittelgeschäfte ihr momentanes Businessmodell zerstören und ein neues entwickeln. Andernfalls würden sie von all denen überrollt werden, die sich auf Lieferdienste spezialisieren würden, und die alten Businessmodelle wären letztendlich pleite.

In der Natur gibt es permanent Zerstörung und Neugeburt. Jeder Frühling stellt die Auferstehung nach einem Winter dar, in dem Äste abgestorben, Pflanzenteile eingegangen und Tiere verwest sind. Das ist radikal. Die Natur braucht die schonungslose Zerstörung und die Transformation von Abgestorbenem sogar, um sich selbst daraus zu ernähren, indem sie tote Pflanzen- und Lebewesen mit Hilfe anderer Lebewesen zu nahrhafter Erde wandelt.

Dies ist auch die Qualität der Spinne, die sich ihre Beute einverleibt. Sie zerstört und tötet, um Schöpferin eines neuen Netzes zu sein. Spinnenkraft ist eine sehr weibliche Energie, die als Weberin einerseits Verbindungen herstellen und netz(e)werken kann, die Neues kreiert und Erschafferin ist. Andererseits ist sie als Archetyp diejenige, die den Lebensfaden jederzeit abschneiden kann und die mit dem Spinnen verknüpft ist. Annette Kuptz-Klimpel schreibt zum Begriff „Spinnen“ in der Symboldatenbank:

„Spinnen als Symbol, was zu den Urmysterien des Großen Mütterlich / Weiblichen gehört, beinhaltet einerseits die Aspekte des Lebenspenden, Empfangen und Gebären, andererseits Aspekte, die in Zusammenhang stehen mit dem über das Leben und Schicksal Entscheidens, also auch Leben beenden und Leben Nehmende.“[12]

Eine Befähigung der Spinne ist es, jederzeit wieder neu zu erschaffen, nachdem zerstört wurde. Sie ist sozusagen der Inbegriff der Disruption: Ihr Netz wird durch Wind/Feuer/Wasser,

---

[12] Kuptz-Klimpel, Annette, herausgegeben von Verlag opus magnum, Müller, Prof. Dr. Lutz: Symboldatenbank, Spinnen, 2011. Unter: https://symbolonline.de/index.php?title=Spinnen

andere Tiere oder Menschen zerstört oder sie reißt es aktiv ein oder frisst es auf, um es jederzeit wieder neu zu weben. Größer, anders, den Gegebenheiten angepasst. Diese hohe Transformations- und Schaffenskraft, wie sie die Spinne hat, ist für dich und dein Business unerlässlich. Mit ihr kannst du alles stets neu aufbauen und so kreieren, dass dich dein selbst erschaffenes Netz trägt.
Du wandelst dein Business permanent und ebenso wandelt dein Business andauernd dich. Denn jeder Zyklusabschnitt hat auch Auswirkungen auf dich und dein persönliches Wachstum. Liebe dein Herzensbusiness so sehr, dass du von seiner Geburt bis zu seinem Tod, von der Auflösung des Alten bis zur Wiederkehr des Neuen einen immerwährenden, erfüllenden Transformationsprozess lebst und erinnere dich stets an den Grund, warum du tust, was du tust.

Impuls

Bist du bereit, viele Jahre in den Aufbau und in das Wachstum deines Business zu investieren?

....

Willst du jede Phase im Zyklus intensiv durchleben und zwar immer und immer wieder?

....

Liebst du dein Herzensbusiness so sehr und ist dein Herzenswarum so tief verankert, dass du, wenn es erforderlich ist, Strukturen zerstören und dich dem ewigen Transformationsprozess hingeben wirst?

....

Bei diesem Impuls gibt es nicht wie bisher eine Inspiration oder Übung, bei der du angeregt wirst, etwas zu entwickeln. Denn auf diese drei Fragen kannst du dir selbst nur ein klares Ja oder Nein geben. Mehr braucht es an dieser Stelle nicht. Mehr kannst du auch nicht haben, denn du weißt nicht, was in deinem Business-Prozess wahrhaftig auf dich zukommt. Niemand weiß das. Dein Ja ist manchmal alles, was du in diesem Transformationsprozess erinnern wirst und was dich weitergehen lässt. Deshalb gibt es hier an dieser Stelle nur drei Fragen als Impuls. Lausche, ob du ein lautes, klares, aufrechtes Ja empfängst.
Dann entdecke, in welcher Business-Phase du dich befindest, wo du möglicherweise feststeckst und was die Gründe dafür sind. Finde hier im 7-Zyklus-Prinzip das allumfassende und tiefgehende Verständnis für eine weibliche Selbstständigkeit. Entdecke die Grundlagen eines Business als Frau und schöpfe aus zahlreichen Inspirationen, um deinen einzigartigen Weg des Erfolgs Phase für Phase bis in die Erfüllung zu meistern.

Phase 1 – Planung

Leitsatz

Ich empfange.

Transformationszustand

Schwangerschaft

Thema

In der ersten Phase geht es um Planung und Vorbereitung. Das Business ist noch nicht sichtbar. Du hast eine Idee, spürst deinen Ruf und dein Herzenswarum für dein Business brennt. Jetzt willst du bald starten! Jetzt willst du entwickeln. Jetzt schmiedest du Pläne, wie sich deine Idee in ein Business umsetzen lässt. Jetzt holst du dir alle Informationen zusammen, die du brauchst.

Du beschäftigst dich in dieser Phase wahrscheinlich viel mit dem Thema „Gründen“, fertigst möglicherweise einen Business-Plan an, setzt Ziele, malst dir aus, wo du in einem Jahr, in drei Jahren oder in fünf Jahren bist. Du checkst ab, welche Ressourcen du hast, um dein Business real werden zu lassen, zum Beispiel wie viel Geld du investieren kannst, ob du Zuschüsse oder Fördermittel bekommst, wie du die Zeit für dein neues Business mit deinem bisherigen Leben vereinbarst, wer dich unterstützen könnte, was du alles kannst und was du noch lernen musst und möchtest. Obendrein prüfst du dich selbst, ob du als Selbstständige geeignet bist und ob du das Business wirklich willst oder hier abbrichst. Dir werden das Ausmaß eines Business und die Arbeit, die du hinein stecken wirst, bewusst.

Vor allem jedoch werden Selbstverwirklichung und deine Berufung sowie deine Aufgabe in dieser Welt zentrale Themen sein, die in dir arbeiten. Der Grund für dein Herzensbusiness zeigt sich in dieser Phase und du atmest tief in diese Sehnsucht, um das, was dich antreibt, wirklich zu manifestieren. Du stellst Fragen nach deinen wahrhaftigen Beweggründen und beschäftigst dich damit, was dich einzigartig macht, welche besonderen Fähigkeiten du hast und welche uralten Weisheiten in dir verborgen sind, die jetzt ans Licht wollen. Auch Geld und Fülle werden Themen sein, die dich bewegen und die in deine Planung einfließen.

Aus dem anfänglichen Samen entwickelt sich allmählich ein Keimling, der noch in der Erde steckt und sehr schutzbedürftig ist. Oftmals willst du in dieser Phase nicht so viel mit anderen zusammen sein und teilst deine Ideen nur spärlich mit anderen. Du spürst, dass du dein Business schützen möchtest und planst vieles für dich allein. Die Vorbereitungen – der „Nestbau" – nehmen zudem viel Zeit in Anspruch, auch wenn du alles in großer Freude machst. Du bist oft allein, doch das tut dir gut. Es ist die Form von Alleinsein, die ein All-eins-sein ist. In dir spürst du die Kraft des unteilbaren Ganzen, der Unendlichkeit und die Große Göttin des Anfangs, welche sich symbolisch in der Zahl Eins ausdrückt. Es ist der Start deines Business-Zyklus.[13]

Du beginnst, die Quelle in dir wahrzunehmen, die Großes schaffen kann und will. Dann überlegst du dir einen Business-Namen, entwirfst deine ersten Website-Ideen, kreierst vielleicht ein Logo oder zumindest Entwürfe, welche später ein*e Grafiker*in umsetzen kann. Dein Business darf jetzt heranreifen und wie ein schwangerer Bauch dürfen die Ideen größer und umfassender werden. Lass jetzt alle Einfälle zu, die du hast! Brainstorming ist angesagt – ungefiltert und ohne die strategische Lehrmeisterin in dir, die dir dauernd vorhält, dass das nicht geht oder zu teuer ist oder zu lange dauert oder ... Erteile ihr in dieser Phase Redeverbot!

Unterdrücke keine Idee, auch wenn sie noch so crazy ist. Sei die Spinnerin, die Ideen entwirft und ein Netz aus bunten verrückten Einfällen webt. Jetzt ist die Zeit, in der du gute und

[13] Seifert, Theodor, herausgegeben von Verlag opus magnum, Müller, Prof. Dr. Lutz: Symboldatenbank, Eins, 2011. Unter: https://symbolonline.de/index.php?title=Sieben (abgerufen am: 18.03.2019)

ausgiebige Pläne entwickeln darfst. Du wirst sie aller Wahrscheinlichkeit nach nicht alle umsetzen, aber es ist wichtig, dass du deine volle Planungspower spürst. Setze dir große Ziele und lass pfiffige Strategien aus dir sprudeln.

Als ich mein Business gestartet habe, hing meine riesige Wohnzimmerwand voll mit hunderten kleiner Zettel, auf denen ich meine Strategie sichtbar gemacht habe. Auch heute noch arbeite ich so, wenn ich ein neues Projekt oder einen neuen Businesszweig ins Leben bringe: Ich gehe damit schwanger und alle Ideen kommen an meine Wand, wo sie solange sortiert, umgehängt, zugeordnet und in eine Systematik gebracht werden, bis ich schlussendlich damit gehen kann. Während die Zettel dort viele Wochen hängen, arbeitet mein Unterbewusstsein jedes Mal, wenn es liest, was an dieser Planungswand hängt. Ein paar der Begriffe und Ideen kann ich nach einiger Zeit wiedergeben, wenn mich jemand fragt, was ich so plane. Andere nicht. Für mich ist das ein starkes Indiz dafür, womit mein System in Resonanz geht und womit nicht. Nach ein paar Wochen hänge ich die Zettel ab, die der Planungszeit nicht standgehalten haben, also die, mit denen ich nicht resoniere. Oftmals geschehen in dieser Phase der Planung Dinge oder ich treffe Menschen, durch die ich weitere Ideen oder Veränderungen in den bestehenden Prozess einbringe.

Du bist in der Planungsphase besonders empfindsam, denn das Baby – dein Business – ist ja noch nicht geboren. Jede Kritik an deinen Plänen wiegt schwer. Du fühlst alles sehr stark und intensiv, denn es geht um das Unsichtbare, das Verborgene, in dem sich Neues entwickelt, um das Unterirdische. Die Qualität in dieser Phase ist deine Intuition. Du spürst, ahnst, nimmst wahr. Du kannst nicht abschätzen, ob das, was du da planst, wirklich machbar ist. Das weiß in diesem Stadium niemand! Keine Mutter weiß, wie ihr Kind aussehen wird, wenn sie schwanger ist. Deshalb ist deine Intuition jetzt das Einzige, auf das du dich verlassen kannst und solltest. Spür extrem genau, zu welchen deiner Ideen du ein glasklares Ja hast und zu wel-

chen nicht. Trau deiner Intuition bei all deinen Entscheidungen und bleib solange dran oder geh immer wieder rein, bis du eine Entscheidung nicht denkst, sondern spürst. Hast du in dieser Phase dein Herzenswarum nicht klar, verlierst du dich in deinen kreativen Ideen und kannst nicht unterscheiden, ob der jeweilige Einfall deinem Business wahrhaftig dient oder nur ablenkt.
Denn die Herausforderung liegt darin, warten zu können. Wie in einer realen Schwangerschaft wird das Baby nicht sofort geboren. Geh eine Zeit lang schwanger damit! Lass in dir wirken, was du an Ideen und Plänen hast und setze nicht sofort alles um. Lass sie heranreifen und vertraue deinem intuitiven Wissen. Es ist jetzt besonders hoch, denn du bist in dieser Phase in einem höchst aufgewühlten emotionalen Zustand. Alles kribbelt, du bist aufgeregt und du freust dich. Es ist fast wie verliebt zu sein. Während dieser Vorbereitungszeit werden tatsächlich ähnliche Glückshormone wie beim Verliebtsein ausgeschüttet. Du bist immer wieder in einem euphorischen Zustand.

Herausforderung

In dieser Phase gibt es gleich mehrere Herausforderungen und Gefahren, denen du ins Auge schauen darfst, damit du hier nicht steckenbleibst.

- Handeln

Die größte und häufigste Gefahr ist: Du planst ewig, spinnst ein Leben lang Ideen, webst permanent Netze. Im Grunde bist du verliebt ins Schwangersein, jedoch nicht in dein Business. Vor allem diejenigen, die gern kreativ sind, können sich hier ein Leben lang aufhalten und nie ein Business ins Laufen bringen. Denn Planen ist eine höchst kreative Arbeit und Frauen, die ihre Kreativität nicht auf andere Weise ausdrücken, nutzen die Planungsphase für ihren kreativen Ausdruck und verlieren sich darin. Sie finden immer wieder neue, noch bessere Planungstools, kreieren ein Visionboard nach dem anderen, begeistern durch witzig designte Mind-Maps und haben stapelweise Ideenbücher

auf ihrem Schreibtisch liegen.
Doch sie legen nicht los! Sie kommen nicht in die Handlung. Sie probieren nichts aus, geben schnell wieder auf, vergessen, was sie umsetzen wollten und brauchen immer noch ein Konzept und noch eine Liste und noch einen Kurs, um zu lernen, wie sie noch besser planen. Besonders gefährdet ist hier „die Perfekte“, die das „Baby“ erst dann rauslassen wird, wenn sie sich absolut sicher sein kann, dass es ein*e Musterschüler*in wird. Da die Schwangere das nie vorher weiß, wird das Baby nie zur Welt kommen.

❖ Groß denken

Eine weitere Gefahr in dieser Phase der Planung ist, dass du zu klein denkst. Meist geschieht das, weil du dich stark von anderen einschränken lässt. Entweder gibt es reale Widersacher*innen deiner Business-Idee oder solche, die in dir drinnen reden. Ein zu klein gedachtes Business überlebt meistens noch nicht einmal die Geburt. Es ist von Anfang an zu schwach. Fehlt das Vertrauen in dich und deine Ideen, hast du zu viele Gegner*innen, die dich nicht unterstützen, sondern die dich klein halten, kommt dein Business nicht ins Laufen. Du zweifelst an deiner wahren Größe und vertraust dem Leben nicht, dass es dich mit allem beschenkt, was du brauchst, um solch ein Business zu machen.

❖ Achtung des Körpers

Planungsarbeit ist viel Kopfarbeit. Da kann der Bezug zum eigenen Körper sehr schnell verloren gehen und du wirst regelrecht körperlos. Krankheit, Müdigkeit, Erschöpfung sind Folgen einer ungesunden Planungsarbeit. Dein Business braucht alle Bereiche: Geist, Seele und Körper. Vernachlässigst du den Körper, schwächst du dein Business. Denn die Geburt braucht dich in einem topfitten Zustand.
Auch eine zu enge Planung kann dich von deinem Körper entfremden, der möglicherweise schon längst Kopfschmerzen als

Signal ausgeschickt hat, die du ignoriert hast. Wenn deine Ideen und Strategien zu engmaschig sind, ist kein Platz mehr für die Geschenke des Lebens. Dein Business-Plan darf dich nicht erdrücken oder dir Kopfzerbrechen bereiten. Idealerweise entsteht deine Planung nicht aus der Haltung des Zerdenkens sondern des Empfangens.

Erfolgsverhinderinnen

Angst – die Furchtsame
Schuld – die Perfekte
Kreativität – die Chaos-Lady
Zertifikatswahnsinn – die Gewissenhafte

Inspirationen und Tipps

- Sorge für Freiraum

Der Leitsatz lautet „Ich empfange“ und dazu möchte ich dich inspirieren: Empfange! Du wirst alles zur rechten Zeit bekommen, was du für dein Business brauchst. Lass deine innere Quelle der Ideen sprudeln, ohne sie zu zerreden, zu zerdenken oder zu minimieren. Um Platz zu lassen für die Überraschungen des Lebens, plane freie Zeit oder freie Plätze ein. Ich hänge beispielsweise leere Zettel zwischen all meine vollgeschriebenen. So signalisiere ich dem Leben und mir selbst, dass ich offen bin für das, was das Leben mir noch schenken will und was ich jetzt noch nicht erkennen kann. Du musst nicht alles bis ins Detail geplant haben! Vertraue.

- Die Macht der Aktion

Um aus dem ewigen Schwangersein herauszukommen oder wenn du merkst, du landest immer wieder in der Planungsphase, wird es Zeit zu handeln. Nutze die Macht der Aktion! Ein Kind zu gebären, erfordert Mut. Schwanger zu sein, ist noch relativ passiv. Die Geburt ist ein aktiver Vorgang. Danach ist nichts mehr so, wie es vorher war. Du hast dann ein Kind, in dem Fall ein Business. Wenn du merkst, dass dir für diesen

nächsten Schritt der Mut fehlt, würdige zunächst deine Angst. Hast du ihr genug Raum geschenkt, geh in die Aktion.
Es ist hilfreich, dir stärkende Sätze zu sagen:

Ich bin mutig.
Mut ist toll.
Ich lade Mut in mein Leben ein.

Wenn du diese Sätze aufschreibst – am besten mit der Hand (dann wird es eine „Hand“lung) –, manifestiert sich der Mut bereits ein wenig mehr. Hänge deine tollen Mut-Sätze beispielsweise an deinen Badezimmerspiegel, sodass du sie täglich siehst. Das ist eine weitere Handlung. Wenn du jetzt noch ganz bewusst etwas tust, was du mit all deiner inneren Magie, deiner Power und deiner Energie auffüllst und deinen Fokus dabei voll auf Mut für deinen nächsten Businessschritt ausrichtest, aktivierst du die Macht, die in einer Handlung liegt.
Was das sein kann?
Folge deinem Impuls! Lass Bilder zum Mut in dir aufsteigen und dann lässt du eine Aktion folgen. Das kann das Schreien wie ein Löwe sein. Einem Fremden eine Blume schenken, weil dich das aus deiner Komfortzone holt und den Mut weckt. Oder schreib dir das Wort „Mut“ in schöner Schrift auf deinen Körper und trag den „Mut“ einen Tag unter deiner Kleidung. Das Tun ist das Wichtige, in Verbindung mit deiner Absicht, mit dem Fokus auf das, was du manifestieren oder ändern willst, in diesem Fall: den Schritt zur Geburt deines Business zu machen.

❖ Mit den Händen arbeiten

Beim Planen sitzt du oftmals viele Stunden am Computer und gerätst dadurch manchmal in eine Art „Starre“. Du hast das Gefühl, nichts bewegt sich, weil du dich nicht bewegst. Falls du diesem Irrglauben verfallen bist, dass ja „nichts vorangeht“, kannst du an deine Tagesaktivitäten eine Tat für das Wachstum deines Business anhängen. Pflanze beispielsweise Samen in die Erde, um bewusst etwas für dein Business-Wachstum zu tun.

Ohnehin ist das Buddeln in der Erde eine gute Handlung, um in ein Körperbewusstsein zu kommen.
Setze deine Hände öfter für dein Business ein, zum Beispiel, indem du ein Erfolgssymbol knetest, ein Brot für deinen Businesserfolg bäckst oder ein Erfolgsbild mit Fingerfarben malst. Arbeite mit den Händen, im vollen Bewusstsein, dass du den Erfolg deines Business erschaffen kannst und dass Sichtbarkeit und Erfolg etwas mit Handeln zu tun haben. Ein erfolgreiches Business kommt nicht einfach über dich. Du wirst es durch Handlungen in dein Leben gebären müssen. Solange du darin nicht einwilligst und nicht für die Anstrengung und das sichtbare Handeln bereit bist, bleibst du ewig schwanger oder fällst immer wieder in diese Phase des Planens zurück.

❖ Dehne dich

Schöne Handlungen für die kleindenkenden Anteile in dir sind Dehnübungen. Sie bringen dich nicht nur in den Körper, sondern dehnen und weiten auch deinen Geist. Erlaube dir, groß zu denken, richtig groß! Mit jeder Erlaubnis atmest du und dehnst dich mit deinen Armen und deinem Körper weit aus. Mach das mehrmals am Tag, bis du neben all den kleinen Ideen irgendwann sogar große, unverschämte und verrückte Ideen notieren kannst. Du bist verbunden mit dem Leben und mit allen weisen Frauen aus deiner Ahninnenlinie und darüber hinaus, die dich begleiten werden und deren Wissen du in dir trägst.

❖ Suche Unterstützer*innen

Findest du unter deinen Familienangehörigen und Freund*innen keine Menschen, die dich unterstützen, dann suche dir Verbündete außerhalb deines engsten Kreises. Es ist in dieser Phase wichtig, dass du gute Unterstützer*innen oder eine*n Mentor*in hast, die an dich glauben. Du kannst kein erfolgreiches Business ohne Rückendeckung machen und schon gar nicht mit dauerhaftem Gegenwind von deinen Liebsten oder Verwandten. Sorge dafür, dass du einen Kreis an Menschen findest, die dich bestärken und bekräftigen und die dir bei der Geburt und allen folgenden Phasen zur Seite stehen. Hast du diese nicht, wirst du immer wieder in der Planungsphase landen oder dort hängenbleiben, weil dein System ganz genau weiß, dass du es komplett ohne Befürworter*innen nicht schaffen kannst. Wenigstens einen Menschen brauchst du, der mit dir zusammen an dich und deine Businessidee glaubt.

Symbol

- Pfeil und Bogen

Der Pfeil symbolisiert das zielorientierte Planen, welches durch die Bogen-Entspannung ergänzt wird. Vertraue, dass der Pfeil sein Ziel erreichen wird. Anspannen und Entspannen gehören in der schöpferischen Phase des Planens zusammen. Wenn der Pfeil erst abgeschossen ist, kannst du nichts mehr tun, als zu vertrauen. In der Planungsphase legst du die Richtung fest, die der Pfeil nehmen wird. Du spannst den Bogen an und richtest den Pfeil auf sein Ziel aus. Pfeil und Bogen stärken deinen Glauben ans Gelingen der Gründung.

Pflanze

- Sprossen und Wurzelgemüse

Frisch gekeimte Sprossen, wie Kresse und Radieschensprossen, oder Sprossgemüse, wie Spargel und Rhabarber eignen sich beispielsweise, um dich in dieser Phase mit guter Nahrung zu versorgen und dich mit dem Herankeimen deines Business zu verbinden. Ebenso kann jede Art von Wurzelgemüse eine hilfreiche Nahrungsidee sein, damit du die ersten Wurzeln, die dein Business jetzt treibt, stärkst. Zugleich leitest du durch die Wurzeln alles in die Erde ab, was nicht in dein Business gehört und was nicht manifestiert wird. Wurzel-Essen unterstützt dich, dein Business vom Gedankenkonstrukt auf die Erde zu bringen und gute Ideen von aktuell nicht so sinnvollen zu unterscheiden.

Mystische Energien und Göttinnen

- Die Närrin

Die Närrin[14] schwingt als ein wichtiger Aspekt in diesem Zyklusabschnitt mit. Sie plant aus dem Chaos und aus der Leere heraus. Sie ruft dir zu, dass du vertrauen kannst, denn du bist – wie jede Frau – gut mit einem kollektiven und intuitiven Frauenwissen ausgestattet, sodass du deinen Impulsen trauen kannst. Bleibe nicht in der Logik oder Rationalität stecken, sondern gib in dieser Planungszeit auch all deinen scheinbar irrationalen und impulsiven Gedanken Raum!

- Eshu

Wenn diese Energie zu wenig gelebt und gewürdigt wird, hole dir die Göttin Eshu[15] an deine Seite. Sie ist eine närrische Gottheit aus Afrika, die vielerorts auch als Mann dargestellt wird. Hier siehst du schon ihre Unberechenbarkeit: mal Weib, mal Mann, mal Schicksalsgöttin, mal Clownin. Eshu kann dich unterstützen, ver-rückt zu denken, groß zu planen und alles zuzulassen, was jetzt an unterdrückter Energie für dein zukünftiges Business gelebt und angesehen werden möchte. Sie inspiriert dich zu einem kreativen Umgang mit deiner Businessplanung.

Krafttier

- Biber

Der Biber[16] ist ein großartiger Baumeister, der seinen Bau klug und durchdacht anlegt. Er unterstützt dich, damit du dein Business geschickt planen kannst. Der Biber ist nie unvorsichtig! Er nimmt das Bauen sehr ernst. Zu viel steht auf dem Spiel, denn er kreiert den Bau nicht nur für sich, sondern auch für seine (zukünftige) Familie. Ein Biber sichert seinen Bau stets ab,

---

14 Noble, Vicki: Mythen, Musen und Tarot, Motherpeace, München: Frauenoffensive 1991, S. 31-35

15 Dechant, Andrea, Bliss Media: Eshu – Trickster-Göttin im Candomblé, 2008. Unter: https://artedea.net/eshu (abgerufen am: 19.03.2019)

16 Sams/Carson, 1992, S. 135-137

indem er mehrere alternative Ausgänge integriert, um gut für sich und die Seinen zu sorgen. Der Biber ruft dir zu: Bleib offen für Alternativen, nimm dein Business von Anfang an ernst und plane nicht nur, sondern beginne den Bau durch konkrete Handlungen. Biberbauten sind wahre Meisterwerke. Erschaffe du dein Königinnenreich – opulent, stark und wie eine Meisterin!

Öffnende Fragen

Welche Qualitäten möchten in deiner Planungsphase angesehen, anerkannt und gewürdigt werden?

....

....

....

....

In was für einer Energie steckst du fest?

....

....

Welche Momente hast du in dieser Planungsphase noch nicht oder nicht voller Intensität gelebt? Hole es nach!

....

....

Was braucht es, damit du die Schwangerschaft mit deinem Business (Projekt/Angebot) feierlich und mit Freude in die nächste Phase hinein transformieren kannst?

....

....

Phase 2 – Gründung

Leitsatz

Ich bin.

Transformationszustand

Geburt

Thema

In dieser Zyklusphase lässt du aus deinen Plänen Realität werden: Du gründest dein Business.

So ein Geburtsprozess ist zugleich schmerzhaft und schön. Er löst ein unbändiges Glücksgefühl aus, wenn die Geburt, die Gründung, erfolgreich verläuft, ja fast schon einen euphorischen Zustand. Allerdings können auch Komplikationen auftreten – wie bei jeder realen Geburt auch. Da heißt es durchhalten und dranbleiben! Manchmal kommen die versprochenen Fördergelder nicht so schnell oder die Antragstellung zieht sich. Auch bei einem lokalen Raum kann es mit der Fertigstellung bis zur Eröffnung Termin-Herausforderungen mit Handwerker*innen oder Lieferant*innen geben. Die eigene Website, die Einrichtung eines Onlineshops, die Fertigstellung von Visitenkarten, Flyern oder dem Praxisschild bis hin zur Anmeldung eines Gewerbes, der Beantragung einer Steuernummer oder der Eintragung ins Handelsregister und der Eröffnung eines Geschäftskontos, der Abschluss einer adäquaten Krankenversicherung und gegebenenfalls einer Betriebshaftpflichtversicherung – das sind alles Beispiele und äußere Anzeichen einer Gründung. Da gilt es, dranzubleiben.

Direkt nach der Gründung deines neuen Business erfüllt dich eine Glückseligkeit von ungeahnter Größe. Du bist in einem Extremzustand. Alles ist neu. Alles machst du zum ersten Mal. Du bist nun als Businessfrau sichtbar und greifbar, hast einen eigenen Businessnamen, bist stolze Inhaberin einer Website und vielleicht sogar schon von Social Media Profilen. Dadurch kommen nun Reaktionen von außen, also von Menschen, die dich nicht persönlich kennen, auf dich zu. Sie sind dir möglicherweise nicht so wohlwollend und nachsichtig gesonnen wie deine Liebsten. Plötzlich kann es dir passieren, dass die selbst zusammengebastelte Website, die deine nächsten Angehörigen noch „süß“ fanden, von außen als unprofessionell eingestuft wird. Oder dass den einen deine Visitenkarten nicht gefallen, während andere begeistert davon sind. Du stehst erstmalig hell und klar für dein Business ein.

Oft kommen in der Gründungsphase Zweifel, wie die folgenden, hoch:

„Ist das alles richtig, was ich hier mache? Soll ich mir nicht doch wieder ein Angestelltenverhältnis suchen? Schaffe ich das alles wirklich? Werden Kund*innen zu mir kommen?“ und so weiter.

Die zweifelnden Anteile in dir können sehr laut werden und die Unsicherheit kann dich überfluten. Geh mit diesen Wellen wie ein tanzender Korken auf der Meereswelle, dann gehst du nicht unter. Nimm an, dass dies Bestandteil des Gründungsprozesses ist und lass die Unsicherheit, Zweifel und Sorgen durch dich hindurch und aus dir hinaus in Mutter Erde abfließen.

Du wirst beim Gründen mit vielen Entscheidungen konfrontiert. Für viele Frauen ist es sogar das erste Mal in ihrem Leben, dass sie sich allein entscheiden und die volle Verantwortung für die Konsequenzen tragen müssen. Das kann zur Belastung werden und eine ganz besondere Herausforderung darstellen.

Im Idealfall macht Gründen jedoch richtig Spaß! Denn nach der langen Planungsphase kommt jetzt Bewegung in dein Business und du kannst überprüfen, wie deine Ideen ankommen und dabei zusehen, wie dein Herzensbusiness Gestalt annimmt und zu einem lukrativen Unternehmen wird. Das Hochgefühl schlechthin sind die ersten finanziellen Einnahmen. Wenn du das allererste Geld aus deinem eigenen Business in der Hand oder auf dem Konto hast, breitet sich Stolz und Erfüllung aus. Dies ist der Beginn von etwas Wundervollem, von einem Business voll mit Wundern.

Herausforderung

Die größten Herausforderungen in der Gründungsphase sind diese:

- Geldfluss

Eine Gefahr ist, dass deine Planungen zwar auf Hochtouren laufen, du dein Business jedoch nie wirklich startest. Du fällst wieder und wieder zurück in den Schwangerschaftsmodus, weil die Angst vor der Gründung so groß ist oder weil du niemanden hast, der dir den Rücken stärkt. Oder weil unerlöste Anteile in dir an die Oberfläche kommen und als Hindernisse auftauchen, die dich vom Gründen abhalten. Wenn das geschieht, hast du zu viel Zeit und Geld ins Planen, ins Strategie-Entwerfen und ins Vorbereiten gesteckt, sodass keine Ressourcen mehr für den anstrengenden Akt der Gründung übrig bleiben – weder finanziell noch energetisch. Dann kann das Gründen zur Totgeburt führen.
Manche gründen zwar, haben jedoch über einen zu langen Zeitraum keinerlei Einnahmen. Das Geld fließt nicht, ganz so, als ob die Muttermilch nach der Geburt nicht einschießt. Oftmals wurde die Planungsphase dann nicht intensiv genug gelebt und die Gründung nicht ausreichend vorbereitet. Eine weitere Herausforderung ist, dass du keine Erfahrung als Unternehmerin hast und dass du die innere Führung oder – falls es direkt Mitarbeiter*innen gibt – die Personalführung nicht erfolgreich bewerkstelligst. Bist du den Aufgaben einer Businessfrau, die kein Hobby mehr betreibt, sondern ein echtes Business hat, nicht gewachsen, kommt der Geldfluss ebenfalls schnell zum Erliegen oder stirbt sofort in der Anfangszeit.

- Mit deinen Kräften haushalten

Die andere Gefahr ist, dass du in der Gründungszeit nur noch Business machst. Du bist Tag und Nacht beschäftigt, Freund*innen sehen dich nicht mehr, die Familie fühlt sich vernachlässigt. Die Gründungsphase ist sehr viel Arbeit und die

Herausforderung ist, dich nicht zu übernehmen und die Leichtigkeit nicht zu verlieren, weil alles so viel ist. Einige Frauen verfallen auch in einen Zustand der Ohnmacht und fühlen sich den vielen Anforderungen nicht gewachsen. „Ich schaff das nicht!“, ist ein typischer Satz in der Gründungsphase.
Gerade in der Anfangszeit nach der Neugründung ist es gut, wenn du für Schutz und Erholungszeiten sorgst – für dich und dein frisch geborenes Business. Beim Aufbau eines Start-ups fühlst du dich oft nackt und hilflos wie ein Neugeborenes. Es kostet bereits viel Kraft, alles auf die Beine zu stellen und die erste Sichtbarkeit macht die meisten Menschen obendrein dünnhäutig. Auch die turbulenten Emotionen kosten dich Kraft. Damit dein neues Baby nicht direkt in den ersten Wochen pleite geht, weil du völlig erschöpft bist, kalkuliere Ruhephasen ein. Sonst verausgabst du dich im wahrsten Sinn des Wortes: Du hast zu viele Ausgaben deiner Energien.

- Freude

Eine weitere Herausforderung ist, dass deine Erwartungshaltung an die Gründung so hoch ist, dass du beim Gründen keine Freude empfindest. Du verpasst den Moment des Wunders und des Staunens über das, was du als Schöpferin kreiert hast. All das Planen und Visualisieren hat dich so mit Kopfarbeit in Beschlag genommen, dass die Verbindung zu deiner Herzenergie auf der Strecke geblieben ist. Da ist einfach keine Freude. Manche sind zwar stolz auf die Gründung, doch danach interessiert sie das Business nicht mehr. Die mütterlichen, fürsorgenden Anteile fehlen. Um wirklich erfolgreich zu sein, braucht das Unternehmen ab dem Moment der Gründung jeden einzelnen Tag deine Fürsorge, um sich weiterzuentwickeln. Ansonsten steht das Geschäft wie ein Geisterhaus in der Welt: leer und ohne Leben.

Erfolgsverhinderinnen

Angst – die Furchtsame
Manipulation – die Ohnmächtige
Kreativität – die Chaos-Lady
Verleugnung – die Kleine

Inspirationen und Tipps

- Nimm Hilfe in Anspruch

Du bist die Quelle deines Business und es ist unabdingbar, dass du die Gründung energetisch trägst und voranbringst. Dennoch ist mein Tipp: Lass dir helfen! Viele Dinge kannst du möglicherweise delegieren oder jemanden beauftragen, der/die das viel besser umsetzen kann als du selbst. Wenn Freund*innen oder dein*e Partner*in dir Unterstützung anbieten: Nimm sie! Jeder Moment, in dem du in der Gründungszeit deine eigenen Kräfte schonen kannst, ist wertvoll. Sei jetzt nicht übertrieben perfektionistisch und widerstehe dem Gedanken, du müsstest alles allein machen, damit es gut wird. Wichtig ist, dass du die Quelle deines Business bist und die Grundsteine deine sind. Ob die Wände darauf anfangs ein wenig schief stehen oder nicht perfekt angemalt sind – das macht deinem Haus nichts. Du kannst alles später noch optimieren. Fokussiere dich jetzt auf das Wesentliche und das ist vor allem, deinem Business deine einzigartige Schöpferinnenkraft mit auf den Weg zu geben.

- Sorge für Schutzräume und Rückzugsorte

Schutz ist ein wichtiges Thema, um dich mit deinen ersten Geh-Versuchen geborgen und anerkannt zu fühlen. Achte darauf, dass du Neues zunächst einem Kreis vorstellst, der dir wohlgesonnen ist, bevor du damit an die Öffentlichkeit gehst. Suche dir gute Sparringspartner*innen und Förder*innen, die dich unterstützen. Möglichkeiten des Rückzugs, um dich zu festigen und neu zu sortieren, sind jetzt wichtig. Überlege dir bereits vor dem Gründen, wie du deine Kraft stärken und wo du dich zurückziehen kannst, wenn es zu turbulent wird. In der Gründungsphase selbst wirst du unter Umständen zu stark mit den täglichen Entscheidungen und Anforderungen beschäftigt sein, um dir Selbstfürsorge-Maßnahmen zu überlegen. Da ist es gut, wenn du dir vorab welche parat gelegt hast, auf die du dann schnell zugreifen kannst.

- Verbinde dich mit deiner Schöpferinnenenergie

Im Gewusel all der Gründungs-To-dos kann dir deine Power abhandenkommen und du fragst dich womöglich: „Wieso mache ich das alles?“. Jetzt ist es wichtig, dass du den wahren Grund hinter dem Businessaufbau kennst und verinnerlicht hast. Verbinde dich mit diesem Antrieb, der dich durch die Strapazen einer Gründung trägt. Vielleicht hast du Rituale oder Werkzeuge, die dich mit deiner Schöpferinnenkraft in Kontakt bringen können, zum Beispiel ein Feuer entzünden, tanzen, Meditation, einen Onyx als Kraft- und Schutzstein tragen und so weiter.

- Trinke Wasser

Zur Unterstützung, damit die Gründung gut in Fluss kommt, kannst du fließendes Wasser in der Natur aufsuchen, wie eine Quelle, Flüsse oder das Meer. Wenn nichts davon möglich ist, höre dir wenigstens Quellensprudeln oder Meeresrauschen an. Trinke viel klares Wasser! Das Element Wasser ist in diesem Zyklusabschnitt dein Verbündeter, um die Manifestation deines Business gut, stetig und leicht ins Fließen zu bringen.

Symbol

- Punkt

Der Punkt als Nullpunkt stellt den Anfang dar. „Ich bin“ ist der Leitsatz dieses Zyklusabschnitts und genau das repräsentiert der Punkt: Er ist der sichtbare Ausdruck dafür, dass du da bist, den Anfang gemacht hast, dein Business gegründet hast. Der Punkt gilt als Symbol für das, was jetzt startet und zur Entfaltung kommt. Das Zentrum einer Lotusblüte, aus dem heraus sich die Blätter öffnen, wird ebenfalls mit dem Punkt assoziiert.

Er symbolisiert die Ganzheit, Vollständigkeit und Einheit, den Mikrokosmos und die Unendlichkeit in Einem und ist die Mitte deines Business.[17] Mit der Gründung „hast du einen Punkt gemacht“ und damit die Manifestation von etwas Großem eröffnet.

Pflanze

❖ Petersilie

Um bei der Gründung Reinigung und Klärung zu schaffen, kann das getrocknete Kraut geräuchert werden, was auch in Geburtszimmern früher gemacht wurde. Aus dem frischen Kraut wurde im Mittelalter ein Kranz gebunden und dem frisch geborenen Baby auf den Kopf gesetzt, um zu ehren, dass es die Geburt gut überstanden hatte.[18] Streu dir das Kraut ins Essen, um dich an seine magische Kraft zu erinnern, die auch darin bestehen soll, dich klare Entscheidungen treffen zu lassen.

Mystische Energien und Göttinnen

❖ Levana

Levana[19] – auch Levanah geschrieben – ist die erhebende Mondgöttin, weil sie über die Zyklen der Frauen regiert und Schutzgöttin von allen Neugeborenen ist. „Se levare“ ist Lateinisch und heißt übersetzt „sich erheben“ oder „aufheben“. Das Neugeborene wurde in matriarchalischen Gemeinschaften aufgenommen, nachdem es vorher auf den Boden gelegt wurde, um es dort den Segen von Mutter Erde empfangen zu lassen. Fällt es dir schwer, dein Business nach der Gründung anzunehmen und gut zu pflegen, weiterzuentwickeln und sich entfalten zu lassen, kann die Beschäftigung mit der Göttin Levana eine Hilfe für dich sein.

---

[17] Seifert, Theodor, herausgegeben von Verlag opus magnum, Müller, Prof. Dr. Lutz: Symboldatenbank, Punkt, 2011. Unter: https://symbolonline.de/index.php?title=Punkt (abgerufen am: 19.03.2019)

[18] Dechant, Andrea, 4. Auflage: Die Sonnenkräuter. Wien: Bliss Media, artedea eBooks 2017, S. 42-43

[19] Dechant, Andrea, Bliss Media: Levana – Römische Schutzgöttin der Neugeborenen, 2008. Unter: https://artedea.net/levana-romische-schutzgottin-der-neugeborenen/ (abgerufen am: 20.03.2019)

Krafttier

❖ Kolibri

Der kleine Kolibri[20] ist ein Meister des Flugs in alle Richtungen und oft sieht es aus, als würde er punktgenau am Himmel stehen. Mit ihm an deiner Seite kannst du in Kontakt mit deinem Herz gehen. Er führt dich zum Herzenswarum, zur tiefen beseelten Freude, aus der dein Business entspringt. Sein Wesen verkörpert Glückseligkeit, die du beim Erfüllen deiner Aufgabe in dieser Welt erlebst. Diese Beseeltheit strömt in den Grundstein deines Business-Anfangs. Lass dich vom Zauber des schwirrend-summenden Kolibris inspirieren, um mit Schwung und aus einem beflügelten Herzen heraus dein Business zu gründen.

[20] Sams/Carson, 1992, S. 231-233

Öffnende Fragen

Was möchte in deiner Gründungszeit erkannt und geehrt werden?

....

....

....

....

In welcher Energie steckst du fest?

....

....

Welche Momente hast du noch nicht oder nicht voller Intensität gelebt? Tu es jetzt!

....

....

Was braucht es, damit du die Gründungsphase ehrst, dich an ihr erfreust und transformierst, um fließend in die nächste Phase einzutauchen?

....

....

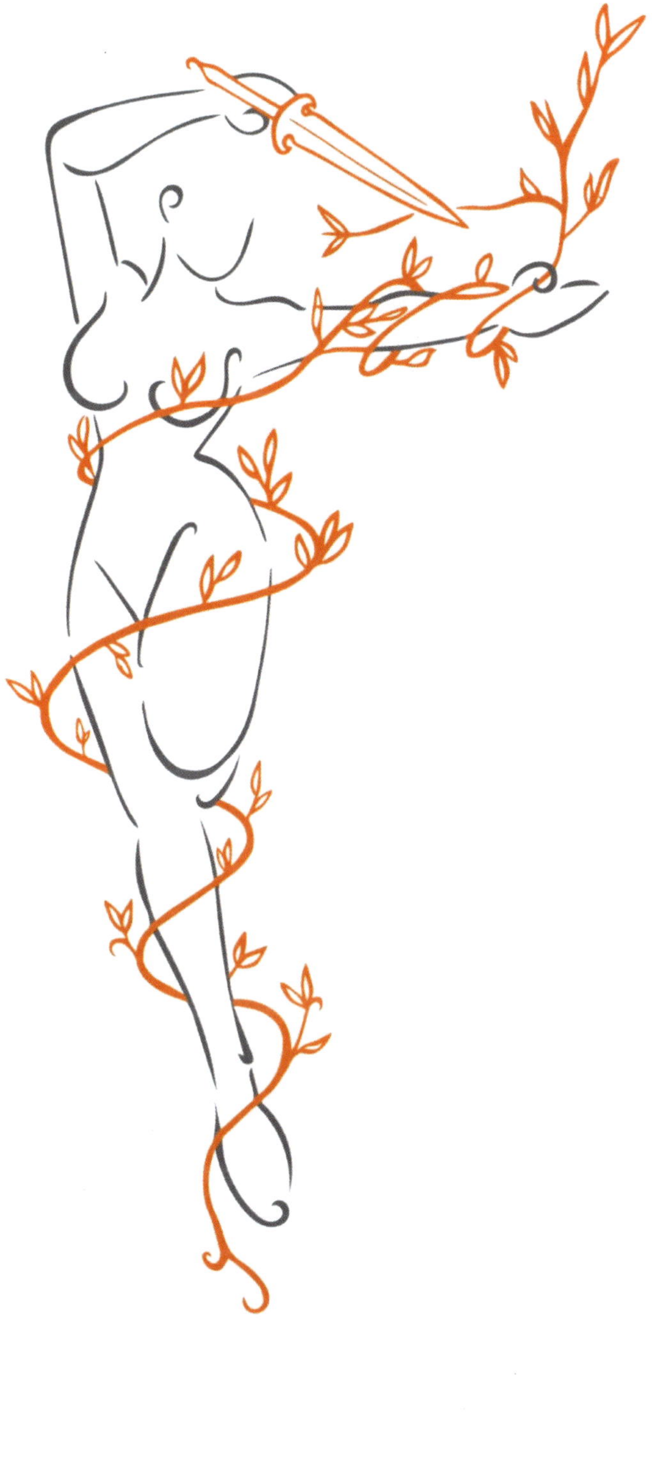

Phase 3 - Wachstum

Leitsatz

Ich erschaffe.

Transformationszustand

Kind

Thema

Jetzt beginnt die Phase des Wachstums. Es geht um lernen, lernen, lernen. Du wirst in diesem Zyklusabschnitt damit konfrontiert, dass dir für ein dauerhaft und nachhaltig erfolgreiches Business und ein Unternehmertum sehr viel Wissen fehlt – selbst dann, wenn du in der Planungsphase Fortbildungen für Gründerinnen besucht hast. Plötzlich fällt dir auf, dass du an deine technischen Grenzen kommst, bei der Umsetzung von Onlinemarketing Defizite hast oder dir Methoden bei der Ausübung deines professionellen Business fehlen.
Du machst vielleicht eine ergänzende Weiterbildung oder noch eine Ausbildung, Workshops oder Onlinekurse, mit denen du Suchmaschinenoptimierung (SEO), Digitalmarketing oder Betriebswirtschaft lernst. Idealerweise begleiten dich die Neugierde und das Staunen in dieser Phase des Lernens. Offenheit für all das Neue hilft dir ebenso, um diese Phase wahrhaftig und intensiv zu durchleben. Mit jedem Learning gehst du einen Schritt mehr in Richtung Professionalität, Sichtbarkeit und Erfolg.
Manch eine Businessfrau möchte sich durch diesen Abschnitt hindurchmogeln, weil es viel Arbeit bedeutet, all das Neue zu lernen, und zunächst wie ein Fass ohne Boden aussieht. Oft ist dir auch nicht klar, was wirklich wichtig ist und welche Lernfelder für dich nicht interessant sind. Die Prioritätenfrage tritt fast täglich auf. Viele Verlockungen wie „Reich werden in 10 Sekunden“ verführen dich unter Umständen, wodurch du auf Irrwege gerätst. Du zahlst viel Lehrgeld in dieser Wachstumsphase – in Form von Zeit oder Geld. Doch jede Erfahrung ist wichtig. Sei dir

dessen bewusst und erkenne das an!
Gerade Erfahrungen sind es, die du in dieser Zeit sammelst. Probiere deshalb viel aus und hab Spaß dabei. Würdige deine Lernerfolge, deine „Fehler“ (du machst nichts falsch, es fehlt dir nur noch etwas) und lass dich immer wieder neu auf das Spielfeld „Business-Learning“ ein. Hab Vertrauen, dass du alles lernen wirst, was du brauchst und dir das Leben jetzt wertvolle Erfahrungen schenkt, die später wichtig sind – auch wenn sich diese nicht immer fantastisch anfühlen. Alles, was geschieht, ist richtig, weil du es dir so kreiert hast.
Das Lernen geschieht über hinfallen und wieder aufstehen. Die hohe Geschwindigkeit der Wachstumsphase kann dich zum Taumeln bringen. Deine Emotionen und Reaktionen sind in dieser Zeit wie die eines kleinen Mädchens: unmittelbar und existenziell. Dir fehlt in diesem Zyklusabschnitt der Weitblick der Erfahrenen. Das hat gute Seiten, weil es dich vorwärtstreibt und in eine hohe Präsenz bringt, in der du sehr aufnahmefähig und lernwillig bist. Gleichzeitig siehst du dein Business sofort vermeintlich den Bach runtergehen, nur weil deine Website vielleicht einmal für vierundzwanzig Stunden offline ist, wenn ein Server ausgefallen ist. Alles beziehst du direkt auf dich und dein Business, weshalb die Hochs und Tiefs einem starken Wellengang unterliegen. Frauen, die bisher als ausgeglichen galten, erleben plötzlich emotionale Stürme in sich. Das kann dich verwirren, wenn du nicht verstehst, warum dies geschieht. Du bist mit deinem Business schlicht im Stadium eines kleinen Mädchens gelandet, das spielerisch und naiv mit den Möglichkeiten des Wachstums und mit seiner wahren Größe experimentiert.
Du wirst in dieser Lernphase neue Marketingmöglichkeiten kennen lernen und ausprobieren. Du gehst vielleicht auf Messen, Kongresse oder Events, auf denen du dich mit deinem Business zum ersten Mal zeigst. Du kreierst Offline- und Online-Produkte, erarbeitest deine klare Positionierung und gestehst dir immer mehr zu, wer deine Business-Lieblingsmenschen sind und wer nicht. Darauf basierend entwickelst du Maßnahmen, wie du dein

Business bekannt machen kannst und wie du mehr Sichtbarkeit erlangst.[21] Social Media wird jetzt für dich interessant und du findest den für dein Business passenden Kanal, in dem du dich als Expertin mit deinen Angeboten zeigst. Dazu lernst du, wie all die digitalen Möglichkeiten funktionieren und filterst immer mehr heraus, welche dir dienlich sind und welche nicht.
Manchmal führen das schnelle Lernen, die neuen Erfahrungen und die Möglichkeiten, die sich dadurch ergeben, auch zu einer Art Größenwahn. Dein Staunen „Wow, was ich alles kann!" bringt dich mit Mächtigkeit in Kontakt. Du ahnst, was alles machbar ist und welch riesiges Potenzial in dir schlummert, das allmählich erwacht. Das kann bei einigen Frauen kurzzeitig so etwas wie Allmachtsgedanken hervorrufen. Für deine Mitmenschen stellt sich das meistens irritierend oder wenig angenehm dar und kann als arrogant, anmaßend und unverschämt empfunden werden. Dennoch gehört genau dieses Gefühl in genau dieser Phase dazu und ist wichtig! Jedes Kleinkind fühlt sich wie Gott, weil es die Sandburg erschaffen kann und weil es diese genauso wieder zerstören kann. Um dich im Laufe deines Business mit Weisheit, innerer Führung und Integrität entspannt und fließend in deine wahre Größe hinein zu entfalten, ist es nötig, dass du in der Wachstumsphase spielerisch mit Größe, Macht und Grenzen umgehst. Dazu gehört auch, dass du ab und an eine Grenze überschreiten wirst und dich „wie Gott" fühlst. Gestehe dir zu, dass das passieren kann und hadere nicht mit dir. Das Kind zerstört aus lauter Freude an sich selbst als göttliches Wesen, das über alles herrschen kann, auch die Sandburg des Nachbarkindes. Nicht aus bösem Willen, sondern aus der Begeisterung dafür, dass es das *kann.*
Gut ist es, wenn du in dieser Zyklusphase Orientierung bei Frauen oder Männern findest, die schon ein paar Schritte des Weges vorausgegangen sind, den du selbst gerade gehst: Mentor*innen, Vorbilder, moderne Mystiker*innen, Business-

---

[21] Krink, 2018, S. 6-12

Lehrer*innen. Du kannst schauen, wie andere das machen und an ihnen und durch sie lernen. Zunächst wirst du vieles kopieren (im besten Sinn), bevor du damit deine eigenen Erfahrungen sammelst. So entfaltest du aus dem Erfahrenen deine Einzigartigkeit und stärkst dadurch dein Business, um es wachsen und erblühen zu lassen. Reines Kopieren kann kurzfristig Erfolg bringen und wird dann in die Stagnation führen. Denn die Menschen wollen *dich* sehen und sie kaufen bei dir, weil du ein Unikat bist. Entwickle und entfalte deine Einzigartigkeit mit deinem Business.

Das Wachsen und Erblühen einer Co-Creation als etwas einmalig Neues aus zwei einzigartigen Erfolgsfrauen kann ebenfalls Inhalt dieses Zyklusabschnitts sein. Mit Co-Creation meine ich: Beide gehen miteinander den Wachstumsweg, um durch ihre Verbindung etwas völlig Neues entstehen zu lassen. Sie entwickeln einen neuen Ausdruck eines gemeinsamen Business, welches keine von ihnen allein jemals zum Erblühen hätte bringen können. Im Unterschied zur Kooperation, in der beide ihren jeweils eigenen Bereich miteinander verbinden und dieser nebeneinander bestehen bleibt, transzendiert die Co-Creation das Bestehende. Dieses Neue würde es ohne die Verbindung im Wir nicht geben.

Herausforderung

Diesen Herausforderungen begegnen die meisten in der Wachstumsphase:

- Durchhaltevermögen

Lernen braucht einen langen Atem. Viele Frauen schmeißen zu früh hin, wenn etwas nicht sofort klappt, oder lenken sich ab, um vor den schwierigeren Lernaufgaben zu fliehen. Gelernt wird nicht nur Business-Know-how, sondern es zählen auch alle inneren Erfahrungen zu den Lernaufgaben dazu. Du wirst stark mit dem kleinen Mädchen – deinem inneren Kind – konfrontiert.

Zudem läufst du Gefahr, dich zu verzetteln oder dich zu übernehmen, wenn du Everybody's Darling, die Einserschülerin oder Misses Perfect sein willst. Dann setzt Überforderung oder Verzweiflung ein. Bei manch einer tritt plötzlich die Drama-Queen auf den Plan. „Ich kann das nicht!" ist ein klassischer Hilferuf, mit dem du in solch einem Zustand zum x-ten Mal deine Mitmenschen nervst, anstatt es selbst in die Hand zu nehmen, oder das, was du nicht kannst, zu lernen.

Typisch für mangelndes Durchhaltevermögen ist auch eine geschickt getarnte Variante davon: Du gibst vor, etwas zu können, was du noch nicht wirklich beherrschst und nicht durchlebt hast. Du möchtest entweder deine Schwäche nicht zugeben, deine alten Wunden nicht ansehen oder du hast – wie ein trotziges Kleinkind – keine Lust, dich solange mit etwas zu beschäftigen, was du noch nicht kannst, bis du es wahrlich meisterst. Dann kopierst du einfach oder hoffst auf den „Retter auf dem weißen Pferd", der schon alles für dich richten wird. Letztendlich steckt hinter all diesen Ausweichmanövern beim Lernen die Angst, dich sichtbar zu machen. Jetzt geht es nämlich darum, dich einer Öffentlichkeit zu zeigen!

- Das Business ernst nehmen

Andere Frauen hingegen möchten am liebsten immer weiter Kind sein, immer mehr lernen, weil es so viel Freude bereitet. Manchmal liegt dem eine nicht ausgiebig gelebte Kindheit zugrunde oder du nimmst dein Business nicht ernst. Es ist ein Hobby. Du erkennst, dass du spielen möchtest und nur Spaß haben willst. Das kann sich unter anderem darin äußern, dass du eine Schulung nach der nächsten machst, noch einen Workshop besuchst und wieder und wieder ins nächste Seminar rennst, obwohl du alles schon tausendfach gelernt hast! Doch du setzt es nicht um. Auch all diejenigen, die ständig ein neues Konzept erarbeiten, wieder einmal die Homepage erneuern (obwohl die „alte" erst vor drei Wochen erstellt wurde) oder die hundertste Liste erstellen, ohne etwas davon dauerhaft zu erledigen,

wollen letztendlich nur spielen. Sie haben kein ernsthaftes Interesse an einem Businessaufbau.
Ein erfolgreiches Business zu machen, ist nicht nur lockerer Spaß. Es bedeutet vor allem, Verantwortung zu übernehmen – auch für die unangenehmen Dinge. Es bedeutet, dein Business zu priorisieren, und manchmal heißt es sogar, Opfer zu bringen. Wenn du am Abend stark alkoholisiert Party machst, kannst du am nächsten Tag keine Marketingstrategie (die dich „sowieso nervt") ausarbeiten. Wenn die Freundin dich zum Kaffee trinken abholen will, während du gerade Social Media Posts für die nächsten drei Wochen einstellen willst, und wenn du dich dann bereitwillig verführen lässt, „läuft dein Marketing halt nicht". Getoppt wird das manchmal noch mit einem „Wusste ich eh, dass Social Media nix ist!". All diese Ausreden zeigen die mangelnde Ernsthaftigkeit, die du für dein Business aufbringst.
Es ist okay, zu entscheiden, dass dein Business einfach ein Hobby ist. Wichtig ist, dass du dies in dieser Phase zeitnah erkennst und die entsprechenden Konsequenzen daraus ziehst. Du kannst dann aufhören, zu jammern, dass dein Business nicht läuft, und dir einen Job in einer Festanstellung suchen oder die wirtschaftliche Abhängigkeit von jemand anderem, zum Beispiel von deinem/deiner Partner*in bejahen.

- Dich verbunden fühlen

Das Lernen kann dich in das Gefühl bringen, du wärst allein und es würde nur dir so gehen, wie es dir in der Lernphase eben geht. Stundenlang am Schreibtisch vor sich hin zu wurschteln, ohne mit anderen zu reden und ohne ein Feedback zu erhalten, kann dieses Gefühl verstärken. Oft findet dein Familien- oder Freund*innenkreis nicht wirklich spannend, was du da Neues tust. Sie verstehen dich möglicherweise nicht, weil sie keine Unternehmer*innen sind, und die gemeinsamen Themen werden rar.
Im Allein-Gefühl kommt zudem schnell Neid auf, gerade, wenn du dich in Social Media Portalen aufhältst und sich die Blase der

Themen, die dich jetzt interessieren, verdichtet. Du siehst plötzlich nur noch andere (vermeintlich) erfolgreiche Unternehmer*innen. Du kriegst vermehrt Angebote, wie ach so leicht es doch geht, schnellen Erfolg zu erzielen. Dir werden von den Social Media Plattformen exakt die Businesswege und -anzeigen von Menschen zugespielt, die es doch mit der Methode xy geschwind geschafft haben, reich zu werden. In dir entsteht der Eindruck: Alle anderen sind viel weiter, können es besser, haben es geschafft. Nur du nicht. Diese Negativ-Blase um dich herum ist seitens der digitalen Medien gewollt. Du sollst dich schlecht fühlen, damit du eben einen dieser Mega-Erfolgsbooster kaufst! Dabei gibt es dieses In-Sekunden-Reichwerden nicht. In Zuständen objektiver Betrachtung weißt du das auch.

- Gute Selbsteinschätzung

Wenn du mit ausschließlich angelesenem Wissen dein Business zum Wachsen bringen willst statt mit eigenen Erfahrungen, geht das nach hinten los. Deine Interessent*innen merken sehr schnell, ob du authentisch bist oder nur eine Kopie von jemand anderem. Übernimm keine Wortschöpfungen, Ideen oder gar Texte, Designs oder Styles von anderen. Du bist eben noch nicht so gut wie die Marketer*in, bei der du dir das abgeschaut hast. Na und? Es ist besser echt und ehrlich mit deiner Version rauszugehen, als ein Abklatsch von jemand anderem zu sein.
Oft überschätzen sich Frauen in dieser Phase und starten plötzlich mit Dingen oder geben auf einmal Expertinnen-Tipps zu Themen, zu denen sie selbst erst vor Kurzem etwas gelesen haben. Die Betonung liegt auf „etwas". Probiere viel aus, mach deine Erfahrungen und geh dann mit diesen Erfahrungen an die Öffentlichkeit und wandle das Erlernte somit zu eigenem Wissen. Schweigen an den richtigen Stellen, wenn es um Themen geht, die nicht dein Expert*innenwissen betreffen, zeichnet Menschen aus, die ein gutes Selbstbewusstsein haben. Schau jetzt genau hin: Hast du zu diesem Punkt wirklich Kompetentes beizutragen, weil es deine Fachexpertise ist, oder gilt es hier eher,

den Mund zu halten und zunächst eigene Erfahrungen zu sammeln? Oder ist es sogar ratsam, gänzlich still zu sein, weil es einfach nicht dein Fachgebiet ist und du dich an den falschen Stellen einmischst?

❖ Achten des inneren Kindes

In der Lernphase geht es stark um den spielerischen Umgang mit den Wachstumsthemen. Jetzt ist es wichtig, auf deine innere Führung und auf deine Freude zu hören, um deine Einzigartigkeit zu leben. Was macht dir wirklich Spaß? Ich finde es wichtig, dass du als Unternehmer*in in alle Felder hineinschnupperst und wenigstens die Basics verstehst, um dann bestmöglich das umzusetzen, was du kannst. Nur dann bist du in der Lage, zu delegieren und Mitarbeiter*innen oder externe Dienstleister*innen richtig zu briefen und anzuleiten.

Das innere Kind will in dieser Phase gesehen werden, weil es dich befähigt und beflügelt, all das auszuprobieren und zu lernen, wozu du in der Lage bist und sein kannst. Wenn du dem kleinen Mädchen in dir nicht erlaubst, mit den Füßen im Matsch zu stampfen, wirst du die Qualität des Matsches nie kennen lernen und nicht wissen, ob dies dein Business bereichert und für dein Unternehmen wichtig ist oder nicht. Wenn du keine Fehler machen möchtest, nie eine Grenze überschreiten willst, angepasst sein möchtest statt die freie Rebellin raus zu lassen, die sich zutraut, alles zu können, wirst du nicht in deine wahre Größe kommen. Wachstumsprozesse im Business stagnieren auch später oftmals deshalb, weil in dieser ersten Lernphase das innere Kind unterdrückt wurde. Weil du glaubst, die professionelle Unternehmerin oder die kontrollierte Erfolgsfrau sein zu müssen. Hier kann sehr viel Energie gebunden sein, die jetzt oder viel später als Hindernis in der Entwicklung zu einem erfolgreichen Business spürbar wird. Manchmal schubst dich das Leben dann energetisch wieder und wieder in diese dritte Wachstumsphase zurück. Nicht, weil es möchte, dass du noch etwas lernst, sondern weil es das kleine wilde rebellische Mädchen in dir zu erlösen gilt. Du brauchst die Energie einer Amazone, um über das Vorstellbare hinaus in dein wahres Business-Selbst zu wachsen. Deshalb muss die Rebellische, die Grenzenlose und Überschwängliche wenigstens einmal in vollen Zügen gelebt werden!

Erfolgsverhinderinnen

Manipulation – die Ohnmächtige
Scham – die Zurückhaltende
Neid – die Eifersüchtige
Show – die Drama-Queen

Inspirationen und Tipps

- Lass dich begleiten

Nimm Begleitung an, zum Beispiel von eine*r erfahrenen Business-Mentor*in oder von einer/einem modernen Lehrmeister*in, der/die sowohl fest im Business steht, als auch spirituell verwurzelt ist, oder von eine*r Business-Coach*in. Du brauchst in dieser Lernphase gute Orientierung! Täglich wirst du mit Werbeangeboten zugemüllt und mit „Kauf den schnellen Erfolg“ bombardiert. Da ist es wichtig, zu wissen, dass du einer erfahrenen Person vertrauen kannst, die dich vor diesen Fehlentscheidungen bewahrt, die dich fördert und die für dich den Raum für deine eigene Entwicklung hält.

- Geh dein eigenes Tempo

Lass dich nicht durch die vermeintlichen Erfolge anderer ablenken. Was immer auch andere Businessfrauen in deinem Umfeld tun – vor allem, wenn du dies nur virtuell siehst –, ist egal. Du gehst deinen Weg in deiner Zeit mit all deinen Schritten und mit den Wiederholungen, die notwendig sind, um dich zu deiner wahren Größe als einzigartige sichtbare Erfolgsfrau zu entwickeln.
Menschen lernen unterschiedlich schnell und haben jeweils ein eigenes Tempo, um Erlerntes in Erfahrung zu wandeln. Das Er-

kennen ist das Eine, die Einsicht das Andere und das Erlebte ist das Wertvollste. Es ist ein Transformationsprozess, den niemand außer dir gehen kann. Tu es in deinem Tempo und mit Wertschätzung für dich, denn diesen Weg kannst nur du genau so gehen.

❖ Suche dir ein Übungsfeld

Damit das Allein-Gefühl nicht überhand nimmt und um dich auf gleicher Ebene auszutauschen, suche dir einen wertschätzenden Frauenkreis, eine Unternehmerinnen-Schwesternschaft oder einen geschützten Raum von Businessfrauen, bei denen du dich echt und authentisch zeigen kannst. Achte darauf, dass dein Übungsfeld wertschätzend agiert, verzeihen kann, wenn du in deiner Euphorie, dass du eine Göttin bist, auch einmal Grenzen überschreitest, und dass es ein Feld ist, das dich wirklich mit deinem Business-Wachstum anerkennt und unterstützt. Bilde deine eigene „Bubble" mit Erfolgsfrauen, mit denen du wirklich Kontakt und Austausch hast – als Gegenüber zu der Blase, welche dir die digitale Welt vorgaukelt.

❖ Kopiere nicht – erlebe selbst

Du bist einzigartig. Beim Lernen wird das oft übergangen, weil du dich stark vergleichst. Du möchtest so sein wie xy und kopierst – oft unbewusst –, wie es andere machen. Gerade Vorbilder oder Mentor*innen werden gern kopiert. So lernen Kinder: indem sie nachmachen. In dieser Phase geht es jedoch darum, aus dem Kopieren heraus dein Eigenes zu kreieren. Achte darauf, ob du dich zu sehr von deinen Vorbildern beeinflussen lässt und überprüfe dein Business von Zeit zu Zeit. Sprache, Form oder Style werden in der ersten Businesszeit oftmals von anderen übernommen. Das ist normal. Erst, wenn du selbst damit Erfahrungen gemacht hast, kannst du es zu deinem Eigenen umgestalten und wahrhaftig aus dir selbst entfalten, was das Deinige ist.

❖ Erlaube dir Zeiten der Verantwortungslosigkeit

Im Business geht es um eine sehr hohe Selbstverantwortung. Ab der Gründung bist allein du für dein Business verantwortlich und zwar immer. Schon diese Aussicht führt bei vielen Frauen zu einem großen inneren Stress, sodass sie ihr Business – meistens unbewusst – nicht wirklich wachsen lassen. Der Rückzug in den Modus „ewig Kind sein“ ist keine Lösung für ein erfolgreiches Business. Um aus dem Schlamassel der Angst vor der immerwährenden Verantwortung heraus zu kommen, habe ich folgenden Tipp für dich:

Kreiere ganz bewusst Zeiten oder Situationen in deinem Privatbereich, in denen du hemmungslos verantwortungslos bist. Lass die Verantwortung los! Gib sie an andere ab und lass dich energetisch in den Zustand des Kindes fallen, das Vater oder Mutter hat, die für es handeln. Ich mache das zum Beispiel oft beim Bezahlen von Rechnungen im Restaurant. Natürlich kann ich das. Und: Ich trage täglich die Verantwortung für die finanzielle Situation meines Unternehmens. Da möchte ich ab und zu keine Geld-Verantwortung haben. Dann bitte ich meinen Liebsten, das Bezahlen zu übernehmen, und gebe ihm meinen Geldbeutel. Weil ich bewusst loslassen und mich nicht verantwortlich fühlen will.

Verantwortung zu übernehmen, heißt, dir selbst auf alles Antworten zu geben und dich unabhängig von der Führung anderer zu machen, um deinen ureigenen Weg zu gehen. Das bedeutet nicht, bei allem zu wissen, wie es geht, sondern dich um deiner selbst willen darum zu kümmern, dass du erfährst, wie es funktioniert oder an wen du delegieren kannst.

Baue in dein Privatleben Zeiten ein, in denen du dich wie ein Kind verhalten darfst – ohne dich um die Antworten zu kümmern und ohne Verantwortung zu tragen. Das macht es leichter, in deinem Business ganz bewusst und permanent Eigenverantwortung anzunehmen, denn diese ist notwendig. Wenn du selbstverantwortlich handelst, bist du frei und schöpferisch. Du hast die Fäden in der Hand und bist die Spinne, die ihr Netz nach ihren Vorstellungen kreiert.

- Achte dein inneres Kind

Tue in dieser Phase alles, um deiner Kleinmädchenstimme zu lauschen und zu achten, was das innere Kind wirklich braucht und wie es sich als Erwachsene in deinem Business ausdrücken möchte. Stell dem kleinen Mädchen dich als erwachsene Erfolgsfrau an die Seite und gib aus dieser Haltung heraus allem Raum, das jetzt wachsen will. Heile, was bisher noch nicht geheilt ist, und nutze deine Fähigkeit, dich mit dem inneren Kind zu verbinden, um dessen Lernfreude aufzugreifen. Auch die „Rote Zora“[22] in dir braucht jetzt einen adäquaten Freiraum, damit du dich von ihrer Rebellinnen-Energie und ihrem Überlebenswillen befeuern lassen kannst. Wachstum geschieht nicht dadurch, dass du in einer komfortablen Lebensvilla abwartest, sondern indem du aktiv die Abenteuer im wilden Lebensfluss meisterst.

Symbol

- Schwert

Das Schwert ist in vielen Mythologien ein heiliges Symbol, dessen Besonderheit das Zerschneiden und Trennen ist.[23] Es kann dich in der Wachstumsphase darin unterstützen, das Unwesentliche vom Wesentlichen zu unterscheiden und aktiv loszulassen, was du nicht für dein Business brauchst. Es steht für Entscheidungsfähigkeit, Entschlossenheit, Mut und für Bewusstsein. Denn nur durch die Fähigkeit, Unterschiede zu erkennen und als selbstverantwortliche Frau klar zu entscheiden, was für dich gut ist und was nicht, gehst du immer mehr in ein erfolgsorientiertes Business-Bewusstsein.

---

[22] Held, Kurt: Die rote Zora und ihre Bande. Leipzig: E. Klett Schulbuchverlag Leipzig GmbH 2004, S. 312

[23] Müller, Lutz, herausgegeben von Verlag opus magnum, Müller, Prof. Dr. Lutz: Symboldatenbank, Schwert, 2011. Unter: https://symbolonline.de/index.php?title=Schwert (abgerufen am: 21.03.2019)

Pflanze

❖ Kletterpflanzen

Knöterich, Efeu, wilder Wein, Hopfen oder wuchernde Heilkräuter, wie die Gundelrebe, sind Beispiele für gute Begleiter*innen während des Zyklusabschnitts Wachstum. Denn sie zeigen dir wunderbar, wie kraftvoll und zugleich selbstverständlich das Wachsen und Emporklettern geht. Hol dir eine dieser schnell wuchernden Pflanzen in den Garten oder ins Haus und lass dich von ihrer Wachstumspower anstecken! Bei ausreichender Nahrung, genug Licht und Wasser geschieht Wachstum von alleine. Auch dein Business gedeiht mit Leichtigkeit, wenn du gut für alles sorgst, was du für deine Entwicklung brauchst.

Mystische Energien und Göttinnen

❖ Trinität – Dreifaltigkeit – Große Göttin

Das Wachstum deines Business ist die dritte Zyklusphase. Mit der Zahl Drei beginnt die Dynamik in deinem Business. Es kommt Bewegung rein. Es geht voran. Denn erst, wenn aus der Zwei etwas kreiert wird, geschieht Entwicklung. Zwei Personen kreieren etwas Drittes miteinander – Kind, Idee, Hobby, Business, Projekt – und es entsteht Bewegung. Die Zahl Drei hat eine hohe heilige Bedeutung und ist als Trinität in vielen Göttinnen-Zusammensetzungen in unzähligen Epochen zu finden. Zum Beispiel gibt es die drei Nornen, die griechische Trinität Hekate, Artemis und Selene oder die drei Grazien und viele andere.[24] Lass dich von der Dreifaltigkeit und der Energie der Trinität inspirieren, wenn dein Wachstum stockt. Dies gilt insbesondere für Co-Creation-Verbindungen!

❖ Amazone

Die Amazone oder Rebellin – von Marlies Holitzka in ihrem

---

[24] Seifert, Ang Lee, herausgegeben von Verlag opus magnum, Müller, Prof. Dr. Lutz: Symboldatenbank, Drei, 2011. https://symbolonline.de/index.php?title=Drei (abgerufen am: 21.03.2019)

E.V.A. Projekt auch „selbstbewusste Kriegerin“ genannt[25] – ist jetzt eine wichtige mystische Energie, die du brauchst. Ohne die Abenteuerlust und den Mut der Amazone und ohne die rebellische Power, mit der du für dich und deinen einzigartigen Businessweg eintrittst, kann es kein Wachstum geben. Eine der Göttinnen mit Amazonenkraft, mit denen du dich beschäftigen kannst, ist beispielsweise Artemis, die für deine wilde, freie und selbstbestimmte Kraft steht.

Krafttier

- Wapiti

Die besondere Fähigkeit des Wapitis[26] ist es, sein eigenes Tempo gehen zu können und dadurch ein immenses Durchhaltevermögen zu erlangen – ganz gleich, was andere machen. Ausdauer ist die Wapiti-Power, die du dir zunutze machen kannst. Ein Business zu entwickeln und zu lernen, was dafür nötig ist, gleicht keinem Spurt, sondern einem Marathon. Zudem lehrt dich der Wapiti, dir als Unterstützung eine Schwesternschaft zu suchen. Die beeindruckende Wapiti Hirschkuh weiß um die Kraft der Schwesterlichkeit und ihr sind Rivalitäten, Eifersüchteleien oder Neidverhalten fremd. Sie liebt ihre Geschlechtsgenossinnen, weil sie diese als Teil der Gemeinschaft anerkennt, zu der sie selbst gehört. Schließe dich gleichwertigen stolzen Frauen an, die ebenso wie du für ihr Business gehen und tausche dich im geschützten Kreis aus.

---

[25] Holitzka, Marlies & Klaus: E.V.A. Projekt, Meine vielen Gesichter. Entdecke und lebe deine Vielfalt, 2. Auflage. Uhlstädt-Kirchhasel: Arun-Verlag 2012, S. 137-139

[26] Sams/Carson, 1992, S. 51-53

Öffnende Fragen

Was ist wichtig, dass du es jetzt in deiner Wachstumsphase würdigst, wertschätzt und belobigst?

....

....

....

....

In welcher Energie steckst du fest?

....

....

Was benötigt deine Entwicklung noch, um sich voll zu entfalten?

....

....

Was kannst du tun, damit sich der Zyklusabschnitt „Wachstum" transformiert, um souverän und leicht in die nächste Phase einzutreten?

....

....

....

....

Phase 4 – Optimierung

Leitsatz

Ich gestalte.

Transformationszustand

Pubertät

Thema

In dieser Phase der Optimierung geht es darum, große Veränderungen zu durchleben und erste Erfahrungen als verantwortliche Erfolgsfrau zu machen. Du fühlst dich dabei oft wie ein*e pubertierende*r Teenager*in oder Twen. Dazu gehört unabdingbar, zu lernen, Fehler zu machen, deiner inneren Führung zu vertrauen und deinen einzigartigen Businessweg zu deiner wahren Größe zu erkennen und zu gehen.

Die ersten Schritte sind getan, jetzt beginnt der ewige Prozess der Optimierung. Dein vor Kurzem gestartetes Business fängt meistens dann an, lukrativ und wirtschaftlich erfolgreich zu werden, wenn deine Fanpage-Zahlen auf Social Media Portalen bei mehreren Tausenden liegen, wenn deine E-Mail-Liste ab 1000 Abonnent*innen aufwärts umfasst, wenn du täglich zwischen 5 bis 10 neue Listen-Abonnent*innen dazu kriegst und wenn sich deine ersten Produkte "von allein" verkaufen – das bedeutet, ohne dass du für jeden Verkauf immens viel Anstrengung aufbringen oder eine große Marketingaktion erstellen musst. Dazu ist sehr große Sichtbarkeit nötig. Dafür brauchst du wiederum ein erstklassiges authentisches Marketing[27]. Zudem ist Know-how wichtig, damit du weißt, wie du wirklich verkaufst und mit welchen Produkten du Erfolg hast. In der letzten Phase hast du gelernt und ausprobiert, wie das alles geht. Die Basisarbeit ist – zumindest rudimentär – getan. Das hat viel

---

[27] Krink, Sabine: Authentisches Marketing - erster Schritt: Mach nix! Sei. Unter: https://supersabine.de/authentisches-marketing (abgerufen am: 22.03.2019)

Kraft gekostet. Gönne dir zwischendurch Erholung und genieße, was du bisher geschafft hast. Sei dankbar für dich und dafür, dass du dein Business bis hierher durch alle Phasen gebracht hast! Das ist nicht selbstverständlich.
Jetzt geht es darum, deine ersten Erfahrungen zu optimieren. Du findest heraus, womit genau du Geld verdienen willst. Was ist der Schwerpunkt in deinem Business? Mit welchen Business-Lieblingsmenschen möchtest du wirklich arbeiten, nachdem du jetzt die ersten Kund*innen hattest? Du überprüfst, ob deine Maßnahmen, die du für das Erreichen deiner Business-Lieblingsmenschen gestartet hast, tatsächlich die richtigen waren und ob sie fruchten. Du optimierst die Ausarbeitung deiner Positionierung, deiner Verkaufswege und deiner Marketingstrategien. Du wirst genau hinsehen müssen und kannst dich nicht mit einem oberflächlichen Blick selbst betrügen, um erfolgreich zu sein. Frag dich: Ist es das richtige Verkaufsprodukt? Was brauchen deine Interessent*innen? Was wollen sie und wie kannst und möchtest du ihnen das geben? Was bringt Geld und was nicht, ist aber vielleicht eine tolle Marketingaktion und bringt andere Leads? Zahlreiche Fragen tauchen auf. Zudem brauchst du jetzt deinen eigenen Weg, um dich von der Masse abzuheben und um dir selbst treu zu bleiben. Analysiere, was du verbessern kannst! Mach permanent gutes, authentisches und seelenberührendes Marketing. Du hast geglaubt, dass du bis hierhin schon alles gelernt und umgesetzt hast und dass dein Business jetzt doch endlich laufen müsste. Nun stellst du fest, dass du vieles „umsonst“ gemacht hast, vieles nicht läuft und dass du bei einigen Dingen von vorne anfangen darfst. Es ist wichtig, an diesem Punkt nicht zu lange an etwas festzuhalten. Entscheide schnell, wenn ein Produkt oder eine Strategie ein Flopp ist, und verabschiede dich davon. Auch wenn es dein „Lieblingsprodukt“ betrifft oder wenn es um deine mit viel Liebe erstellte, allerdings nicht lukrative Website geht, ist es jetzt wichtig, dich nicht daran zu klammern und Verantwortung für dein Business zu übernehmen. Analysiere, triff Entscheidungen,

optimiere, verabschiede oder starte neu.
Wenn du dich nicht mit betriebswirtschaftlichen Kennzahlen auskennst, wenn du die Webanalyse deiner Website nicht lesen und interpretieren kannst oder wenn dich Planungszahlen erschrecken, wird es höchste Zeit, dein Know-how zu erweitern. In diesem Zyklusabschnitt passiert es sonst rasch, dass Businessfrauen eine Idee haben und dass sie plötzlich – ohne fundierte Analyseergebnisse – den Topseller austauschen, weil sie ein anderes Produkt „schöner finden". Es geht jetzt nicht (nur) um schöner oder kreativer, sondern zusätzlich um effizient und effektiv. Nach wie vor ist es wichtig, auf deine intuitive Führung zu hören, doch du lebst in dieser Welt hier, weil du das so entschieden hast. Hier gelten Gesetze, es gibt Regelungen, Steuern und Kennzahlen, an denen sich ein funktionierendes Business ausrichtet. Beides miteinander zu vereinbaren – Intuition und Rentabilität – ist die hohe Kunst, um als sichtbare Erfolgsfrau erfüllt und reich zu leben.
In solchen Situationen geschieht es, dass erwachsene Frauen auf einmal zu uneinsichtigen, trotzigen und sturen Teenagerinnen mutieren, die aufmüpfig das gesamte Handelswesen oder die digitale Welt revolutionieren wollen, nur weil sie stur ihre Idee durchsetzen möchten. Du bist sozusagen „noch nicht ganz groß", möchtest es jedoch sein. Du kennst die wichtigsten Parameter im Business nicht (gut genug), spielst dich jedoch wie die Multimillionärin eines Großkonzerns auf. Die Angst vor dem „Erwachsensein" zeigt sich in dieser Businessphase sehr stark als Angst vor der Verantwortung und vor deiner vollen Größe. Du befindest dich im Transformationsprozess, um aus dem Kokon der Sicherheit zu schlüpfen und als schönster Schmetterling in die Freiheit zu flattern – mit allen Konsequenzen, die diese Freiheit beinhaltet. Vor dem Schmetterlingsfliegen liegt nämlich der Aufbruch der Kokonhülle und dieser Prozess kann schmerzhaft sein. Für dich und für deine Mitmenschen.
Einerseits suchst du jetzt sehr intensiv Orientierung bei anderen, möchtest Vorbilder haben und Menschen, die dich führen.

Andererseits lehnst du dich genau gegen diese Begleiter*innen und Förder*innen auf, auch wenn sie das Beste für dich wollen und tun. Oft orientieren sich Frauen in diesem Prozess, der so schwer (aus)zuhalten ist, an falschen Prediger*innen und wollen unbedingt glauben, dass es eine Abkürzung dieser Phase gibt. Nicht selten sind es männliche Gurus: angeblich reiche Marketingspezialisten, spirituell-verklärte Lehrer, selbst ernannte Businesscoaches, verarmte Weltveränderer oder intellektuelle Dozenten. Frauen gehorchen diesen Gurus, ohne den eigenen Verstand einzusetzen, weil sie sich nach dem Vater sehnen, der seine kleine Prinzessin an die Hand nimmt und ins Königinnenreich führt. Die Hülle selbst aufzubrechen, tut weh. Deshalb wollen viele den Anpreisungen glauben, dass sie in zwei Minuten erfolgreich werden könnten oder dass Geld schnöder Mammon wäre, welches eine „so spirituelle Frau wie du doch nicht braucht“. Zahlreiche Marketing-Gurus operieren genau mit diesem Schmerz, in dem Entrepreneurinnen sich jetzt befinden. Du bist in diesem Zustand ein leichtes Opfer für allerlei Versprechungen, denn du wünschst dir intensiv, dass mit diesem unangenehmen Prozess des Häutens oder des Schale-Aufbrechens schnell Schluss ist. Manch eine Erfolgsfrau geht hier viele Irrwege, bis sie wieder auf ihrem einzigartigen Businessweg ist. Oder sie verliert sich im Labyrinth der Versuchungen und findet nicht auf ihren Weg des Erfolgs zurück. Irgendwann gibt sie dann auf und das Business scheitert.
In dir zieht und zerrt in dieser Phase alles, was sich bis hin zu realen Wachstumsschmerzen äußern kann, wie du sie zuletzt als Pubertierende erlebt hast. Der Körper kann in dieser Zeit sehr stark weh tun und es gibt keinen körperlich erklärbaren Grund für diese Schmerzen. Die Wachstums-Dehnung in einen komplett neuen Zustand, nämlich zu deiner wahren Größe, ist bisweilen äußerst unangenehm. Die Herausforderung ist jetzt, loszulassen. Und zwar alles! Erinnerst du dich, dass du für ein erfolgreiches Business die Bereitschaft zur Disruption brauchst? Die Fähigkeit, in die vollkommene Zerstörung dessen, was ist,

für einen heiligen Grund – für dein Herzenswarum – einzuwilligen? Diese Bereitschaft ist jetzt gefragt!

Die neue Phase der erwachsenen Erfolgsfrau, die in Fülle lebt, ist noch nicht sichtbar. Du kannst sie nicht erkennen, denn aktuell wirkt alles nebulös. Du glaubst nicht, dass du diejenige bist, die ein so großes, mächtiges und erfüllendes Business haben wird, das du zwar in dir spürst, von dem du jedoch keine wirkliche Ahnung hast und bei dem du auch nicht weißt, wie du da hinkommen sollst. Du zweifelst daran, dass du wahrhaftig eine große Königin bist und dass du dein eigenes Reich erschaffen kannst. Deshalb stürzt du dich immer wieder in Situationen, in denen du dir selbst beweist, dass du schlecht, wertlos und ungenügend bist. Dein „Siehste – geht nicht!" kann jedoch das einmal erahnte Königinnenreich, mit dem du in der letzten Phase als lernende, freie Amazone kurz Kontakt hattest, nicht auslöschen. Du weißt, dass du eine wahre Königin bist. Du spürst deine Größe. Du hast Verbindung mit dem Frauen-Kollektiv und dockst an deine Macht an. Das alles kann dir jedoch „nicht geheuer" sein. Diffuse Ängste machen sich breit. Weil du den Weg nicht siehst, hast du zudem Angst vor Kontrollverlust und davor, zu vertrauen.

Ohnehin möchtest du jetzt auf gar keinen Fall Fehler machen! Scham ist ein großer Killerfaktor für das Fehlermachen, das jetzt zwingend notwendig ist. Entwicklung geschieht nur dort, wo Fehler gemacht werden. Einige Frauen gehen vor dem nächsten Schritt nur so viel Risiko ein, dass die Wahrscheinlichkeit, dass etwas fehlerhaft verläuft, gleich Null ist. Wenn du keine Fehler machen willst, wirst du immer nur bis zu deinen aktuellen Grenzen wachsen – und nie darüber hinaus. Denn außerhalb deiner Grenzen ist das Fehlerpotenzial hoch. Zugleich ist die Chance groß, dein Business in einem neuen Level von Größe zu erleben. Steckst du in einem bestimmten Erfolgslevel fest und es geht nicht weiter, lerne Fehler zu machen. Lass los und weite dich in das Unbekannte hinein.

In dieser Phase brechen übrigens die meisten selbstständigen

Businessfrauen und frischen Unternehmerinnen ab. 30 Prozent, also fast jede*r dritte Gründer*in in Deutschland beendet ihr Business in den ersten 3 Jahren.[28] Einer der Hauptgründe ist die Angst davor, Fehler zu machen und deshalb keine Innovationen zu wagen! In der Optimierungsphase entscheidet sich, ob aus deinem Business ein dauerhafter Erfolg wird oder nicht. Um dieser Entscheidung aus dem Weg zu gehen und aus Angst vor dem Versagen, rutschen viele Frauen lieber wieder zurück in die letzte Ebene und bleiben ewig Kind. Den Prozess der Optimierung zu gehen, bedeutet sehr viel Kraft, Mut und ein hohes Vertrauen in dich selbst und in deine innere Führung zu besitzen.
Idealerweise kannst du immer wieder eine Meta-Ebene – also die Adlerblick-Perspektive der reflektierten, erwachsenen Frau – einnehmen. Dann wirst du dich in deinem Kampf mit dir selbst und all denen, die du liebst und die dich lieben und die dich unterstützen, als die erkennen, die du bist: eine königinnenliche Erfolgsfrau, die ihr Herzensanliegen in diese Welt bringen wird. Dazu ist ständige Optimierung und die immer wiederkehrende Häutung notwendig, um dich mit jeder abgelegten Schicht klarer und leuchtender als die einzigartige und wunder-volle Frau zu zeigen, die du wahrhaftig bist.

Herausforderung

Mit diesen Herausforderungen und Gefahren kannst du in der Optimierungsphase konfrontiert werden:

- Fehler mit Freude zulassen

Wenn du versuchst, Fehler zu vermeiden, durchlebst du diese Phase der Optimierung nicht vollständig. Sehr viele Frauen kommen nie weiter, als bis hierhin, weil sie partout keine Fehler machen wollen. Ein Indiz dafür, dass du diese Perfektionistin sein willst und damit letztendlich vor der Verantwortung für dein

---

[28] Dr. Metzger, Georg: KfW Gründungsmonitor 2018. Frankfurt am Main: KfW Bankengruppe 2018, S. 9

Business wegläufst, ist auch dieses Verhalten: Du interpretierst bei anderen Grenzüberschreitungen, Machtmissbrauch oder Widerstände, wo gar keine sind, und schaust dir alle Situationen nur aus dem Blickwinkel des Mangels und der Missgunst an. Wenn du dich in diesem Modus befindest, legst du alles auf die Goldwaage, um vom eigenen Vorwärtskommen abzulenken. Du suchst geradezu die Fehler anderer, um keine eigenen zu machen und um den Fokus von dir weg zu lenken. Du entpuppst dich zu Misses Perfect, die ihrer Entwicklung selbst im Weg steht, weil sie perfekt sein will.
Nichts ist hilfreicher für Erfolg, als Fehler zu machen. Denn daran kannst du lernen. Fehler sind nicht dazu da, um dich klein zu machen, dich zu schämen oder dich zu zermürben. Auch nicht, damit du dir predigst, was du alles nicht kannst. Fehler sind die Herausforderung, die du freudig begrüßen darfst:
„Wow, da fehlt noch etwas! Da darf ich etwas lernen. Juhu!"
Viele Frauen versuchen mit aller Power, Fehler zu vermeiden und verausgaben sich so sehr, um perfekt zu sein, dass die wesentliche Präsenz fehlt, wenn es darauf ankommt. Sie schreiben das fehlerfreie Manuskript, allerdings ohne Seele darin. Sie machen das perfekte Video, das niemanden anspricht, weil es nicht aus dem Herzen kommt. Sie bewerten sich selbst und andere schnell und urteilen stark, weil sie sich nicht erlauben, Fehler zu machen und dies deshalb auch anderen nicht gestatten. Dadurch entsteht Enge. Wenn du keine Fehler machen willst, wirst du immer nur bis zu deinen Grenzen wachsen – und nie darüber hinaus.

❖ Adäquate Orientierung an Vorbildern

Einerseits ist es wichtig, dir gute Begleiter*innen zu suchen, weil du viel bei ihnen lernen kannst und dir viele Umwege erspart bleiben. Andererseits kann es in dieser Optimierungsphase geschehen, dass du zu viele Gurus verehrst oder den falschen Online-Marketern vertraust, die das Blaue vom Himmel herunterlügen:

„1 Million Dollar in 2 Minuten!“
„Jetzt im Sekundentakt reich werden!“
„Nie wieder arm durch meinen Kurs!“
Auch in der spirituellen oder schamanischen Szene gibt es schwarze Schafe, die deine Not der Orientierungssuche schamlos ausnutzen. Ein 600-Euro-Talisman aus einem Stoffsäckchen, das in China als Massenware produziert wird, der angeblich sofort Geld zu dir bringt, oder das 5000-Dollar-Reinigungsretreat, nach dessen Besuch du garantiert Millionen verdienst, klingen schräg. Der Markt der Sehnsüchte boomt. Dahinter stecken viele schlaue Geschäftsleute, die damit Geld verdienen, dass sie dir etwas versprechen, womit du dem anstrengenden Prozess der Optimierung angeblich ausweichen kannst. Die Wahrheit ist: Das funktioniert nicht.

- Hohe Selbstreflexion

Andere zum Sündenbock zu machen, weil du die Verantwortung für dich als Erfolgsfrau radikal ablehnst, ist eine weitere Gefahr, der du in dieser Phase ausgesetzt bist. Du lebst dann ständig im Außen und nicht genug im Innen. Es findet wenig bis keine Selbstreflexion statt. So sind immer alle anderen schuld. Du windest dich wie eine Schlange, um dich nicht häuten zu müssen und damit nicht in die Rolle der Erwachsenen zu gehen. Viele Frauen gehen an dieser Stelle zurück in Phase 1 und werden – symbolisch gesprochen – immer wieder neu schwanger. Das heißt, sie entwickeln eine neue Idee nach der anderen und ziehen nichts durch. Die Suche nach dem eigenen Wert, der aktuell oft nicht erkennbar ist, führt dazu, alle anderen schlecht zu machen, um sich selbst besser zu fühlen.
Typischerweise schießen manche Frauen das eigene Business jetzt komplett ab, weil alles, was bisher gemacht wurde, als falsch und schlecht eingestuft wird. Die Richterin in dir wartet geradezu darauf, ein vernichtendes Urteil zu fällen, weil dir das immer noch leichter zu verkraften erscheint, als dich häuten zu müssen. Da sitzt du einem Trugschluss auf! Selbst-Sabotage

kommt in dieser Phase oft vor. Ich habe schon Frauen erlebt, die ihre Fanpage nach einer 5-Minuten-Bedenkzeit gelöscht haben, weil sie ihr ganzes Business in Frage gestellt und diesem Impuls nachgegeben haben. Die Rebellin aus der Lernphase nimmt Überhand oder findet keinen adäquaten Ausdruck für ihre Bedürfnisse, sodass sich die Rebellion als Kampf gegen dich selbst und gegen dein bisher aufgebautes Business richtet.

- Extremzustände (aus)halten

Zeitlich tritt diese Entwicklungsphase oft zwischen dem ersten und dritten Businessjahr auf, kann jedoch auch viel später kommen, abhängig davon, wie lange die ersten drei Zyklusteile angedauert haben. Es kann eine sehr anstrengende Zeit sein, die nicht selten – ähnlich wie in der Pubertät und im Twen-Alter – mit Extremphasen verläuft. Viele Frauen kreieren sich in diesem Zyklusabschnitt schwere Krankheiten, Drogenmissbrauch, Lügen-Konstrukte oder ein Umfeld, das aus falschen Freund*innen und schlechten Ratgeber*innen besteht, in welchem sie sich regelrecht einnebeln lassen. Ihr sonst hoch empathisches, selbstreflektiertes und bewusstes Wesen wird durch Aggressivität oder Resignation zugedeckt. Manövrierst du dich in solch einen Zustand hinein, kommt dein Business zum Erliegen, oder du entwickelst dich zu einer dauerhaft aggressiven Geschäftsfrau, die skrupellos, herrschsüchtig und gewissenlos ist.

Erfolgsverhinderinnen

Angst – die Furchtsame
Scham – die Zurückhaltende
Schuld – die Perfekte
Verleugnung – die Kleine
Schatten des weiblichen Kollektivs

Inspirationen und Tipps

- Eigene innere Autorität gewinnen

Die wichtigste Aufgabe jeder selbstständigen Businessfrau ist,

täglich in die Selbstreflexion zu gehen. Erkenne dies als deine Hauptaufgabe an. Du kannst nur dann gute Entscheidungen treffen und deine innere Stimme hören, wenn du vollkommen klar bist. Gerade in dieser Phase bist du extrem beeinflussbar. Nutze Möglichkeiten, wie Meditation, Stille-Praktiken, ZEN-Techniken oder andere Methoden, um in die Stille in dir zu kommen. Nicht alles, was als erste Empfindung da ist, ist richtig. Lausche deiner wahrhaftigen Intuition und achte darauf, sie aus all den Stimmen in dir als diejenige herauszufiltern, die von deinem Herzenswarum getragen wird.
Prüfe die sogenannten Gurus sehr genau und schau dir an, ob das, was sie versprechen, deinem Realitäts-Check wahrhaftig standhält. Eine Marketingexpertin, die auf Facebook wirbt, dass es keine Website braucht, um erfolgreich zu sein und die dir zeigt, wie es geht, sofort fünfstellige Umsätze zu machen – ohne Website – und die dann selbst eine Homepage hat, wirkt unglaubwürdig.
Du spürst, was richtig für dich ist und was nicht. Du weißt, was zu tun ist. Vertraue der eigenen inneren Führung. Handle und triff Entscheidungen auf Basis deiner Integrität zu deinen Werten und höre auf damit, dich selbst zu belügen. Gehe entweder voll und erwachsen für dein Business oder beende es, solange es dich noch nicht in ein finanzielles Desaster stürzt. Eine Kurzschlussreaktion ist kein verantwortungsbewusstes erwachsenes Verhalten! Wäge die Vor- und Nachteile, die Risiken und Chancen gut miteinander ab und triff dann eine Entscheidung, die sich vollkommen rund anfühlt. Ist sie das nicht, warte ab, bis alles rund ist.

- Willkommen am Fehlertag

Fehler zu machen, ist enorm wichtig für Wachstum. Ohne mit Fehlern umgehen zu können, kannst du nicht in das nächste Level deines Erfolgs gehen. Lerne, Fehler zu machen und (aus)zuhalten, dass es im Business unperfekte Situationen gibt. Eine tolle Übung dazu ist der „Fehlertag“. Baue an einem Tag

der Woche – heute zum Beispiel – bewusst irgendwo einen sichtbaren Fehler ein, beispielsweise auf der Startseite deiner Website, in deinen Podcast, in dein Titelbild bei Facebook. Dann gehe damit einen ganzen Tag raus an die Öffentlichkeit. Oder male dir einen roten Punkt auf die Nase und gehe so einkaufen oder mach Ähnliches, was subjektiv für dich "fehlerhaft" ist, ohne dass es wirklich schlimme Konsequenzen hat. Wichtig ist, dass sich dieser „Fehler“ für dich leicht unangenehm anfühlt und dass du ausprobierst, was geschieht und wie du damit umgehst.
Fokussiere dich in deinem Business stets auf das Wesentliche! Schätze realistisch ein, ob es ein Fehler ist, der wirklich akuten Handlungsbedarf von dir fordert, oder ob die Korrektur noch warten kann. Prüfe bei Fehlern immer genau, was jetzt wirklich zu tun ist. Wenn du nicht lernst, deine Fehler im Business anzunehmen und mit ihnen adäquat umzugehen, ohne dass es dich aus dem Gleichgewicht bringt, schickt das Leben immer wieder Situationen, in denen „etwas schief geht“. Das katapultiert dich dann meistens in Panik, Stress und Unachtsamkeit. Bleibe die Handelnde, wenn du „Fehler“ machst. Bleibe in deinem Fokus auf das, was jetzt wirklich getan werden will.
Fehler entstehen, weil du durch Wachstum in einen neuen Bereich deines Business vordringst. Logischerweise fehlt dort noch etwas. Mindestens Erfahrung, denn du warst ja noch nie in diesem Erfolgsabschnitt. In Deutschland herrscht eine starke „bloß keine Fehler machen“ Unternehmenskultur, die Innovationen und auch Co-Creation verhindern kann. Gerade in einer Co-Creation ist eine hohe Bereitschaft und Hingabe ans Scheitern und Fehlermachen wichtig, um für eine Neukreation wirklich aus dem vollen Potenzial der Individuen schöpfen zu können. Denn hier verbinden sich zwei Menschen und wollen sich in der Hingabe an die neue Schöpfung auflösen. Das braucht die Einwilligung zum Fehlermachen.

- Rückzug und Besinnung

Gerade, wenn du in einen Ausnahmezustand geraten bist, dich

dauernd krank fühlst oder wenn du im ständigen Kampf mit etwas oder jemandem bist: Stopp das! Geh raus aus der Situation und zieh dich zurück. Schau genau hin, ob die bisherige Mentorin (Mutter) oder der Coach (Vater) wirklich so schrecklich sind, wie es dir jetzt vorkommt. Oftmals werden pubertierende Kinder gegenüber ihren Eltern ungerecht, gnadenlos und verurteilend. Um dein eigenes Business-Wertesystem zu entwickeln, ist es wichtig, dich abzugrenzen. Hast du ein hohes Bewusstsein darüber, in welcher Phase du dich gerade befindest, geht dies leichter. Manchmal gelingt es dann auch ohne aggressive Zerstörung des Bisherigen, sondern in würdevollem Beenden und mit einer Verabschiedung dessen, was nun gehen darf, damit das Neue sich aus dir erheben kann. Geh in den Abstand zu allen, wenn du spürst, dass du dich im dauernden Kampf gegen jemanden befindest, und suche die Stille auf.
Schau genau hin, gegen wen oder was du wirklich rebellierst: Bist du unzufrieden, weil das System, in dem du lebst, dich als Geschäftsfrau nicht genug fördert, nicht unterstützt oder weil du so viel kämpfen musst, um dich als Frau durchzusetzen? Gilt deine Rebellion den gesellschaftlichen Zusammenhängen oder gar deinen eigenen Familienstrukturen, weil dein Mann/Partner oder Angehörige dich und dein Business permanent bekriegen, ablehnen und in Frage stellen? Spüre hin, wogegen du wahrhaftig rebellierst, und lasse deine Wut nicht an den falschen Stellen zu, wo sie zerstört, was dich fördert. Tritt für deine Wut ein und gib ihr bewusst eine Stimme – am richtigen Ort und an die richtigen Menschen gewandt. Möglicherweise hilft es dir, dich sozial für etwas zu engagieren, um die Welt besser zu machen, oder deiner Rebellion auf künstlerischem Weg einen Ausdruck zu verleihen.

❖ Atmen und Ruhe bewahren

Lass deinen Atem fließen und zwar ganz bewusst. Dein Atem ist die Lebenskraft, mit der du dich jetzt verbinden kannst. Glaube an den Rhythmus des Lebens, der wie dein Atem in vollen Zügen

kommt, und atme alles aus, was nicht zu dir gehört und was du nicht brauchst. Atmen geschieht nie im Kampf, sondern immer als natürliche Bewegung – so wie auch ein authentisches erfolgreiches Business verläuft.
Handle in dieser Optimierungsphase nie sofort, wenn du einen Impuls hast, der dir sagt, alles wäre Unsinn, was du bisher gemacht hast. Verlangsame dein Leben jetzt bewusst. Lausche. Werde dir gewahr, was für Anteile in dir hier gerade sprechen und ob dies deine wahrhaftige Seelenstimme ist. Atme solange bewusst und gib dich jedem Atemzug hin, bis du weißt, was hier entschlossen gelebt werden will. Dann tu es ohne Drama, sondern in Ruhe und aus der Gewissheit heraus, dass das Leben dich immer führt.

❖ Dein heiliger Raum

Finde deinen heiligen Raum in dir und suche ihn auf. Damit meine ich diese Stille in dir, die du überall spüren kannst, ganz gleich, was um dich herum geschieht. In dieser Stille ist alles heil, im Sinne von ganz, vollständig, wertvoll. Dort findest du dein Seelenheil und dein authentisches Selbst. Spüre dein inneres Zentrum, in welchem du die vollkommene Selbstliebe in dir trägst und aus dem heraus sich dein ureigener Businessweg von selbst kreiert. Hier ist dein Selbstwert, deine Selbstbestimmung und dein wahrhaftiges Ich-Sein zu Hause. Selbstliebe kann sich nur zeigen, wenn du im Außen ebenfalls liebst und nicht, wenn Hass regiert. Jedes Urteil, dass du über jemanden fällst, fällst du über dich. Dein heiliger Raum ist umso mehr verschüttet und der Zugang zu ihm blockiert, je mehr Kampf, Wut und Zerstörung du in deinem Leben zulässt oder gar dazu beiträgst. Achte dein inneres Selbst und finde Wege, die deiner würdig sind. Du bist ein Teil des Ganzen und was du anderen antust, tust du auch dir selbst an. Ich habe es an anderer Stelle schon geschrieben: Erfolg kommt niemals zustande, wenn du im Widerstand bist, sondern immer nur dann, wenn du im Fluss bist.

- ❖ Ein wertschätzendes Übungsfeld

Suche dir andere selbstständige Frauen, Unternehmerinnen und Solopreneurinnen, die genau wie du ihr Business optimieren wollen und übe dort. Statt Eifersucht zu kultivieren, gehe in den wertschätzenden Austausch und begegne den Frauen mit Respekt, damit Ihr Euch gegenseitig erhebt. Auch Teenager*innen und Twens kreieren ihre eigenen Peergroups, damit sie sich unter ihresgleichen zeigen können, wie sie sind (und wie es die Erwachsenenwelt nicht versteht). Es ist wichtig, dass du jetzt in einem geschützten Rahmen übst, was du neu lernst, um Erfahrungen zu sammeln. Hier kannst du Feedbacks kriegen und Rückenstärkung erhalten, bevor du am freien Markt voll loslegst. Das gibt dir Sicherheit und fördert dein Selbstvertrauen. Mastermind-Gruppen, Erfolgsteams oder Unternehmerinnen-Treffs sind beispielsweise solche Übungsfelder.

Symbol

- ❖ Spirale

Die Spirale führt in die Mitte und aus der Mitte heraus. Sie ist das Zeichen der gestalterischen Schöpfung. „Ich gestalte." ist der Leitsatz dieser 4. Phase. So kann dich die Spirale in Kontakt damit bringen, dass du die immerwährende Schöpferin deines Lebens bist. Niemand sonst. Die Spirale verläuft in kreisförmigen Windungen um den mittleren Punkt und es sieht aus, als würdest du mit jeder Drehung wieder und wieder am gleichen Momentum ankommen. Doch jeder neue spiralförmige Kreis wirbelt ein Stückchen weiter. Es ist nie exakt derselbe Punkt, sondern du weitest dich bei jeder Drehung mehr aus. Somit ist sie ein wundervolles Symbol für die Optimierung.

Pflanze

- ❖ Lotusblüte

Ähnlich wie die Spirale steht auch die Lotusblüte für Schöpfer*innenkraft und ist das Sinnbild für Neuanfang und Wandlung.[29] Jede Optimierung in deinem Business ist eine Transformation des Bestehenden zu etwas Neuem, das für den jetzigen Moment das absolut Beste ist. Die Lotusblüte zieht sich jede Nacht zurück, um am nächsten Morgen neu aufzugehen. Tag für Tag. Nacht für Nacht. Ihr Anblick und ihre Energie unterstützen dich, geistig klar zu werden und in deine Schönheit und Größe zu wachsen. Sie ist der Inbegriff von Entfaltung und kann deine produktive Schaffenskraft erhöhen. Zudem erinnert sie dich daran, dass du göttlich (im Sinne von vollkommen) bist.

Mystische Energien und Göttinnen

❖ Rauchquarz

Den Rauchquarz kannst du dir als Edelstein Druse auf deinen Schreibtisch stellen oder dir ein Schmuckstück aus Rauchquarz umhängen, um dich daran zu erinnern, Negatives in Licht zu wandeln.[30] Der braune Kristall ist lichtdurchlässig. Er ist das Symbol dafür, die Verantwortung zu übernehmen und anzunehmen, was deine Aufgabe ist, und um in die Umsetzung zu kommen. Zudem steht er dafür, dass Gewissenhaftigkeit und Geduld wichtig sind, um voranzukommen. Er bringt dich in Kontakt damit, dein Business realistisch einzuschätzen.

❖ Die Schiffsführerin

Die „Kapitänin“ wurde von Marlies Holitzka in ihrem „E.V.A. Projekt“ großartig als Archetyp skizziert[31] und ist der Inbegriff dessen, was jetzt für dich im übertragenen Sinn zu tun ist: Nimm das Steuer für dein eigenes Schiff in die Hand und fahre hinaus aufs weite offene Meer! Du bist die Kapitänin und entscheidest als Schiffsführerin, wie du den Kurs für dein Business setzt und in welchen Hafen du einfährst.

---

[29] Viversum Redaktion: Lotusblume Bedeutung – Sinnbild des Absoluten. Unter: https://www.viversum.de/online-magazin/lotusblume-bedeutung (abgerufen am 22.03.2019)

[30] Hofmann, Antje und Helmut G.: Die Botschaft der Edelsteine. München: Hugendubel 1992, S. 40

[31] Holitzka, 2012, S. 184-186

Krafttier

- Antilope

Als schamanisches Krafttier lehrt dich die Antilope, zu handeln und alles zu tun, was nötig ist, um dein Business bestmöglich wachsen zu lassen. Die schnelle Antilope agiert rasch, wenn sie einen eindeutigen Impuls spürt, und sie tut es mit Grazie und Anmut, nicht mit Aggressivität.[32] Sie fordert dich auf: Handle – und zwar jetzt! Du weißt genau, wann was zu tun ist, also tu es in aller Konsequenz.

---

[32] Sams/Carson, 1992, S. 201

Öffnende Fragen

Was möchte in deiner Phase der Optimierung gesehen und geachtet werden?

....

....

Welche Herausforderungen drosseln den Businessfluss aktuell?

....

....

Wie kannst du annehmen, was jetzt zu tun ist, und es tun?

....

....

Was brauchst du, damit sich dein Business im Zyklusabschnitt „Optimierung“ leicht transformiert, sodass du in die nächste Phase starten kannst?

....

....

Phase 5 – Fülle

Leitsatz

Ich herrsche.

Transformationszustand

Mutter (Erwachsene)

Thema

Nach der Optimierungsphase kommt die Phase der Fülle. Sie verläuft fließend: von der Optimierung zum Zustand der Fülle. Es ist oft lange Zeit ein Hin und Her, ein Wandeln auf dem Grenzübergang zwischen diesen beiden Phasen. Mal kannst du gut von deinem Business leben, mal nicht so gut. Irgendwann ist der Füllezustand konstant. Du wirst immer erfüllter leben und immer mehr Geld verdienen, je intensiver du dein Business nach deinen Parametern optimierst. Zudem erlebst du eine stetig wachsende Sichtbarkeit, hast mehr Erfolg und dein Business nährt dich jetzt in diesem Zyklusabschnitt auf allen Ebenen. Du weißt, wie Business geht, was funktioniert und was nicht, und wie du Marketing nutzt. Du hast überprüfte und optimierte Kenntnisse darin, wie du Sichtbarkeit vergrößerst und dein Unternehmen als Solopreneur*in oder als Unternehmer*in wirtschaftlich fundiert betreibst. Dein Herzensbusiness macht dich glücklich.

Fülle tritt im Durchschnitt nach drei bis fünf vollen Geschäftsjahren ein und bedeutet: Du kannst gut von deinem Business leben, ohne dass du dir ständig Sorgen machen musst. Die Umsätze kommen möglicherweise noch nicht konstant und so verlässlich, dass du für die nächsten Jahre finanziell abgesichert bist. Doch du machst Gewinn und kannst sorgenfrei ein Leben genießen, in dem du dich wohlfühlst. Du bist in Fülle. Du hast die Verantwortung als Geschäftsfrau vollständig übernommen und fühlst dich damit wohl. Souverän leitest du dein Unternehmen und hast möglicherweise erste Mitarbeiter*innen oder Free-

lancer*innen, die für dich arbeiten. Viele selbstständige Frauen lieben es, allein zu arbeiten, und kommen mit ihrem Einzelunternehmen – ohne Mitarbeiter*innen – zufrieden in der Fülle an.
Der Transformationszustand entspricht dem Entwicklungsstadium der Erwachsenen zwischen etwa dreißig Jahren bis Ende Vierzig und schließt auch das Muttersein ein. Hier geht es nicht um wahrhaftige Mutterschaft, sondern um den Anteil in dir, der mütterlich, fürsorgend und nährend ist. Diesen lebst du in der Phase der Fülle, die zugleich Fruchtbarkeit, Weiblichkeit und Üppigkeit repräsentiert. Du lebst auf einem anderen Level als in den Anfangsjahren des Aufbaus.
Mit der Fülle und dem größeren Geldvolumen hast du mehr Macht. Du bist jetzt eine Herrscherin, die etwas zu sagen hat. Menschen nehmen dich wahr. Du wirst auf Social Media Plattformen erkannt und bekommst Anfragen, um als Expert*in dein Können zu zeigen, zum Beispiel auf Events, Symposien oder Onlinekongressen. Immer mehr Menschen bitten dich um Kooperationen oder wollen mit dir businessmäßig zusammenarbeiten, empfehlen dich weiter oder möchten wenigstens in deinem Feld sein, weil sie deine Fülle spüren und davon partizipieren wollen. Sie möchten werden „wie du“ und nehmen dich als Vorbild. Auch im Reallife hast du Begegnungen, bei denen dich oder deine Businessmarke plötzlich jemand Fremdes erkennt, weil du in der Öffentlichkeit präsent bist:
„Oh, dich kenn ich doch! Du bist die Expertin für ...! Du verkaufst doch ...!“
In dieser Füllephase und mit zunehmendem sichtbaren Erfolg ziehen weitere Themen in dein Leben ein: Macht, Weiblichkeit, Herrschaft. Üppig Geld zu haben, lässt neue Herausforderungen auf die Bühne deines Businesslebens treten. Fülle – vor allem finanzielle Geldflut – ist den meisten Frauen wenig oder gar nicht bekannt, weil wir gesellschaftlich auf Mangel geprägt werden. Zahlreiche Glaubenssätze ploppen in dieser Phase hoch, wie zum Beispiel:

- ❖ Ich habe so viel Geld gar nicht verdient.
- ❖ Ich muss hart arbeiten für meinen Erfolg.
- ❖ Männer sind erfolgreicher als Frauen.
- ❖ Geld verdirbt den Charakter.
- ❖ Fülle steht mir nur zu, wenn ich teile.

... und viele andere mehr. Solche Glaubenssätze und Erfolgs-Verhinderungskonstrukte sind sehr individuell. Weiter geht es dann mit den Macht-Aspekten, die im Zusammenhang mit der herrschenden Mutter auftauchen, die ihre Weiblichkeit in Fülle lebt. Hier treten beispielsweise diese Sätze auf:

- ❖ Ich bin nur eine gute Mutter, wenn ich gerecht bin.
- ❖ Heilige oder Hure (Mutter sein oder sinnliches Weib sein)? Entscheide dich! Beides geht nicht.
- ❖ Muttersein ist deine Pflicht.
- ❖ Macht und Manipulation sind schlecht.

... und viele andere.

Du wirst in dieser Phase zahlreichen Dogmen und Überzeugungen (crneut) begegnen, von denen du entweder nicht wusstest, dass du sie in dir trägst, oder von denen du geglaubt hast, du hättest sie längst gewandelt. Jetzt kommen sie mit Power in dein Leben und fordern dich heraus, auf einer ganz tiefen Ebene sehr genau hinzuschauen. Das Leben lässt dich nicht in die nächste Phase des Reichtums gehen, wenn du nicht fähig bist, aus einem übergeordneten Bewusstsein mit Überfluss und Macht umzugehen. Die Konfrontation mit diesen Themen kann durch andere Menschen in dein Leben kommen: Neid, Eifersucht, Shitstorms, Fremd-Attacken aus Frustration, Hasstiraden, Verleumdung, Verrat, Betrug, Diebstahl sind nur einige Möglichkeiten, denen sich sichtbare Erfolgsfrauen, die in Fülle leben, ausgesetzt fühlen können.

Die allermeisten Businessfrauen gehen bis in die Phase der Fülle und nisten sich hier – oftmals wenig sichtbar, gut versteckt und still – ein. Das ist nicht die schlechteste Wahl. Denn dann bist du wirtschaftlich unabhängig, kannst dich selbst versorgen und nähren, und weißt, wie du dein Business aufrechterhältst, damit es genug Gewinn für dich macht. Um allerdings in die Reichtumsphase mit sehr viel Geld, enormer Energie, Kraft und Macht im Überfluss zu gelangen, brauchst du tiefe Heilung und hohe Weisheit, damit du tatsächlich fähig bist, dem Leben zum Wohle aller zu dienen. Hier entscheidet sich, ob du ein brachiales Egoschwein wirst, das die Macht und die Geldenergie nur zu seinem eigenen Vorteil nutzt. Oder ob du als eine wahrhaftige Königin und weise Frau deinen Thron einnimmst, um als Dienerin der Welt deine Aufgabe zu erfüllen und all das, was du dir erarbeitest, für dich selbst und für das Wohl anderer einzusetzen. Auch das Geld. Auch die Macht. Auch die Fähigkeit, zu herrschen.

In dieser Phase lernst du, Mutter zu sein und dich mit deiner seelentiefen Weiblichkeit als Schöpferin von Leben, als Nährende und Lebenserhalterin sowie als Tod-Bringerin zu verbinden. Du kannst gebären, ganz gleich, ob du wirklich ein Baby zur Welt bringst oder gebracht hast oder nicht. Selbst dann, wenn du unfruchtbar oder längst in den Wechseljahren bist, besitzt du als Frau die Fähigkeit, die Instinkte, das Kollektivwissen, die Empfindung des Mutterseins. Du hast die Befähigung, etwas Neues ins Leben zu rufen – oder du kannst entscheiden, dies nicht zu tun und das Baby sterben zu lassen. Als Erfolgsfrau möchtest du dein Business schützen, es groß machen, es nähren, pflegen und versorgen. Du kümmerst dich in dieser Phase als führende und zugleich gnädige Mutter liebevoll um dein Business.

Um darüber hinaus zu wachsen, bist du gefordert, deine intuitiven Fähigkeiten anzuerkennen und ihnen einen Ausdruck zu geben, um sie kreativ zu leben. Du als Frau hast Macht und das ist eine Gnade.

Du bist mit dem Kollektiv aller Frauen verbunden, was dir ermöglicht, dieses Kollektiv-Bewusstsein und dein weibliches Urwissen zu nutzen. Gib dich dem großen Ganzen hin und lebe diese Macht, die du jetzt ergreifen kannst! Beschäftige dich mit deiner Intuition, die so viel mehr ist als alles, was du bisher gelebt hast. Du weißt, wohin dein Weg geht, und oftmals weißt du

auch, wohin der Weg anderer geht. Du spürst, was jetzt dran ist und getan werden darf, was nicht, welche Pläne umzusetzen sind, welche nicht. Du merkst es und hast einen untrüglichen Seelensinn, der dich führt und den du jetzt zur Führung anderer einsetzen darfst. Du bist hellspürig, hellsichtig, hellhörig, hellfühlig. Die Energie einer Herrscherin, die Gutes für die tut, die ihr anvertraut sind, braucht größtmögliche Klarheit in ihrem intuitiven Bewusstsein. Räume all die unerlösten Muster, die nicht geheilten Erfahrungen und alles, was in deinem System noch dunkel und nicht hell leuchtend ist, auf. Das ist in dieser Füllephase deine wichtigste Aufgabe, um in den nächsten Transformationszustand zu gelangen.
Um den Zugang zur Fülle und zu deiner vollen intuitiven, mütterlichen und sinnlichen Weiblichkeit zu finden, ist Genuss ein wichtiger Schlüssel. Viele Frauen sind zwar erfolgreich, genießen ihren Erfolg jedoch nicht wirklich. Sie sparen, nehmen sich zurück, beschenken sofort die Kinder oder bedürftige Menschen und darben inmitten der Fülle. Dabei ist jetzt der Moment, wo du dich selbst am allermeisten nähren kannst, und es wichtig ist, deine Sinnlichkeit, deine Weiblichkeit und deine Stärke zu füttern. Du bist wichtig. Nimm dich wichtig! Dein Unternehmen existiert nur weiter, wenn du eine starke, kraftvolle und gut genährte Frau bist. Genährt-Sein bedeutet nicht, möglichst viel zu essen, sondern auf eine Art für deinen Körper, Geist und für dein Seelenheil zu sorgen, die stärkt. Achte darauf, wie du deine Ressourcen einsetzt, wie du gutes Zeitmanagement betreibst, um dir selbst und deinem Businesswachstum gerecht zu werden. Festige deine Resilienz, entwickle Möglichkeiten, mit Krisen umzugehen, Rückschläge als Wendepunkte zu betrachten und das Leben anzunehmen, wie es ist. Komm in einen guten Fluss zwischen Höhen und Tiefen, ohne dass dich jede dieser Schwankungen aus dem Gleichgewicht bringt. Auch Investment ist eines der Themen, die dich jetzt vermehrt beschäftigen: Nicht, wo spendest oder verschenkst du Geld, denn dafür ist die Phase der Fülle noch nicht geeignet. Es geht zunächst darum, wo du Geld

richtig investierst – zu deinem eigenen Wohl und zur Erhaltung deines gesunden Seins, zur Erweiterung deines Horizonts und deiner Fähigkeiten, um weiter zu wachsen, oder zur Expansion deines Business.

Herausforderung

❖ Deine magischen Fähigkeiten annehmen

Deine intuitiven Gaben nicht zu kennen und sie nicht anzuerkennen, ist wie zu fliegen, ohne zu wissen, wie du ein Flugzeug bedienst, wo du startest und wo du landest. Dann führen deine Fähigkeiten zum Absturz und zur Zerstörung. Oder du kommst nie in den Flug, bleibst am Boden und fliegst niemals in großen Höhen durch diese Welt. Du musst deine Magie beherrschen, damit du sie bewusst anwenden kannst. Denn ganz gleich, ob du daran glaubst oder nicht: Jede Frau (und übrigens auch jeder Mann) besitzt eine Intuition, die ihr Denken lenkt und durch die ihr Handeln bestimmt wird. Je weniger du dir dessen bewusst bist, umso willkürlicher agierst du. Deine Macht ist dadurch nicht kleiner, nur nicht zielgerichtet. In Kombination mit Macht und einem unerlösten Ego, das nur sich selbst erhalten und sein Territorium ausdehnen will, können unbewusste intuitive Gaben verheerend werden. Für dich selbst, dein Business und für andere. Bildest du diese Befähigungen aus und schulst du sie, kannst du allein durch die Kraft deiner Intuition enorm viel Gutes bewirken und die Welt tatsächlich verändern. Das ist „Magie“. Nicht mehr und auch nicht weniger! Deine magischen Fähigkeiten zu ignorieren, ist Hochverrat am Leben.

❖ Macht-Annahme bejahen

Eine weitere zentrale Herausforderung in dieser Businessphase ist, nicht vor der Macht davonzulaufen und den Reichtum nicht abzulehnen, weil du keine Ahnung hast, wie du damit umgehen kannst. Du weißt zum Beispiel noch nicht, wie es geht, einen großen Konzern zu führen oder überhaupt würdevoll zu führen. Macht und Führung überfordern viele selbstständige Frauen,

weshalb sie in diesem Zyklusabschnitt hängenbleiben oder andauernd gestresst sind.
Die Überforderung kommt nicht zwingend von zu vielen Businessaufgaben, sondern weil du jetzt den kollektiven Schatten der Frauenhistorie begegnest und diese innere Arbeit enorm anstrengend sein kann. Dein Bewusstsein erwacht. Du verstehst allmählich, worum es hier wirklich geht. Du machst nicht nur Business. Du besitzt nicht nur ein Unternehmen für dein eigenes Wohl und das deiner Mitarbeiter*innen. Als Herrscherin mit Reichtum könntest du nun wahrhaftig Macht ausüben und deine Botschaft weitreichend in die Welt bringen. Das ruft die Angst auf den Plan, die dich hindert, in die nächste Phase zu gehen. Zu stark hast du selbst erlebt, was Macht bewirken kann und wie oft Macht missbraucht wird und wurde. Wenn dein eigenes Leben davon nicht betroffen war, dann lebst du trotzdem in einem Feld von Frauen, die davon betroffen sind. Das spürst du überdeutlich, je mehr deine Sinne für Macht geschärft werden.
Laut Europäischer Union Kommission ist jede dritte Frau in Europa Opfer von körperlicher und/oder sexueller Gewalt.[33] Du kennst die zerstörerische Kraft von Machtmissbrauch. Die verheerenden Auswirkungen werden dir immer klarer und du bist herausgefordert, einen Umgang mit den Themen Macht, Machtmissbrauch, Gewalt, Herrschaft und Geld zu finden. Dir wird stetig bewusster, welches Ausmaß die Hexenverfolgung oder die Hinrichtung von Frauen im Naziregime umfasst. Die Verleugnung weiblicher Kräfte und die Unterdrückung von Frauen reichen bis ins heutige Zeitalter. Unter diesem Eindruck, was Macht bewirken kann, lehnst du sie entweder vollständig ab und gehst nicht in die nächste Businessphase. Dann lebst du in Fülle und bist glückliche Herrscherin in deinem kleinen Reich. Oder du fragst dich, wie du Macht gütig, weise und würdevoll zum Wohle aller ausüben kannst und findest deinen Weg, um wie

---

[33] Europäische Union Kommission: Jede dritte Frau in Europa ist Opfer von körperlicher oder sexueller Gewalt, 2017. Unter: https://ec.europa.eu/germany/news/20171124-gewalt-an-frauen_de (abgerufen am 22.032019)

eine Königin wahrhaftig, groß und rechtschaffen zu regieren.

❖ Selbstfürsorge statt ausbrennen

Die Unternehmer*innenkrankheit schlechthin ist der Burn-out. Unzureichend für dich zu sorgen, dich auszupowern, energetisch zu verbrennen, bedeutet, im Burn-out zu landen, wenn du immer mehr erreichen und immer weiter kommen willst. Hier liegt die Herausforderung darin, zu erkennen, dass du selbst dein Business bist. Es nutzt niemandem, wenn du zusammenbrichst, weil dadurch dein ganzes Business kaputt geht. Deine Pflicht als verantwortungsbewusste*r Unternehmer*in ist es, dich als Quelle deines Business in den Mittelpunkt zu stellen und alles für deine Gesunderhaltung zu tun, was nötig ist. Übrigens verbrennt es dich und dein Unternehmen ebenso, wenn du das meiste Geld, das du erwirtschaftest, sofort wieder verschenkst, ohne dafür zu sorgen, dass du Rücklagen, eine Grundlage und ein Depot hast, das dir finanzielle Sicherheit bietet. Manche Businessfrauen leben ihre Mütterlichkeit in dieser Phase verheerend aus, indem sie den Geldfluss sofort komplett wieder hinauslassen. Sie beschenken andere in einem selbstschädigendem Übermaß, statt für ein eigenes finanzielles Sicherheitspolster zu sorgen. Selbstfürsorge ist die Disziplin, die du in dieser Phase lernen darfst.

❖ Egoismus

Eine andere Variante bei den Geld-Herausforderungen ist, dass dein Ego nichts abgeben will, obwohl du in Fülle lebst. Das Basisdenken des Mangels hat dich dann noch fest im Würgegriff. Die Gratwanderung ist, nicht mehr zu geben, als dir gerade gut tut, und reichlich genug zu geben, um das Geld nicht krampfhaft festzuhalten. Wenn du im Restaurant nie Trinkgeld gibst, weil du Angst hast, deine Businesseinnahmen könnten morgen versiegen, ist dies ein egoistisches Geldfesthalten, das dem Mangeldenken entspringt. Wenn du am Ende des Monats 100 Euro übrig hast, ohne bisher jemals finanzielle Rücklagen gebildet zu haben, und diese 100 Euro sofort an das nächste Kinderheim spendest, ist dies ebenfalls kein gesunder Umgang mit Geld. Denn bevor du alles wieder hergibst, was an Gewinn übrig bleibt, baue dir zunächst ein starkes Fundament auf, das dich sicher trägt. Behalte das Geld, im Bewusstsein, dass es deinem Sicherheitsbedürfnis und dem Weiterbau deines Business dient. Erst wenn du in Reichtum lebst, kannst du ausgiebig teilen, spenden und abgeben, ohne dass es dich selbst in den Mangel führt oder dein Business ruiniert.

❖ Genügend Genuss

Gerade eine Erziehung zum Mangeldenken statt zum Füllespüren verursacht, dass Frauen nicht genießen können. Um dich in deine wundervolle Weiblichkeit hinein zu entspannen und Fülle mit Leichtigkeit in dein Leben einzuladen, ist der Genuss enorm wichtig. Viele Frauen haben in sich gefestigt, dass ihnen ein genussvolles Leben nicht zusteht, solange es noch Menschen gibt, die Mangel leiden. Oder du hast tief in deinem System oder durch die Verbindung mit dem Kollektiv-Bewusstsein von Frauen abgespeichert, dass du jetzt ein Unternehmen zu versorgen hast, also „Mutter" bist, und als solche nicht mehr sinnlich, sexy und leidenschaftlich dein Frau-Sein ausleben darfst.

Das Geschenk der Fülle liegt darin, deine eigene Größe zu achten und zu leuchten, indem du deine Weiblichkeit bis in die Haarspitzen ausstrahlst, um der Frau neben dir genau durch dein Verhalten zu „erlauben", dies ebenfalls zu tun. Du ermächtigst andere nicht, indem du im Mangel stecken bleibst. Du trägst zur Ermächtigung anderer bei, indem du vorlebst, wie du Fülle würdig, verantwortungsvoll und mit Selbstachtung genießt.

Erfolgsverhinderinnen

Manipulation – die Ohnmächtige

Verleugnung – die Kleine

Schatten des weiblichen Kollektivs

Inspirationen und Tipps

- Alles ist deine Entscheidung

Ob du dein Business in den Sand setzt oder es zum Millionenerfolg machst, ist deine Wahl. Alles ist deine Entscheidung. Diese Haltung und ein starkes Mind-Soul-Set sind jetzt besonders wichtig. Wenn du bisher eher unbewusst gehandelt hast, lege ich dir nahe, täglich zu reflektieren und dir bewusst anzuschauen, was dir begegnet. Denn alles hat mit dir zu tun und alles hast du so in dein Leben gezogen. In jeder Lebenssituation liegt ein Geschenk. Manchmal ist es als Herausforderung getarnt. Alles, was du tust und wofür du dich heute entscheidest, hat Auswirkungen auf deine Zukunft und auch auf die anderer Menschen. Deine Macht ist groß und sie wird ständig größer. Sei dir dessen bewusst! Du bist die Kreateurin deines Lebens. Verinnerliche dies.

- Vergebung als Schlüssel zu deiner Größe

Ohne Vergebung geschieht keine Öffnung für das wahre Große in dir. Wenn es noch unerlöste Schuld-Momente in deiner Macht- und Geldgeschichte gibt, dann ist jetzt der Zeitpunkt, sie in die Heilung zu bringen. Vergib in allererster Linie dir selbst und auch all denen, die dir wirklich oder vermeintlich etwas getan haben. Menschen machen Fehler. Du machst Fehler. Wahre Größe entsteht dort, wo du vergibst.
Beschäftige dich mit den Themen Schuld: Wo schuldet dir jemand etwas? Wo schuldest du einer Person Geld oder etwas anderes? Welche Entschuldigungen oder Beschuldigungen lasten auf dir? Wo schwelen ungeklärte Situationen in deinem Feld wie ein unentdeckter Brandherd? Fehler, Missachtungen, Grenzüberschreitungen, Groll, Hader bis hin zu Hass wollen jetzt in die Vergebung gebracht werden. Tue, was dafür noch zu tun ist. Du kannst im Kontakt mit der Person, die es betrifft, Vergebung initiieren oder ohne sie. Die Energie, die du beispielsweise mit einem Vergebungsritual auslöst, wirkt so oder so.

Du kannst beispielsweise dies tun:
Schreibe auf einen Zettel, wem du genau was vergeben willst. Würdige, dass dieser Mensch (auch wenn du es selbst bist oder wenn es ganze Menschengruppen, wie Kriegsverbrecher, sind) zum damaligen Zeitpunkt das Bestmögliche getan hat. Erkenne an, dass seine Seele immer aus der Liebe kommt und im jeweiligen Leben dann Irrwege gegangen ist. Bedanke dich für die Erfahrung und für das, was du daraus gemacht hast. Dann verabschiede alles, was du loslassen möchtest, und übergib den Zettel dem Feuer oder zünde ihn an. Verbrennen ist eine magische und höchst wirksame Transformationsmethode. Wenn du möchtest, kannst du dazu das getrocknete Kraut Myrte[34] verbrennen, welches Vergebung und Einsicht unterstützen kann. Zudem werden ihm Reinigungskräfte zugeschrieben, um innere Klärung zu bringen.

❖ See der Fülle

Wenn dein Geldfluss zwar reichlich in dein Business kommt, jedoch auch reichlich wieder rausfließt und am Monatsende nichts übrig bleibt, um ein finanzielles Polster aufzubauen, kann die Übung „See der Fülle“ hilfreich sein.
Stelle dir einen See oder Teich vor. Diesen füllst du in Gedanken mit Wasser. Das Wasser läuft auf der einen Seite hinein, auf der anderen wieder hinaus. Im See bleibt ab jetzt immer ein Grund-Wasserspiegel stehen und zwar circa ein Viertel der Füllmenge des Sees. Denke das. Fühle das. Entscheide dich dafür. Ab jetzt wird dein See nie mehr komplett leer sein, sondern es bleibt immer ein Viertel Wasser darin. Entspanne dich in diese Vorstellung hinein. Du hast stets genug Wasser. Immer genug von allem, was du brauchst. Es ist einfach da. Du brauchst dich nicht jedes Mal anstrengen. Dein See der Fülle ist immer gefüllt.
Fühle die Fülle mit all deinen Sinnen.

---

[34] Riederer, Antje: Räucherwerk - Kräuter Beschreibung und Wirkung. Unter: https://www.mondfee.de/raeucherwerk-wirkung (abgerufen am: 24.3.2019)

Ein Bad mit Rosenblättern, Milch und Honig als stärkendes Symbol deiner Weiblichkeit und symbolisch für das Baden in deinem Geldsee ist ebenfalls eine wundervolle Möglichkeit, um dein Füllegefühl zu kräftigen. Tauche in die Fülle ein und manifestiere sie in deinem Leben. Sorge für dich, indem du mindestens drei Monatssummen, die dein Business und dein Leben benötigen, auf einem Extrakonto hast. Das ist dein See der Fülle. Lege in jedem Monat Geld auf dieses Extrakonto, bis dieses Polster erreicht ist. Das fördert dein Fülle-Bewusstsein.

- Erde dich

Tue viele Dinge auf der Erde und mit der Erde. Setze dich auf Naturboden, mach ein Picknick dort oder geh barfuß auf der Erde. Auch gute Erd-Nahrung, wie die Kartoffel, kann dich jetzt in eine geerdete Haltung bringen. So kannst du die Fülle genießen und läufst keine Gefahr, abzuheben, zu egoistisch zu werden oder die Fülle aus Angst vor ihrer Macht wieder aus deinem Leben zu verbannen.
Geh bewusst in Kontakt mit Mutter Erde, aus der dir alles gegeben wird und in die alles wieder geht. Das erhöht dein sinnliches und genussvolles Empfinden. Ein Schlammbad, die Sauna, Schwitzhütte oder ein Körperpeeling sind Methoden, um dich in eine geerdete Körperlichkeit zu bringen und deinen Körper als Tempel deiner Seele zu ehren. Viel Bewegung und Pflege deines wundervollen Körpers erheben dich ebenso und kräftigen dich für den Umgang mit Geld und Fülle, um dich auf Reichtum und dein würdevolles Königinnenreich vorzubereiten.

- Dankbarkeitsritual

Wenn du Dankbarkeit als wertvollste Magie für Erfolg, Fülle und Reichtum noch nicht in dein Leben integriert hast, ist in dieser Phase der richtige Moment dafür. Bist du dankbar, bist du in der Freude. Niemand kann zugleich unzufrieden und dankbar sein. Dankbarkeit beschert dir inneren Frieden und verbindet dich mit dem großen Ganzen. Kultiviere das Danken! Überlege dir, wo du bewusst danken kannst, zum Beispiel:

- Nenne jeden Abend drei Dinge, die du heute erlebt hast und für die du dankbar bist.
- Beginne jeden Morgen mit einem Danke für dein Leben und Business.
- Verschenke bewusst mindestens einmal am Tag ein Danke an andere Menschen.
- Mache regelmäßig einen Dankbarkeitskreis mit der Familie oder mit deinem Team, in dem jede*r etwas nennt, wofür er/sie dankbar ist.

Gerade die Dankbarkeit, die du mit anderen teilst, wirkt besonders stark auf dein inneres Glückszentrum. Denn sie erhöht sich dadurch noch intensiver, als wenn du allein dankbar bist.

Symbol

- Kelch (Schale)

Ein Kelch oder eine Schale stehen als symbolische Gefäße für Mütterlichkeit. Zur Unterstützung der Fülle, des Nährens und deiner mütterlichen Fürsorge für dich und dein Business kannst du dir einen wundervollen Kelch oder eine edle Schale besorgen. Fülle sie mit Wasser, trinke kleine Schlucke und denke an den See der Fülle. Du kannst auch immer eine Schale mit Wasser in deine Nähe stellen, um dich an das Empfangen der Fülle zu erinnern und daran, dass deine Fülle nie versiegt.

Pflanze

- Getreide

Fülle ist die Phase der Ernte. Du hast vieles in deinem Business erschaffen, was dir nun ein erfülltes und sorgenfreies Leben ermöglicht. Insbesondere das voll ausgereifte Getreide symbolisiert die Kraft der Fülle. Ein Weizenfeld im Hochsommer ist ein herrlicher Anblick, weil es dich mit der Magie der Fruchtbarkeit verbindet. Aus dem Korn wurde eine Ähre und diese kannst du nun ernten und als Nahrung zu dir nehmen. Getreide jeder Art steht für Genährt-Sein. Iss Hafer, Roggen, Gerste oder Weizen in einem möglichst natürlichen Zustand – als ganze Körner, die du quellen lässt und ins Müsli gibst oder die du als Schrot zu Brot verarbeitest. Getreide stärkt dein Fülle-Bewusstsein.

- Klatschmohn

Als Pflanze für Wohlstand und Fülle gilt auch der rote Klatschmohn. Insbesondere seine Samenköpfe wurden vergoldet oder versilbert und stehen als Symbol für Reichtum und Wohlstand. So eine Mohn-Schote, die als Schmuckstück gearbeitet wurde, gilt als starker Talisman und sieht aus wie ein Gefäß, in dem deine Schätze (unzählige kleine Samen) bewahrt werden.[35] Du kannst beispielsweise solch eine Mohn Pod Halskette tragen, um Fülle in deinem Leben zu manifestieren.

Mystische Energien und Göttinnen

- Die Herrscherin

Gehst du mit der Herrscherin in Kontakt, bist du mit der Großen Mutter verbunden, aus der alles hervorgebracht wird und zu der alles geht. Sie wird oft als Demeter – Göttin des Getreides – dargestellt oder auch als Venus, die für deine göttliche Weiblichkeit steht.[36] Mit der Herrscherin kannst du einen Zugang zu deinen sinnlichen, genussvollen Anteilen finden, deine liebevolle Mütterlichkeit – auch für dich selbst – stärken und dein Glücksdenken aktivieren. Sie ist die Verbindung zu deiner Vorstellungskraft und deiner Intuition, um aus der göttlichen Liebe heraus zu herrschen.

- Fulla

Die nordisch-germanische Göttin Fulla steht für leichtes Leben in Fülle. Sie erinnert dich daran, dass Reichtum *einfach* zu dir fließen darf. Da sie die Morgenröte beim Sonnenaufgang verkörpert, bringt sie dir an jedem Tag das Geschenk der Verheißung auf neue Üppigkeit. Sie ist die Hüterin deines unentdeckten

---

[35] Dechant, 2017, S. 28

[36] Noble, 1991, S. 47

Reichtums, den du als deinen Schatz heben darfst. Bringe die Schätze voll und mit Leichtigkeit zur Entfaltung![37]

Krafttier

- Pferd

Das Pferd steht im Schamanismus für Kraft und Macht. Beides erlangst du nur, wenn du Gnade, Fürsorge, Liebe, Schenken und Teilen kennst und diese Tore zur Macht durchschritten (gelebt) hast.[38] Um aus allen Blickwinkeln auf eine Situation schauen zu können, brauchst du die Weisheit, die entsteht, wenn du das Leben in all seinen Facetten verstehst, weil du sie selbst erlebt oder als Teil des Kollektivs gespeichert hast und dich daran erinnerst. Nur dann kannst du würdevoll und mit Macht herrschen.

---

[37] Dechant, Andrea, Bliss Media: Fulla – Nordisch-germanische Göttin der Fülle und Üppigkeit, 2012. Unter: https://artedea.net/fulla (abgerufen am: 22.03.2019)

[38] Sams/Carson, 1992, S. 191-193

Öffnende Fragen

Was möchte in der Phase der Fülle wertgeschätzt und angesehen werden?

....

....

Welche Herausforderungen zeigt dir das Leben in diesem Abschnitt auf?

....

....

Wie kannst du tun, um jetzt deine Aufgabe zu erfüllen?

....

....

Was brauchst du, damit du dich aus der Fülle in die nächste Phase entwickelst – und möchtest du das überhaupt?

....

....

Phase 6 – Reichtum

Leitsatz

Ich gebe mich hin.

Transformationszustand

Wechseljahre

Themen

In der jetzigen Phase geht es um dein Erfolg-Reich und dein Business im Überfluss. Dein Unternehmen, dein Business-Produkt, dein Projekt läuft so gut, dass es überfließt. Klassischerweise bist du jetzt im Unternehmer*innentum angekommen und regierst deine Firma als erfahrene, gerechte und spirituell-bewusste Frau. Dein Business ist gereift und du hast Vertrauen, dass es lange Bestand haben wird, denn du weißt, wie du ein Unternehmen erfolgreich machst. Immer wieder gehst du mit großer Selbstverständlichkeit in die Optimierungsphase, ohne zu straucheln und ohne Unsicherheit. Sondern du optimierst dein Business mit der Erfahrung einer reifen Frau. Du baust deine Betriebsstätte, Praxis, dein Online-Business oder deinen Laden beispielsweise aus, erkennst Trends, gibst neue Produkte in Auftrag, testest bewusst deine Angebote, bis sie reif für den Markt sind, entwickelst Langzeit-Strategien. Du betreibst dein Business voll intuitionsgeleitet und machst es zugleich mit cleveren Maßnahmen skalierbar. Du hast einen bekannten (Marken)Namen – ein Brand – und sehr viel Geld. Mehr als du aktuell für dich alleine brauchst.

Deshalb kannst du andere an deinem Erfolg teilhaben lassen und stellst Mitarbeiter*innen ein. Dein Team wird immer größer und benötigt deine Führung. Um ein wahrhaftig großes Unternehmen oder einen Konzern aufzubauen und mit Gewinn am Laufen zu halten, bist du als Führungspersönlichkeit gefragt. Du brauchst visionäres Denken und die Gelassenheit und Erfahrung der „gerechten Richterin“. Selbst dann, wenn du altersmäßig noch jung bist, ist jetzt deine innere Weisheit wichtig und dein Geschick, Menschen zu führen, gefordert. Du triffst weise, vorausschauende Entscheidungen und handelst umsichtig. Bist du an deine innere Führung angebunden, wird dir das leicht fallen.

Ohnehin geschieht in dieser Phase vieles mit hoher Leichtigkeit, weil du gelassen bist. Du kannst loslassen, ohne die Führung aus der Hand zu geben. Du kannst andere in ihrer Einzigartigkeit sein lassen, weil deine Besonderheit sich blühend entfaltet hat. Du schöpfst aus dem Vollen – sowohl finanziell als auch, was deine Erfahrung und dein Know-how angeht – und bist Meisterin in deinem Königinnenreich. Du bist entspannt und blickst wohlwollend auf dein Schöpferinnenwerk. Dein Empfinden, dass du auf vielen Ebenen reich und erfüllt bist, macht dich innerlich ruhig. Du bist eine sichtbare Erfolgsfrau und genießt das mit einer tiefen inneren Gelassenheit und einer selbstverständlichen Anbindung an deine Seelenführung.

Zugleich ist es notwendig, dass du nun die Bereitschaft hast, Verrücktes zu tun. Mit ver-rückt meine ich: Du wirst vom Gewohnten abrücken, Bestehendes verrücken und neu erfinden müssen, um deinen Reichtum für echte Weltveränderung zu nutzen. Kooperationen und Co-Creationen können jetzt wichtig werden, um dich in das nächste Level hinein zu entfalten. Die heilige Spirale des Lebens fordert dich zu deiner ganzen wahrhaftigen Größe heraus und die beinhaltet, dich voll auf andere einzulassen, um daraus eine noch größere Kreation hervorgehen zu lassen. Ein einzelner Mensch ist in seiner Schaffenskraft groß. Viele Menschen können in der Verbindung miteinander jedoch Unendliches erschaffen.

Du wirst in der Phase des Reichtums einen Plan entwickeln, was du mit deinem Überfluss machst. Dein Herzenswarum ist jetzt wichtiger denn je, denn nun kannst du wahrhaftig etwas bewegen und die Welt aktiv gestalten. Vielleicht gründest du eine Stiftung oder richtest Spenden für etwas ein, das deinem Warum entspricht. Du wirst zudem dein Wissen teilen und deine Erfah-

rung weitergeben. Hingabe ist jetzt das Zauberwort, mit dem du diese Jahre des Überflusses auf sinnstiftende Weise lebst. Im Zyklus gleicht dieser Transformationsprozess den Wechseljahren oder der Zeit Ü50. Du wandelst dich noch einmal und gibst dich auf einem sehr tiefen Verständnis des Lebens an selbiges hin. Ungerechtigkeit und Rechtschaffenheit spielen nun eine wesentliche Rolle, wenn du dem großen Lebensplan folgst. Du bist herausgefordert, Stellung zu beziehen und kannst als weise Justitia Recht (er)schaffen, und zwar solches, das nicht den irdischen Gesetzen folgt, sondern dem kosmischen Plan. Deine Intuition ist inzwischen so stark ausgebildet und deine Wahrnehmung geschärft, dass du aus tiefster Seele weißt, was richtig und was falsch ist, weil du die Welt als Gesamtzusammenhang begreifst. Du bist ein Teil des Ganzen und zugleich bist du das Ganze. Du bist Königin in deinem Königinnenreich.
Menschen werden nie alle mit deiner Art, Königin zu sein, zufrieden sein. Selbst dann nicht, wenn du dein Erfolg-Reich zu ihrem Besten gestaltest. Es wird Angriffe und Bombardierungen geben, die zunehmend heftiger werden können, je größer du wirst und je heller du leuchtest. Dein Stern strahlt majestätisch und ist unübersehbar. Diese sichtbare Pracht können diejenigen, die aktuell (noch) nicht in Fülle und nicht in ihrer Größe sind, als beängstigend empfinden. Eine Attacke gegen dich und die Deinen setzen die Angreifer*innen oftmals zum Selbstschutz ein, um nicht mit den eigenen Themen konfrontiert zu werden. Du hast jetzt allerdings Großes zu tun und kannst dich nicht mit den Kleingläubigen und irdischen Attacken befassen. Überlass das anderen, um dein großes Königinnenreich auszubreiten und um dich voll zu entfalten und dich auf das Wesentliche zu konzentrieren.
Gnade und Demut begleitet die Hingabe. Sei gnädig, wenn sich Menschen dir gegenüber nicht fair verhalten, aber opfere dich nicht. Du bist nicht Everybody's Darling, sondern eine Königin in der Blüte ihrer Macht. Nimm diese Position voller Demut ein, ohne dich zu erniedrigen. Hingabe ist eine zutiefst weibliche Fä-

higkeit. Sie kommt aus dem sexuellen Bereich, in dem die Frau sich dem Mann hingibt und empfängt. Es steckt das Wort „Gabe“ darin und tatsächlich sehe ich diese Empfangsbereitschaft und Hingabe als eine weibliche Gabe an, als ein Geschenk. Wir Frauen sind sehr leicht in der Lage, uns dem Leben hinzugeben, weil wir mit dieser empfangenden Fähigkeit ausgestattet wurden. Wenn wir mit uns, der Erde, der Natur und allen Lebewesen wirklich verbunden sind, spüren wir unabdingbar, was getan werden darf – manchmal sogar muss. Hingabe ist die Qualität, die du jetzt einsetzt, um deine Zeit nicht sinnlos mit der Anschaffung von zu vielen materiellen Gütern zu vertrödeln, sondern um wirksam zu sein.
In der Reichtumsphase hast du mehr denn je die Macht und das Geld dazu! Lausche sehr genau: Was darf damit getan werden? Das Leben ruft dich an so vielen Stellen und wünscht sich deine Hingabe. Nicht passiv. Sondern als aktiv Empfangende der Botschaft, womit du der Menschheit dienen darfst. Denn: Eine wahre Königin dient zum Wohle aller.

Herausforderung

- Abgeben können

Eine Herausforderung im König*innenreich ist, dass du lernst, abzugeben. Damit ist sowohl das Delegieren von Aufgaben, die jetzt nicht deine sind, gemeint, als auch das Abgeben von Geld, Wissen oder Erfahrung an andere. Bleibe nicht auf deinem Wissen sitzen und zieh dich nicht aus der Welt zurück. Viele Frauen gehen in dieser Phase den Weg des geringsten Widerstands. Natürlich kannst du dich jetzt allein auf deine Jacht, in deine Villa oder in dein Haus am Meer zurückziehen und nichts mehr mit den irdischen Belangen zu tun haben. Leisten kannst du es dir allemal. Dieses tiefe Wissen, das du nun hast, will jedoch geteilt werden. Jetzt hast du die Chance, andere davon profitieren zu lassen. Die Gefahr in der Reichtumsphase ist, dass du nicht weißt, was du mit diesem „mehr als du brauchst“ tust und als einsame alte Frau endest, die ein Millionenkonto besitzt, das niemandem nutzt. Viele Unternehmer*innen schreiben in dieser Phase ihre Biografie oder geben ihre Erkenntnisse als Dozent*innen, Professor*innen oder Redner*innen an die Welt weiter.

❖ Ausrichtung

Statt deinen Reichtum und Erfahrungsschatz für sinnvolle Dinge zu nutzen, vergeudest du ihn möglicherweise oder zerstörst dich und die Umwelt durch deine Dekadenz. Alles, was du dir antust, tust du dem großen Gesamten an – vergiss das nicht! Faltenaufspritzungen, um dem Jugendwahn zu folgen, schnelle Autos, welche durch ihre Schadstoffe die Umwelt vergiften, oder die Verschwendung von Energie und Ressourcen dieser Erde, nur weil du es dir leisten kannst, haben Auswirkungen. Wenn du dein Business nicht mehr aufbauen, optimieren, am Laufen halten musst, sondern alles delegieren kannst und sich dein Reich quasi von alleine weiterentwickelt, läufst du Gefahr, dass dir langweilig wird. Langeweile kann zerstörerische Tendenzen hervorbringen, wenn du darauf nicht vorbereitet bist. Dann hast du Geld und tust nichts Sinnvolles damit oder schlimmstenfalls sogar etwas Schädigendes.

❖ Schutz vor Zerstörung

Reiche und sichtbare Erfolgsfrauen können schnell zum Sündenbock werden und zur Zielscheibe von Menschen, die in einer verheerenden Phase ihres Lebens stecken. Vielleicht bist du als Unternehmerin allein und unverheiratet geblieben oder dein Mann/deine Frau und die Kinder sind weg. Gerade alleinstehende Frauen mit Geld stellen ein Zielobjekt für Betrüger*innen, Heiratsschwindler, Geldgierige und Pseudofreund*innen dar. Sei auf der Hut.

Stehst du in der Öffentlichkeit und setzt du dich für soziale Gerechtigkeit, den Weltfrieden oder die Verbesserung der Situation notleidender oder sozial benachteiligter Menschen ein, kann es passieren, dass Menschen sich an deinem Engagement stören und dich attackieren. Eine Königin mit Ecken und Kanten polarisiert. Dein hohes Gerechtigkeitsempfinden kann dir zum Verhängnis werden. Denn wenn du dich stark für Gerechtigkeit einsetzt, wirst du die Grenzen von Recht und Fairness in dieser Gesellschaft als beengend empfinden. So manche starke Kämpferin ist an dieser Aufgabe schon zerbrochen, weil sie ihre magische Macht nicht eingesetzt hat, um im besten Sinne zu manipulieren oder um sich vor der Zerstörung durch andere zu schützen. Selbst ehrenhafte Absichten bewahren dich nicht vor Verurteilungen und Vorurteilen anderer, die entweder nicht deinen Blick auf die Sicht der Dinge haben oder die deinen mystischen Zugang und den Gesamtzusammenhang nicht verstehen. Eine reiche, sichtbare Königin zu sein, die sich für Gerechtigkeit, Heilung und Frieden einsetzt, kann phasenweise einsam machen.

❖ Machtvolle kosmische Kräfte wirken

Das Leben hat dich aus einem bestimmten Grund bis hierhin kommen lassen und dich mit Fähigkeiten, Macht, Erfahrung und Geld ausgestattet. Nicht alle Erfolgsfrauen schaffen es bis in diesen Zyklusabschnitt und auch nicht alle wollen hierhin. Du bist jetzt vorbereitet, um deine Aufgabe als reiche Königin zu vollenden. Deine Aufgabe hast du bereits während deiner gesamten Business-Reise angenommen und sie in jeder Phase auf die zu diesem Zeitpunkt stimmige Art und Weise ausgeführt.
Jetzt bist du an einem Punkt angekommen, an dem du ein weiteres Mittel zur Verfügung hast, das in dieser Welt eine große Rolle spielt: Geld! Sehr viel Geld. Du kannst alles und alle kaufen. Das macht dich gefährlich. Wenn du diese Geldmacht manipulativ nutzt, um Heilung in die Welt zu bringen, wirken hier kosmische Kräfte in einer Dimension, die vielen Frauen Angst macht. Regierende Frauen mit sehr viel Geld gibt und gab es nur wenige in dieser Welt, egal, in welche Epoche du schaust. Du betrittst hier Boden, in dem das Männliche vorherrscht. Oft kennst du die Spielregeln dieses teuflischen Männerclubs nicht und fühlst dich dem Spiel mit Geld und Macht hilflos ausgelie-

fert. Ein ums andere Mal wirst du mit deinen guten Absichten auf die Probe gestellt und möglicherweise gibt es Situationen, in denen du dich selbst als Märtyrerin für das große Ganze opfern wirst müssen. Die Veränderung, die du hier bewirken kannst, um Frieden in dieses einseitige Machtgefüge zu tragen, werden womöglich gering sein. Manchmal kaum merkbar für andere, dafür umso härter spürbar für dich. Obwohl du Freude willst, kann es ein Kampf werden und all deine Qualitäten von dir abfordern: die der Amazone und Rebellin, die der Herrscherin und schützenden Mutter, die der Närrin und Täuscherin, die der Kapitänin, die das Ruder nicht aus der Hand gibt, und die der Phönixfrau, die sich ein ums andere Mal aus der Asche erhebt, wenn sie den Kampf gegen die geballte männliche Gewalt noch einmal verloren hat. Das sind keine verlockenden Aussichten und ich kann jede Frau verstehen, die an dieser Stelle nicht weitergehen möchte und zurück in die Phase der Fülle fällt. Wie schon erwähnt: Das Erreichen der Füllephase ist bereits sehr wertvoll, weil auch das nur wenige schaffen.

❖ Ethische Grundhaltung

In dieser Wechselzeit vom Muttersein zur weisen alten Frau, von der fürsorgenden Unternehmerin hin zur Visionärin, beschäftigen dich besonders ethische Fragen. Du richtest dein Business unter Umständen neu aus, denn jetzt kannst du es dir leisten, nicht die billigste Variante (zum Beispiel von Kleidungsstücken) zu kaufen, sondern die ethisch vertretbarste. Dein Wertesystem ist jetzt wichtiger denn je. Recht und Gerechtigkeit spielen eine wichtige Rolle. Es geht nicht mehr ums nackte Überleben, sondern darum, was dein Business bewirkt, was du bewirkst, und wie du deine ethischen Grundsätze im Unternehmen umsetzt. Wenn du bis jetzt faule Kompromisse eingegangen bist, kommen diese an die Oberfläche. Du kannst in diesem Zyklusabschnitt einfach nur Millionen scheffeln – oder eben einen werthaltigen Fußabdruck in der Welt hinterlassen. Die Herausforderung ist stets, deine unternehmerischen Aktivitäten sowohl an betriebswirtschaftlichen Kennzahlen auszurichten als auch an deiner Ethik. Gehst du hier zu viele Kompromisse ein, verwischen die Grenzen zwischen Recht, Gerechtigkeit, Wahrhaftigkeit und Betrug, Korruption, Lüge.

Erfolgsverhinderinnen

Manipulation – die Ohnmächtige
Show – die Drama-Queen
Schatten des weiblichen Kollektivs

Inspirationen und Tipps

- Regiere den Reichtum

Wisse, was du mit dem Reichtum machst, wenn er da ist. Sonst kommt er nicht. Überlege dir in der Füllephase schon, was du mit sehr viel Geld, mit Geld im Überfluss, mit Reichtum machst, noch bevor du ihn hast. Sonst geschieht oft Folgendes:
Erfolgsfrauen kreieren sich bewusst wieder Mangel. Denn sie kennen sich damit aus, wie ein Business aufgebaut wird, jedoch nicht damit, wie sie es auf finanziell hohem Level leben. Wir wiederholen das, was wir kennen. Wenn du dich noch nicht mit dem unsicheren Zustand von Veränderung angefreundet hast, wird es Zeit, das zu tun. Superreich zu sein, wird ein für dich neuer Zustand sein. Überlege dir vorher, was du dann tust, damit du dein Geld nicht für Unsinniges ausgibst oder ein an sich florierendes Unternehmen in den Sand setzt, nur um dir Bekanntes zu erschaffen, nämlich Mangel.
Öffne dich dafür, Geld über die Fülle hinaus zu empfangen, auszugeben und fließen zu lassen. Regiere den Reichtum, damit er nicht dich regiert. Als schöpferische Frau kannst du alles erschaffen. Es liegt an dir, welche Art Königin und Regentin du sein möchtest. Diene der Welt mit deinem Geld, deiner Weisheit und deinem Know-how, um Veränderungen zu bewirken. Übernimm auch für deinen Reichtum die Verantwortung. Manche Frauen wissen in dieser Phase nicht mehr, wie viel Geld sie besitzen, weil längst Finanzverwalter*innen ihre Besitztümer re-

geln. Diese Entfremdung von deinem eigenen Geld kann gefährlich werden, denn es braucht auch hier deine Führung, um Geld nicht nur anzuhäufen, sondern sinnvoll einzusetzen.

❖ Gib auf. Gib dich hin.

Hingabe fällt vielen Frauen im Business schwer. Sie glauben, viel arbeiten zu müssen, um gutes Geld verdienen zu dürfen und verdient zu haben. Dabei bedeutet Business machen: Du gibst etwas und empfängst etwas. Nicht: Du gibst alles über deine Grenzen hinaus und kriegst dann erst etwas. Ich möchte dich für das Empfangen sensibilisieren und deine Hingabe ans Geld in dein Bewusstsein rufen. Gib dich dem Geld hin! Öffne dich dafür. Es ist „nur" Energie. Wenn du dein System nicht auf Empfangsbereitschaft stellst und die Tür nicht weit öffnest, kann das Geld auch nicht in Hülle und Fülle zu dir fließen. Wenn nur ein winziger Spalt der Reichtumstür offen ist und du ackerst und schuftest und ackerst und schuftest – ohne dich immer wieder in den Empfangsmodus zu begeben –, kommt der Erfolg nicht im Überfluss hereingeströmt.

In Hingabe steckt „aufgeben" drin. Sich hinzugeben heißt deshalb auch, aufzugeben. Nichts zu tun. Einfach zu bekommen. Alles Gestrampel, alle Anstrengung, allen Kampf ums Geld aufzugeben – im positivsten Sinn. Nicht weil du kapitulierst und dein Unternehmen und Königinnenreich nicht schaffst, sondern aufzugeben, weil du vertraust. In dich. Ins Leben! Es ist nicht notwendig, dass du dich bis auf die Knochen dafür aufreibst, um im Überfluss sein zu dürfen. Du darfst aufgeben und dich hingeben. Du darfst dir erlauben, Geld und Macht im Überfluss zu empfangen, ohne über deine Grenzen zu gehen. Geld darf leicht und in hoher Fülle zu dir kommen und du darfst es besitzen.

❖ Sorge für Schutz

Dein Business ist nun ein großes Unternehmen und du hast viele Mitarbeiter*innen oder ein kleines, tatkräftiges Team. Deine Aufgabe ist es jetzt, als Visionärin groß zu denken und Weltbe-

wegendes zu initiieren. Damit du dies in Ruhe und geschützt tun kannst, kreiere ein imaginäres Schutzschild, an dem Attacken abprallen. Dies kann ein Mantel sein, den du im Geist um dich legst und der dich schützt, oder eine Pyramide, die du jederzeit um dich erschaffen kannst und in deren magischem Feld dir nichts geschieht.
Ganz irdisch kannst du für ein gutes Serviceteam, eine hervorragende Retourenabteilung und ein Marketing-Team sorgen, das sich um Social Media kümmert. Auch deine Website, deine Abrechnungssoftware, die Hardware und bei lokalen Unternehmen deine Betriebsstätte*n solltest du jetzt gut vor Hackerangriffen und Überfällen schützen. Fokussiere dich nicht auf die Gefahren – doch sei vorbereitet und gib dem Thema Schutz gebührenden Raum. Möglicherweise hast du auch eine*n gute*n Versicherungs- oder Anlageberater*in, der/die dich unterstützt. Menschen wie du, die jetzt Werte besitzen und reich sind, brauchen erhöhten Schutz.

❖ Reinheit des Herzens

Um mit deiner inneren Führung und deiner Intuition dauerhaft in Kontakt zu bleiben und um spirituell bewusst, klar und entsprechend deiner ethischen Grundsätze zu handeln, reinige dein inneres System immer wieder aktiv. Du wirst in dieser Zyklusphase mehr als vorher mit unethischen Angeboten, mit korrupten Menschen und mit unseriösen Machenschaften konfrontiert werden. Im Umfeld von reichen Menschen können vermehrt anrüchige, schmutzige oder unverschämte Situationen entstehen, welche die Reinheit deines Herzens belasten.
Ein regelmäßiges Reinigungsritual ist hilfreich, um dein System klar und frei zu halten. Räucherungen mit Salbei und Beifuß als starke Pflanzen für reinigende Kraft, für Schutzzauber und zur Verbindung mit den göttlichen Schwingungen[39] können dich dabei unterstützen. Regelmäßige Meditation oder das symbolische

---

39 Riederer, (abgerufen am: 24.3.2019)

Baden in hellem Licht sind ebenfalls geeignet, um für Reinheit in dir zu sorgen und dich von Energie-Müll, Belastendem und Bezichtigungen oder würdelosen Manipulationsversuchen zu befreien.

Wasser als Reinigungselement eignet sich dafür sehr gut. Dusche oder bade nicht nur aus hygienischen Gründen, sondern auch, um dich frei zu spülen. Gehe am Wasser spazieren und kippe alles, was dich einengt, begrenzt und nicht zu dir gehört, ins Wasser, in dem es sich auflösen und wandeln darf. Sprich dazu aus, was du loswerden willst und übergib es somit dem Wasser. Gerade große Seen, Flüsse oder das Meer sind starke Gewässer, die das sehr gut bewältigen können. Frage sie vorher, ob sie deinen Seelenmüll entgegennehmen wollen.

Ich selbst gehe jeden Morgen im Freien (bei jedem Wetter) in die Stille und leere mein System vollständig von allem, was gehen darf. In diese Leere hinein empfange ich dann, was mir der Tag schenken und als Aufgabe geben möchte. Mitunter mache ich das bis zu zwei Stunden – je nachdem, wie viel Belastungen mein System gerade an der Entfaltung meiner wahrhaftigen Größe hindern und wie leicht oder schwer sich diese inneren Vergiftungen lösen lassen.

Symbol

- Krone

Als Zeichen deines Königin-Seins und als Symbol für dein Erfolg-Reich ist die Krone prädestiniert. Setze sie dir auf! Tu das immer wieder in Gedanken und spüre rein, wie es dir als königliche Regentin geht. Oder besorge dir eine edle Krone oder eine schöne Tiara, um dich besser mit deiner Aufgabe als Königin zu identifizieren. Die Krone vereint den Kreis als Zeichen für Ganzheit und Vollkommenheit mit den Strahlen der Sonne als Symbol für dein himmlisches Leuchten.

Pflanze

- Basilikum

Das Basilikum ist eine königliche Pflanze. Sie steht mit ihrem intensiven Aroma für Genuss, Glückseligkeit, Reichtum und Überfluss.[40] Zerreibe Basilikum und lass den Duft verströmen, um dich mit der überfließenden Fülle und Größe zu verbinden. Auch ins Essen kannst du Basilikum geben, um dich bei deiner Entwicklung als Königin zu unterstützen.

Mystische Energien und Göttinnen

- Justitia

Justitia gilt als Göttin des Rechts, wobei hier das naturverbundene Recht gemeint ist, also solches, das von Natur aus gerecht ist. Das natürliche Gerechtigkeitsempfinden ist weiblich und es wird historisch betrachtet als Mutterrecht angesehen. Justitia erinnert dich daran, eine weise Richterin zu sein, die sich bewusst ist, dass wir alle miteinander verbunden sind und die das große Ganze im Blick behält.[41] Richte und urteile über dich selbst, in Bezug auf dein Business und hinsichtlich anderer Menschen aus der Liebe heraus. Verinnere dich und erkenne die kosmischen Energien, mit denen wir alle in Verbindung stehen und die wir alle mitgestalten.

- Smaragd

Der Smaragd ist ein hochwertiger Stein, der umso wertvoller ist, je klarer er das Licht durchscheinen lässt. Er gilt als Stein der Gerechtigkeit und kann dich – zum Beispiel als Schmuckstein in einer Kette getragen – dabei unterstützen, nach dem Guten, nach dem Wahren und nach dem Schönen zu streben. Er erin-

---

[40] Dechant, 20178, S. 9

[41] Dechant, Andrea, Bliss Media: Iustitia – Römische Göttin der Gerechtigkeit und des Rechtswesens, der Ordnung sowie der Philosophie, 2008. Unter: https://artedea.net/iustitia (abgerufen am: 24.03.2019)

nert dich daran, zum Wohle aller zu handeln und stellt eine hohe Naturverbundenheit dar.

Krafttier

- Büffel

Der Büffel ist ein machtvolles Tier, das dich damit in Kontakt bringt, dass stets alles im Überfluss vorhanden ist, wenn du die Welt als heilig achtest. Gebet, Segen und Dankbarkeit sind die Attribute, mit denen er dich daran erinnert, deinen Reichtum weise zu teilen. Der Büffel steht besonders für die Hingabe an deine Lebensaufgabe. Du bist durch den Büffel zudem aufgefordert, jeden Lebensweg eines anderen Wesens anzuerkennen, weil es sein ureigener ist und es dir nicht zusteht, darüber zu richten, ob er falsch oder richtig ist.[42] Er ruft dir zu: „Richte dich an der höheren Lebensweisheit aus und nicht an irdischer Kleingläubigkeit. Sei dankbar für deinen Reichtum, gehe deinen Weg in Frieden und erfülle deine Aufgabe weise."

[42] Sams/Carson, 1992, S. 123-125

Öffnende Fragen

Was möchte in der Phase Reichtum gesehen werden und wofür bist du dankbar?

....

....

....

....

Welche Schätze liegen in diesem Zyklusabschnitt, die du noch nicht entdeckt hast?

....

....

Wie kannst du deine Aufgabe bestmöglich erfüllen?

....

....

Was brauchst du, damit du dein Business und dein Leben in die nächste Phase – die Vollendung – in Liebe transformieren kannst?

....

....

Phase 7 – Vollendung

Leitsatz

Ich weiß.

Transformationszustand

Tod

Thema

„Ich weiß." ist der Leitsatz in dieser Phase, der eine ähnliche Schwingung hat wie der Leitsatz „Ich bin." in der Gründungsphase. Allerdings ist hier nicht wie beim kindlichen Sein die naive, unwissende und genau deshalb vollständige Präsenz gemeint. Sondern vielmehr das wissende Sein, das sämtlich mit dem Urwissen des Lebens selbst verknüpft ist. Die Vervollständigung als archaischer Zustand und als heiliger Moment, in dem jeder Mensch ist, wenn er sich in die Gesamtheit aller Wesen hinein begibt und sich darin auflöst, ist das, worum es in dieser Transformationsphase geht. Im Erkennen, dass jedes Wesen eine Meisterschaft in sich selbst ist, liegt eine atemberaubende Heiligkeit. Du erfährst Glück in seiner reinsten Form. Du leuchtest aus deiner inneren Vollkommenheit heraus.

Bist du in dieser Phase der Vollendung angelangt, kommst du mit dem Göttlichen in dir und in allem in Berührung. Du staunst über die Meisterhaftigkeit, die in deinem eigenen Business liegt, wenn ein Rädchen ins nächste greift und aus Einzelaspekten, aus verschiedenen Abteilungen und aus unterschiedlichen Mitarbeiter*innen oder Partner*innen Schöpfung geschieht. Du erkennst das Heilige in deinem Unternehmen, das du durch deinen göttlichen Funken zum Erblühen gebracht hast und bringst. Dein Unternehmen ist nicht nur eine wirtschaftliche Macht, sondern du und dein Business setzen einflussreiche Veränderungen in Bewegung. Jetzt lebst du in höchster Integrität mit dem Leben selbst. Du hast einen hohen Bezug zum Heil-Sein, im Sinne von ganz und vollständig sein.

Um die Vollendung anzunehmen, ist es wichtig, dich selbst vervollständigen zu können und alle Aspekte deines Seins zu achten. In dieser Phase spielt Kunst und Kreativität oft eine wichtige Rolle für Unternehmer*innen und sichtbare Erfolgsfrauen. Denn die Schönheit, Ästhetik und der individuelle Ausdruck von Schöpfung sind Themen, die in der Vollendungsphase Raum einnehmen. Die Makellosigkeit und Vollkommenheit erkennst du besonders in der Natur und wirst vielleicht selbst malen oder künstlerisch tätig sein, einen Kreativplatz am Meer finden oder die Berge als Ort deiner Vervollständigung wählen. Du spürst: Deine gelebte Kreativität vervollständigt dich. Deshalb sind Zeiten des kreativen Seins in dieser Phase wichtig. Sie entspricht der menschlichen Entwicklung im Alter über 60 Jahre bis hin zum Tod.

Viele Unternehmer*innen kümmern sich in diesem Zyklusabschnitt darum, dass ihr Unternehmen schön gestaltet wird und hängen Kunstwerke im Firmengebäude auf, weil sie die Bedeutung der Kunst für den Schaffensgeist der Mitarbeiter*innen erkennen. Ebenso kommen Investments in Kunst oder Künstler*innen vor, um die Künste als gesellschaftliches Gut zu fördern und zu bewahren. Möglicherweise gründest du eine Stiftung zum Erhalt weiblicher Kunst oder investierst in künstlerische Darbietungen, zum Beispiel als Förderin von Theater, als Sponsorin bei Kulturveranstaltungen oder als Schirmherrin bei Verleihungen.

Hier ist deine Aufmerksamkeit für die Mysterien der Frauen gefragt, deren Bewahrerin du als weise Alte nun bist. Nimm das Erbe an und trage das heilige Arkanum weiter. Du bist durch den ganzen Prozess hindurchgegangen, hast deine innere Hexe und Heilige vereint, kennst die Geheimnisse von Geburt und Tod und verkörperst jetzt die Weisheit, weil du sie bist. Vielleicht wirkst du als große Heilerin, wirst als wissende Visionärin aufgesucht und nach deiner Meinung für Vorhaben gefragt, oder du bist die Beschützerin von weiblichem Kollektiv-Wissen. Du nimmst den Platz der Ältesten ein, ganz weltlich vielleicht im

Vorstand oder in einem Stiftungsrat. Du bist eine Meisterin und beherrschst jede Facette des Business und kennst darüber hinaus alle weiblichen Aspekte von Werden, Sein, Sterben und Wiedergebären. Dic Mysterien der Frauen zu bewahren, zu erhalten und zu schützen sind die Themen, die dich in dieser Phase viel beschäftigen.

Du bist dir jede Sekunde bewusst, dass alles auf Basis einer übergeordneten Ordnung geschieht. Verendet das eine Tier im Wald, dient es als zur Erde gewordener Nährstoff den Pflanzen für ihr Wachstum und diese ist wiederum einem anderen Tier als Nahrung dienlich. Dieser Zyklus fließt allgegenwärtig wie Blut in deinen Adern und du hast den Kollektiv-Gedanken sowie die ewige Verbundenheit mit allem in dir manifestiert. Das beschert dir Frieden in dir und ist dein Kompass für den Frieden in der Welt. Du weißt, dass es Frieden nur in einem Zusammenwirken von Frauen und Männer geben kann und bist bereit, das deine dafür zu tun.

Du bist dir bewusst, dass sich jetzt der Kreis schließt und Platz für Neues gemacht wird. Vielleicht geschicht das ganz real und du beendest dein Business oder Teile daraus, um einen neuen, anderen Geschäftszweig zu starten. Möglicherweise hörst du als Geschäftsfrau im operativen Betrieb auf und ziehst dich in den Vorstand zurück. Du überlässt der nachfolgenden Generation dein Unternehmen. Erben und Vererben, Unternehmensnachfolge, Ablöse sind Themen, die in der Phase der Vollendung anstehen. Es geht um Verabschiedung oder Fertigstellung, darum, etwas ganz sein oder werden lassen zu können und zugleich einen würdevollen Abschied zu vollziehen. Manchmal geht es auch um Disruption, also um das schöpferische Zerstören bestehender Strukturen, damit sich vollkommen Neues entwickeln kann. Dabei bleibt zwar das Unternehmen an sich bestehen, doch es wird in seinen Grundfugen komplett umgeworfen, erneuert und frisch ausgerichtet.

Du nimmst dich jetzt als Meisterin an und weißt, dass dieses Business oder dieser Unternehmensabschnitt vollendet werden muss, um aus der dann folgenden Leere Neues erwachsen zu lassen. So kann der Zyklus von vorne beginnen. Die drei großen W sind auf dem Weg zur Vollendung deine Begleiterinnen: Wahrhaftigkeit, Weisheit und Würde.

Herausforderung

- Loslassen

Eine der schwierigsten Herausforderungen in dieser Phase ist das Loslassen. Manch eine*r möchte gar nicht loslassen und immer weiter machen, auch wenn es längst an der Zeit ist, aufzuhören. Du möchtest einfach nicht, dass es „vorbei ist“. Das kann sich auf dein Business insgesamt beziehen, auf ein Projekt, auf eine Zusammenarbeit mit Partner*innen oder auf eine Produktreihe, die du zugunsten einer neuen einstellst. Der Abschied fällt schwer, weil du Angst hast, dich dann wertlos zu fühlen, allein zu sein oder zu sterben. Viele machen in dieser Phase Stress, verursachen Streitigkeiten und säen Zwist. Es ist leichter, zu gehen und loszulassen, wenn du wütend bist, als dich den unangenehmen Gefühlen zu stellen, wie beispielsweise Traurigkeit oder Leere.
Nicht bewusst loslassen zu können, kann jedoch auch bedeuten, etwas zu früh gehen zu lassen, was noch gar nicht vollendet ist. Wenn du die Kraft des würdevollen Beendens nicht schätzt, verleugnest du das Göttliche. Erkenne den Tod als Teil des Lebens an.
Für beide Kämpfe ums Loslassen, gilt: Sei gnädig mit dir! Einwilligung führt zur Gnade.

- Souveränität

Die andere Art, wie sich deine mangelnde Einwilligung zum Loslassen äußern kann, ist für deine Umwelt meist anstrengend: Du mischst dich überall ein, kannst andere nicht ihre Erfahrungen machen lassen und redest ständig dazwischen. Alles besser zu wissen, ist typisch für diese Phase. Schließlich weißt du ja auch wirklich viel! Deine ständige Besserwisserei kann den laufenden

Geschäftsbetrieb allerdings stark hindern, vor allem dann, wenn du die meisten operativen Angelegenheiten schon abgegeben hast. Viele Prozessabläufe wirst du gar nicht mehr genau genug kennen, um fundierte Entscheidungen treffen zu können.
Die unangenehme Seite der Diva tritt hier in Erscheinung. Jene, die sich auf arrogante Weise in ihrem Ruhm sonnt, Eitelkeiten an den Tag legt und anderen auf die Nerven geht, anstatt die souveräne weise Alte zu sein. Eifersucht auf die jüngere Generation und auf all die, die ihr Business-Wachstum noch vor sich haben, kann jetzt ebenso auftreten. Du hast Angst, zum „alten Eisen“ zu gehören und in die Ecke gestellt zu werden und erkennst nicht, dass es – wie immer – an dir liegt, was du aus deinem Leben und deiner Position im Unternehmen machst.

- Verabschieden

Eine andere Gefahr in der Vollendungsphase ist, dass du Frieden mit Aufgeben verwechselst. Weil du dich vielleicht in deinem eigenen Unternehmen ausgeschlossen fühlst, bringst du keine kreativen Ideen mehr ein, setzt dich nicht mehr für deine Visionen ein und gibst dich und dein Business auf. Es ist ein Unterschied, ob du würdevoll den Abschied zelebrierst oder einfach hinschmeißt.
Den Anforderungen einer Autorität und Würdenträgerin für das Frauen-Kollektiv sind obendrein nicht alle Frauen gewachsen und lehnen diese ab. Sie geben an dieser Stelle auf. Das ist legitim, denn du hast in deinem Leben viel erreicht. Es kann auch eine Entscheidung sein, keine Vollendung zu vollziehen und dich nur deinem Reichtum hinzugeben.

Erfolgsverhinderinnen

Scham – die Zurückhaltende
Neid – die Eifersüchtige
Show – die Drama-Queen
Verleugnung – die Kleine
Schatten des weiblichen Kollektivs

Inspirationen und Tipps

❖ Bewahre die Mysterien

Du bist die alte Weise, die Spinnerin, die Märchenerzählerin, welche die Geschichten und Erfahrungen der Frauen zusammenhält, hütet und weitergibt. Du kannst Frauen in ihrer Business-Initiation führen oder deine Nachfolger*innen einweihen. Dies ist die Phase, in der du neben Kraft und Macht auch Güte und Weisheit an deiner Seite hast. Dein schamanisches und/oder spirituelles Wissen ist jetzt groß und es ist deine Aufgabe, es weiterzugeben. Vielleicht bietest du Fortbildungen an oder stehst jüngeren, unerfahrenen Frauen beratend zur Seite, wirkst als Investorin oder Business-Angel. Ebenso ist es denkbar, dass du ein Buch schreibst oder deine Memoiren veröffentlichst. Du schöpfst aus deiner Lebenserfahrung und filterst die Essenz heraus, kannst vorhersehen, was kommt, weil du den Business-Zyklus sehr genau kennst und zudem eine exzellente, geschulte Intuition hast. Auch als Zeitreisende ist so manche Frau in der Vollendungsphase des Zyklus souverän zwischen den Zeiten unterwegs. Während andere dich bewundern, dass du das Seminar genau auf den Vollmond geplant hast, hast du gar keinen Kalender zurate gezogen, sondern nur deinem Instinkt vertraut.

❖ Ehre deine Weisheit

Deine Weisheit besteht nicht nur aus deinem Know-how, obwohl allein dein praktisches Wissen Gold wert ist. Du weißt, wie ein Business funktioniert, wie du dauerhaft reich und erfolgreich wirst und welche Veränderungen du in die Wege leiten kannst. Ehre dies, denn kaum eine Frau geht einen so weiten Weg wie du! Vielleicht erhältst du in der letzten Zyklusphase tatsächlich eine Auszeichnung und wirst für dein Lebenswerk und deine Weisheit geehrt. Dein Verantwortungsbewusstsein für die Welt und deine Bewusstheit über die Endlichkeit des Lebens, dein Wissen, wann etwas zu Ende ist, ein Zyklus sich schließt bei gleichzeitiger Bereitschaft für die Neugeburt, zeichnen dich jetzt ebenso aus. Nimm die Anerkennung, die du dafür von anderen bekommst, entgegen und würdige die Wertschätzung, die dir andere jetzt für deine Fähigkeiten und Befähigungen erbringen. Den Tod (der an dieser Stelle nicht real sein muss, sondern sich auf dein Business oder Teile innerhalb dessen bezieht!) und den Abschied anzunehmen, ihn zu ehren und eine Würdigung des Erschaffenen auszusprechen, ist Teil dessen, was jetzt zu tun ist. Sei dankbar für das, was war, und spüre den Reichtum, den es dir beschert. Sieh die Vollendung als Erfüllung an, die sich dir jetzt in ihrer Größe und Schönheit offenbart. Nur, wenn du erfüllt sterben kannst, kannst du erfüllt leben.

❖ Erkenne dich als Heilerin an

Auch wenn du nicht als Ärztin, Heilpraktikerin, Therapeutin oder Medizinfrau wirkst: Du tust jeden Tag Heilendes und Heilsames. Für einzelne und vor allem für das Frauen-Kollektiv. Jeder Heilungsschritt, den du für dich selbst gegangen bist und als weise Hohepriesterin gehst, ist für viele Frauen ein heilsamer Akt. Weise Frauen wie du, die in der Transformationsspirale die Vollendungsphase erreicht haben, erkennen die volle Wahrheit an, die lautet, dass jede Frau eine Heilerin ist. In dir vereint sich jetzt das Verständnis und Erkennen des gesamten Kosmos, in dem Männer und Frauen eins sind und es keine Trennung zwischen den Geschlechtern und Wesen gibt. Heil sein heißt ganz sein. Auf dieser Bewusstseinsebene erkennst du dich als Heilerin an, die Ganzheit bringt und das heilige Feuer des Lebens hütet.[43]

❖ Dein künstlerischer Ausdruck

Kreativität ist ein wichtiger Aspekt in der letzten Zyklusphase. Denn sie zeigt dir den Weg in den nächsten Zyklus. Alles beginnt wieder von vorne und dein kreatives Schaffen ist eine Möglichkeit, in die Transformation einzuwilligen. Vollenden und erschaf-

---

[43] Noble, 1991, S. 81

fen liegen nur einen Schritt voneinander entfernt. Dazwischen liegt die Kunst. Das Künstlerisch-Kreative schenkt dir Freiheit und die Chance, über dich selbst hinaus zu wachsen. Ein Kunstwerk bleibt bestehen, auch dann, wenn der Körper vergänglich ist. Die Kunst stellt den Kontakt zur Ewigkeit her. Sie zeigt den Menschen nach dir, was dich bewegt hat, wie du gelebt hast und welche Themen dir wichtig waren.
Wenn du nicht zur bildschaffenden Künstlerin wirst, kannst du deine Kreativität auch auf andere Art ausdrücken: schreiben, singen, tanzen, bildhauen, musizieren, Theater spielen, Performance sind nur einige Varianten für deinen künstlerischen Ausdruck. Es ist jetzt wichtig, dass du im Kontakt mit der Kunst bleibst, um deinen Geist zu befreien und in den Erschaffungsprozess zu führen, damit er nicht in der Vollendung als Endpunkt stecken bleibt. Beschäftige dich mit Kunst und Künstler*innen, um dir den Zugang zu deiner Schaffensenergie zu bewahren und dich mit deinem Selbstausdruck zu verbinden.

Symbol

- Lemniskate

Das Unendlichkeitszeichen (Lemniskate) wird auch als liegende Acht bezeichnet. Es symbolisiert wie kein anderes Zeichen, dass alles wieder und wieder von vorne beginnt und du im Kreislauf von Leben und Tod stets nur eine neue Schleife drehst. In der Mitte vereint und kreuzt sich alles. Dort ist der Mittelpunkt, der für die Geburt steht.

Pflanze

- Eichenmoos

Mit dem Eichenmoos, das als Flechte an Eichen wächst und in orientalische Parfums als Moosduftstoff eingesetzt wird, holst du einen Begleiter für die Transformation und das Loslassen zu dir. Du kannst das getrocknete Eichenmoos verräuchern, um vertrauensvoll und geerdet den Abschied zu zelebrieren und den Übergang in einen neuen Zyklus somit leichter zu bewältigen.[44]

Mystische Energien und Göttinnen

- Die Alte

In der 7. Phase ist die weise Alte, wie sie in vielen Tarots oder Kartensets vorkommt, ein treffender Archetypus, mit dem du gehen kannst, um Weisheit zu kultivieren und würdevolle Verabschiedung vorzunehmen. Sie kennt Methoden, mit denen du schnell aus Zuständen oder erstarrten Haltungen herausgehen kannst, die dir nicht gut tun.[45] Beschäftige dich mit der weisen Alten! Übrigens musst du nicht alt sein, um weise zu sein. Die Weise als einer deiner Anteile in dir als Frau lädt dich ein, Gelassenheit und Weitsicht zu kultivieren und aus deiner Erfahrung, deinem Wissen und deinem Angebundensein ans Frauen-Kollektiv zu schöpfen.

- Amethyst

Der Edelstein Amethyst kann – als Schmuckstein getragen oder als Trommelstein in Wasser gelegt – dabei unterstützen, dass du die nun anstehende Umwandlung leicht vollziehen kannst.[46]

Krafttier

- Fledermaus

Die Fledermaus ist ein Symboltier für das Jenseits, den Tod und die Wiedergeburt. Mit ihrer Kopf-über-Haltung stellt sie Gewohntes auf den Kopf und erinnert dich daran, dass nichts bleibt, wie es ist und war. Sie erzählt dir von der Notwendigkeit, dich von Altem zu trennen, weil dieses nicht mehr zu den Anfängen der neuen Entwicklung passt.[47] Verweigere dich nicht, sondern wil-

[44] Riederer, (abgerufen am: 25.03.2019)

[45] Holitzka, 2012, S. 189-191

[46] Hofmann, 1992, S. 18-19

[47] Sams/Carson, 1992, S. 223-225

lige in den Kreislauf aus Werden, Geburt, Sein, Sterben und Wiedergeboren-Werden ein. Mit der Fledermaus an deiner Seite flatterst du leicht durch diesen Transformationsprozess.

Öffnende Fragen

Was möchte in der Phase Vollendung wertgeschätzt, angesehen und erkannt werden?

....

....

....

....

Welche Energien blockieren dich (noch)?

....

....

Wie kannst du in das, was geschehen will, einwilligen?

....

....

Was brauchst du, damit du diese Phase so transformieren kannst, dass ein neuer Zyklus zum Leben erwachen kann?

....

....

| Erfolgsverhinderinnen

Erfolgsverhinderinnen sind all die Anteile in dir, die sich als scheinbare Hindernisse zeigen, wenn du auf deinem Erfolgsweg bist. Je nach Zyklusphase können bestimmte Verhinderinnen besonders stark auftreten. Ich habe dir hier eine Übersicht mit den entsprechenden Zuordnungen erstellt. All diese Widerstandsfacetten kann es jedoch in jeder Phase und manchmal sogar mehrfach in einem Zyklusbereich geben.

Zuordnung zu den Zyklusphasen

Angst – die Furchtsame
1 | 2 | 4
Manipulation – die Ohnmächtige
2 | 3 | 5 | 6
Scham – die Zurückhaltende
3 | 4 | 7
Schuld – die Perfekte
1 | 4
Neid – die Eifersüchtige
3 | 7
Zertifikatswahnsinn – die Gewissenhafte
1
Show – die Drama-Queen
3 | 6 | 7
Kreativität – die Chaos-Lady
1 | 2
Verleugnung – die Kleine
2 | 4 | 5 | 7
Schatten des weiblichen Kollektivs
4 | 5 | 6 | 7

1 = Planung | 2 = Gründung | 3 = Wachstum | 4 = Optimierung | 5 = Fülle | 6 = Reichtum | 7 = Vollendung

Ziel der Erfolgsverhinderinnen ist es, auf sich aufmerksam zu machen, um dich den nächsten Schritt in den Erfolg nicht gehen zu lassen, bevor du dich nicht um sie gekümmert hast. Denn, wie schon erwähnt, bedeutet Erfolg zu haben auch, Macht zu haben. Hast du eine sehr gute Anbindung ans Leben, ans Universum und an deine Intuition, zeigt dir diese deutlich, dass du noch etwas zu lösen hast, bevor du stärker in deine Macht gehen kannst. Du bist als Frau klug und spürig, sodass du auf diese Signale hörst. Viele Menschen ignorieren ihre Erfolgsverhinderer und richten Verheerendes in der Welt an, weil sie nicht gelernt haben, sich auf die Macht vorzubereiten. Sind sie dann in einer Machtposition, missbrauchen sie diese für eigene Zwecke und richten die Welt damit Stück für Stück zugrunde.
Wenn du wach und bewusst lebst, wirst du deine Erfolgs- und Sichtbarkeitsverhinderinnen wahrnehmen. Sie sind die Schatten, die hervorkommen, wenn du dein inneres Leuchten zeigst. Du magst sie im ersten Moment als unangenehm und blockierend empfinden. Wenn du jedoch weißt, dass sie einen guten Zweck erfüllen, nämlich dich der Befähigung zum Macht-Gebrauch näher zu bringen, wird es dich freuen, wenn sie auftauchen. Du verstehst dann, warum es sie gibt.
Manche Erfolgsverhinderinnen kommen als Glaubenssätze in dein Leben und vielleicht hast du schon viel getan, um sie zu lösen. Sie können sehr hartnäckig sein, weil sie darauf bestehen, dass du sie wirklich grundlegend transformierst und diese Transformation stabil ist und den Anforderungen auf dem Erfolgsweg standhält. Deine Lebensgeschichte ist einzigartig, doch die Ängste und Glaubenssätze, die sich daraus gebildet haben, kennen viele Frauen. Sie entwickeln sich häufig aus kollektiv Erlebtem, das tief in der Geschichte aller Frauen verwurzelt ist. Auch in deiner. Deshalb entstammen einige deiner Glaubenssätze dem Frauen-Kollektiv und nicht (nur) deiner individuellen Geschichte. Alles, was du an diesen Stellen heilst, heilst du somit nicht nur für dich, sondern für viele Frauen.

Die wichtigsten Erfolgsverhinderinnen mitsamt ihren Glaubenssätzen nehme ich nachfolgend unter die Lupe. Ich zeige dir, was dahinter steckt und wie du sie enttarnst. Ebenso biete ich dir Inspirationen, wie du mit ihnen umgehen und was du wählen kannst, anstatt dich den Verhinderungsblockaden zu ergeben. Bevor ich auf die individuellen Erfolgsverhinderinnen eingehe, stelle ich dir hier vier Schritte vor, die du bei allen blockierenden Energien, bei jeder Selbstsabotage und bei jedem auftretenden Glaubenssatz anwenden kannst:

Schritt 1: Annehmen.

Nimm an, dein Glaubenssatz stimmt. Gehe davon aus, dass das, was dir diese innere Stimme gerade flüstert, richtig ist. Das Erste, was du tun kannst, wenn ein massiver Verhinderer auftritt, ist, gewahr zu sein, was *ist*, statt in den Widerstand zu gehen und die Blockade entfernen zu wollen. Erlaube dir, zu fühlen, dass der innere Satz oder die Blockade stimmen und nimm sie somit ernst. Dann ergänze den Satz um den Funken der Selbstliebe und gehe ins Fühlen.

Statt zu sagen „Ich bekomme keine neuen Kund*innen und das ist ein Glaubenssatz und den will ich gar nicht haben …“, sage dir:

"Ich bekomme keine neuen Kund*innen – und ich liebe mich, wenn ich keine neuen Kund*innen bekomme."

Mach das solange, sage dir solange, spüre solange rein, bis sich etwas in dir entspannt. Bis du dich annehmen kannst und dich wirklich lieb hast! Versuche also nicht, etwas zu ändern, sondern im Gegenteil: Lass den Satz sogar richtig groß werden, um ihn voll zu fühlen und dich genau damit lieb zu haben.

Schritt 2: Den Vorteil erkennen.

Das Zweite, wozu ich dir rate, ist, anstatt nach dem „Warum ist das so?“ nach dem Vorteil zu fragen. Statt: „Warum habe ich keine neuen Kund*innen?“, besser: "Was ist der Vorteil daran, wenn ich keine neuen Kund*innen bekomme?"

Solange du einen Vorteil davon hast und nicht weißt, wie du diesen auf andere ("gesunde") Weise herbeiführen kannst, wirst du das Muster immer wieder reproduzieren. Sei gnadenlos ehrlich zu dir und schau dir an, was der Vorteil in dieser Situation für dich ist.
Im Beispiel von „keine neuen Kund*innen bekommen“ kann es sein, dass es dir Stress macht, dich auf neue Menschen einzulassen und du viel lieber mit Bestandskund*innen arbeitest, diese jetzt aber sterben, wegziehen oder keinen Bedarf mehr haben. Wenn dir neue Menschen eher Angst als Freude machen, wird dein inneres System alles dafür tun, dass du keine neuen Kund*innen kriegst. Setze also bei der Angst vor Neuem an und löse diese auf!

Schritt 3: Perspektivwechsel.

Um dem Vorteil auf die Schliche zu kommen, hilft ein Perspektivwechsel. Das meine ich sehr real: Setze dich irgendwohin, wo du sonst nie sitzt, um über die Frage des Vorteils in der erfolgsverhindernden Situation nachzudenken, beispielsweise auf den Küchenboden. Oder setze dich angezogen in die Dusche. Mach einen Kopfstand oder geh rückwärts durch den Park und denk über den Vorteil nach. Geh an einen Ort, wo du sonst nie über solche Fragen nachdenkst: In ein Möbelhaus und leg dich dort in ein Bett oder in den Wald und umarme einen Baum. Verkrieche dich unter eine Bettdecke oder bau dir eine Höhle aus Decken, wie früher als Kind, und so weiter. Geh spielerisch dran! Verändere die Perspektive – ganz real.
Frage dich an dem neuen Ort „Was ist der Vorteil daran, dass ...?“ und erlaube dir, alle Antworten kommen zu lassen. Je verrückter der andere Ort ist, umso schneller kommt in der Regel die Erkenntnis. Schau dich an dem jeweiligen Ort um und lass dich inspirieren. Mach im Bad das Wasser an und lausche. Schau in den Spiegel und frage dich: „Möchte ich wirklich keine neuen Kund*innen? Was ist mein Vorteil daran?“

Schritt 4: Das Bedürfnis adäquat erfüllen.

Wenn du weißt, was der Vorteil ist, dann überlege dir, wie du dir diesen Vorteil auf einem anderen Weg verschaffen kannst. Nehmen wir an, der Vorteil ist, dass du dich mit Bestandskund*innen sicherer fühlst als mit Neukund*innen. Deshalb wehrst du dich gegen neue Kund*innen, denn der Sicherheitsanteil in dir möchte nichts Neues. Finde einen anderen Weg, um dein Sicherheitsbedürfnis zu decken, als auf Neukund*innen zu verzichten. Es wird sich sonst ewig auf die gleiche Weise Befriedigung verschaffen, weil dieser Weg ja (aus Sicht des Sicherheitsbedürfnisses) "funktioniert". Dein Erfolg wird durch solch ein unerlöstes Muster blockiert, bis du diesen Schatten angenommen hast. Dein System macht dich sozusagen darauf aufmerksam, dass dein Sicherheitsbedürfnis sehr hoch ist und du nicht adäquat dafür sorgst, dieses Bedürfnis zu stillen. Im Moment ist der Vorteil, den dir dein Erfolgsverhinderungsmuster verschafft, Sicherheit. Überlege dir, was du tun kannst, um dich sicherer zu fühlen und setze das um.

Auf diese Art kannst du alle Glaubenssätze und Sabotageakteure dauerhaft in die Transformation und Heilung bringen. Denn mit diesen vier Schritten nimmst du dich und dein System ernst. Du schaust dir an, was du wahrhaftig brauchst und wie du eine Alternative zu diesem bisherigen Muster erschaffen kannst. Jegliches "Ich muss etwas verändern!" erzeugt Druck und Widerstand im System. Annehmen und Erschaffen sind hingegen sehr kreative Vorgänge und deshalb dauerhaft wirkungsvoll. Sie erzeugen echte Transformation, weil du etwas verinnerlichst und nicht etwas ausschließt.

Der Vorgang des aktiven Hervorbringens ist dabei besonders wichtig. Anders ausgedrückt: Es hilft dir wenig, wenn dir eine andere Person die Lösung präsentiert. Gehst du nicht in die Eigenverantwortung und verweigerst du dich der eigenständigen Kreation einer erlösenden Handlung, wird sich das Hindernis immer wieder bemerkbar machen. Solange, bis du es hörst, an-

nimmst und das Bedürfnis dahinter erkennst und befriedigst. Tust du das nicht, wird sich dein Erfolg nicht in die nächste Phase weiterentwickeln – zu deinem eigenen Schutz und zum Schutz der Welt. Oftmals entstehen dann scheinbar unlösbare Probleme. Dabei kann auf deinem Erfolgsweg alles ein unlösbares Problem werden – oder eine Herausforderung oder ein Geschenk. Es ist eine Frage des Blickwinkels.
Kinder sind wundervolle Lehrmeister*innen. So habe ich einmal einen kleinen Jungen beobachtet, der gerade laufen konnte. Er ging an der Hand zwischen Mutter und Vater und hatte große Freude daran, dieses neue Erleben „laufen“ zu genießen und auszukosten. Plötzlich fing er an, zu grummeln, zu jammern und wollte nicht mehr weiterlaufen. Die Eltern setzten sich mit ihm auf eine Bank und nahmen ihn auf den Schoß. Das Jammern hörte sofort auf. Weil ihm Laufen ja Spaß machte, rutschte er von Papas Knien herunter auf die Erde. Kaum stand er, jammerte er wieder. Die Eltern nahmen ihn wieder hoch. Sobald sie ihn hinstellten, klagte er. Die Eltern wussten sich keinen Rat. Da ließ er sich auf den Hosenboden fallen. Langsam zog er sich an der Bank hoch und probierte, auf einem Bein zu stehen. In seinem Gesicht war deutlich abzulesen, dass es unangenehm war, wenn er den linken Fuß auf den Boden stellte. Er fing an, mit dem Fuß hin und her zu rollen, das Gesicht zeigte Unbehagen und Freude in schnellem Wechsel. Neugier und Spaß mischten sich dazu, bis er schließlich an den Gummistiefelchen zerrte, die er trug. Da haben die Eltern reagiert und ihm den Stiefel ausgezogen und ein Steinchen herausgeholt.
Warum ich dir diese Geschichte erzähle? Du kannst ewig warten, bis deine Eltern (dein*e Partner*in, die Freund*innen, dein*e Coach*in oder dein*e Mentor*in) dir helfen und eine Lösung für dich finden. Du kannst ewig mit Schmerzen und dem Stein im Schuh herumlaufen. Du kannst jedoch auch einfach etwas anderes machen und neugierig ausprobieren, was denn mit dem Stein alles geht. Wie es sich anfühlt, wenn du dich hinsetzt, hinlegst, die Zehen rollst und so weiter. Übernimm Verantwortung,

was mit dem Problem geschieht! Nicht die anderen tun etwas. Du tust etwas mit dem Stein. Spiel damit. Nimm andere Positionen ein. Wie willst du eine andere Lösung finden, wenn du immer das Glciche tust?
Wenn dein Erfolgssaboteur dir eine schier unlösbare Herausforderung geschickt hat, wirst du eine schier unauffindbare Lösung erschaffen dürfen! Als Erfolgsfrau ist die Fähigkeit wichtig, mit Problemen und Herausforderungen umgehen zu können und diese als Geschenk anzusehen – egal, wie unlösbar sie scheinen. Kreative Lösungen zu finden, ist eine Eigenschaft, die eine erfolgreiche Selbstständige neben hoher Selbstreflexion und Ehrlichkeit zu sich selbst braucht. Gute Berater*innen und Begleiter*innen sind ebenfalls wichtig, weshalb du dir bei hartnäckigen und großen Erfolgsverhinderinnen am besten Unterstützung holst.

Angst – die Furchtsame

Phase 1 | Phase 2 | Phase 4

Die Angst, die dich zur Furchtsamen werden lässt und die deine Sichtbarkeit verhindert, ist mächtig. Sie kann so stark werden, dass dein Business vollkommen zum Erliegen kommt. Bist du im Angstmodus und taucht sie als Erfolgsverhinderin auf, kann sich das wie folgt äußern:
Du bist unsicher.
Du denkst, alle können viel mehr als du, und zeigst dich nicht.
Du fürchtest, zu versagen oder ausgelacht zu werden.
Du hast eine irrationale Todesangst. Diese kommt gerade im Zusammenhang mit dem Zeigen deiner intuitiven Gaben häufig vor, denn sie ist alt und in deinem kollektiven Gedächtnis verankert.
Du zitterst.
Du hast einen Blackout.
Du scheust dich davor, irgendetwas zu tun, weil es falsch sein könnte, und tust nichts.
Du bist dauernd müde, wenn es um dein Business geht.
Du bist gelähmt.
Du blockierst dein Businesswachstum.
Du hast Angst vor Geld und lehnst es innerlich ab.
Ängstlich zu sein und Furcht zu empfinden, kann sich auf viele Arten ausdrücken. Fast immer lähmt Angst, schwächt dich oder macht dich kraft- und energielos. Angst gibt dir keine Power, sondern nimmt sie dir.
Biologisch bedingt haben Frauen mehr Angst als Männer. Hirnforscher haben herausgefunden, dass der Cortisolspiegel bei Frauen höher ist als bei Männern, weil ihr Testosterongehalt geringer ist.[48] Testosteron hemmt nämlich die Cortisolproduktion.

---

[48] König, Mareike: Das unterscheidet Männer- und Frauenhirne wirklich, 2017. Unter: https://www.welt.de/gesundheit/psychologie/article168121456/Das-unterscheidet-Maenner-und-Frauenhirne-wirklich.html (abgerufen am: 27.03.2019)

Verstärkung durch andere. Denn in der Regel ist mein Publikum wohlwollend und sein Verständnis unterstützt mich. Das macht die Angst kleiner.
„Ich bin Stärke." lautet der Leitsatz, also die Kraft, in die dich das Leben führt, wenn du die Angst transformiert oder sie auf gute Weise in dein Leben integriert hast.

Transformation

Ich bin Stärke.

Krafttier

- Hase

Der Hase bringt dich mit der Angst in echten Kontakt. Er holt dich aus der Lähmung in das Erspüren der Angst und in die Konfrontation mit ihr.[49] Damit beginnt ein Prozess, in dem du dich entscheiden kannst, von welcher Angst du dich befreien möchtest oder wie du die Angst handhaben willst. Eine Ruhephase in deinem Bau, in der du dir deinen Umgang mit Ängsten bewusst anschauen kannst, tut gut, sagt dir der Hase.

---

[49] Sams/Carson, 1992, S. 171-173

Öffnende Fragen

Welche aktuelle Angst schränkt deinen Erfolgsweg ein?

....

....

Wovor hast du im Moment Angst, wenn es um deine Selbstständigkeit oder um dein Unternehmen geht?

....

....

Wie kannst du deine Angst würdigen?

....

....

Welchen Deal kannst du mit deiner Angst machen?

....

....

Manipulation – die Ohnmächtige

Phase 2 | Phase 3 | Phase 5 | Phase 6

Eine sehr starke Erfolgsverhinderin – zusammen mit der Schuld sogar die stärkste – ist die Ohnmächtige. Sie verweigert ihre Macht, weil sie nicht manipulieren will und Manipulation ablehnt. Allzu gut kennt sie den Machtmissbrauch, die Grenzüberschreitung und die Auswirkungen von schädigender Manipulation. Dabei vergisst sie allerdings, dass „manipulieren" im Ursprungssinn bedeutet, zu „lenken" und zu „steuern". Die meisten Menschen assoziieren mit Manipulation sofort etwas Schlechtes und Negatives. An sich bedeutet Manipulation jedoch nicht, dass dies über die Grenzen von jemandem geht, sondern lediglich, dass Einfluss geltend gemacht wird und Steuerung stattfindet.

Wir werden täglich manipuliert.

Wir manipulieren täglich.

Wir werden täglich von Macht gelenkt.

Wir lenken täglich durch unsere Macht.

Wir werden täglich beeinflusst.

Wir beeinflussen andere täglich.

Manipulation kann etwas Wundervolles, Schönes, Heilsames und Gutes sein. Es ist stets die Frage, *wie* du manipulierst, mit welcher Absicht und in welchem Bewusstsein. Ich beschäftige mich so stark mit Marketing und wie Werbung auf authentische Weise durchführbar ist, weil mein Wunsch ist, dass wir durch die Stadt gehen und uns erhebende Werbeplakate manipulieren, auf denen beispielsweise steht:

"Atme tief! Heute ist ein glücklicher Tag!"

Das wäre eine Manipulation, die den Menschen gut tut: Sie ans tiefe Atmen zu erinnern und daran, den Tag glücklich zu begehen. Jede Art von Marketing ist Beeinflussung. Als Businessfrau brauchst du Klarheit, um wirksames und gut-manipulierendes Marketing zu machen. Kraftvolle TV-Werbung, in der es ums

Stärken von Frieden geht, um die Entwicklung von Kunst, die unsere Kreativität beseelt, oder um inspirierende Gedanken statt um die neueste Kaffeemaschine, durch deren Kapselmüll wir die Umwelt vergiften, ist nur möglich, wenn du Manipulation als etwas Großartiges begreifst und annimmst. Ich wünsche mir, dass wir erkennen, dass Marketing eine Chance ist, um andere zu beeinflussen – und zwar zum Wohle aller. Wenn wir lernen, wie es geht, Marketing und Manipulation in vollem Bewusstsein der Liebe einzusetzen, können wir Großes bewegen. Wenn du den Platz im Marketing allerdings nicht einnimmst und wenn du deine Macht nicht nutzt, deine Fähigkeit zum Manipulieren nicht bestmöglich verwendest, dann tun es andere. Auf deren Manipulation hast du keinen Einfluss. Du hast jedoch Einfluss auf dein eigenes Marketing und auf deine Art der Manipulation.
Es ist gut, wenn dich dein System warnt und dir beim Thema Manipulation "Vorsicht!" zuruft. Dann wird es noch etwas geben, was du in diesem Bereich aufräumen, sortieren, ansehen und möglicherweise heilen darfst. Schau, was du in deiner Lebensgeschichte mit dem Thema "Manipulation und Macht" entdeckst und was du dort transformieren darfst. Nimm dir Zeit dafür. Das ist nichts, was du als To-do auf deiner Aufgabenliste erledigen kannst. Manchmal dauert es Jahre, bis du dieses große Thema für dich integriert hast und du gehst viele neue Runden, bis du mit deiner Macht vollends in Frieden bist.
Keine Businessfrau, die integer zu sich selbst ist, kommt am Thema "Macht" vorbei, wenn sie in ihre wahrc Größc und in dcn Erfolg geht. Besonders auf der energetischen Ebene musst du das Thema Macht, Manipulation und Größe tief klären, damit dein Business wirklich Erfolg hat. Ich verwende selten die Wörter „musst du“. Hier schon. Ohne dass unser Ego (weitestgehend) geheilt und satt ist, wird es gefährlich und zerstörerisch, mit Macht herumzuspielen. In dieser Welt gibt es sehr viele Politiker, die deshalb in der Politik sind, weil ihr Ego Bestätigung braucht. Plötzlich bekommen sie Macht und zetteln mit dieser Kraft Grausamkeiten, wie Kriege, an. Sie sind sich des Aus-

maßes ihrer Manipulation weder gewahr, noch handeln sie auf Basis einer inneren Führung zum Wohle aller. Sie wollen lediglich Applaus und Zuwendung und experimentieren dabei mit Macht und Manipulation gegenüber ganzen Völkern herum. Das ist gefährlich! Deshalb ist es gut, wenn dein System dich warnt und signalisiert:
"Schau genau hin: Gibt es noch etwas, was das Ego oder dein Mangel-Empfinden, dein ungesättigtes Kind in dir braucht, bevor du die volle Macht zum Wohle aller annimmst, sie nutzt und lebst? Wo ist noch Heilung und Transformation notwendig? Wo bist du mit dem Thema Macht noch nicht vollends integer?"
Schau dir das auf allen Ebenen an – nicht nur in der Jetzt-Zeit und in deinem Jetzt-Bewusstsein. Sondern auch im kollektiven Zusammenhang und in deiner ganzen Ahn*innenlinie. Auf energetischer Ebene hast du womöglich ein unerlöstes Macht-Thema in deinem Rucksack, das du von Generation zu Generation weiterschleppst. Wenn du dir dessen nicht bewusst bist und du es nicht auflöst, nicht wandelst und keine Heilung hineingibst, kann es dir passieren, dass dich dein kluges System nie in den Erfolg gehen lässt. Du bleibst immer arm oder im Mangel hängen. Weil du der Manipulation und der Macht, deren Schreckgespenst du vielleicht über Generationen hinweg in dir trägst, nicht ins Gesicht sehen willst. Vieles, was historisch im Namen der Gerechtigkeit geschehen ist, war brutal und grausam und möglicherweise hast du eine energetische Anhaftung in diesem Geschehen. Wenn du hier keine erlösende Liebe und Vergebung in deine Geschichte einbringst, werden dich diese Themen immer wieder einholen und dich am Reichtum hindern.
Die Angst vor Annahme der Macht und vor der wahren Größe ist an dieser Stelle eine sehr kluge Wächterin. Lausche ihr. Höre zu, welche Macht-Themen sich dir zeigen und welche transformiert werden wollen. Es ist notwendig, sich alle Anteile der Macht und des Machtmissbrauchs anzusehen, auch den, den jede in ihrem Leben begeht. Deine Herausforderung besteht darin, dich auch als die Täterin zu sehen und die Momente anzuerkennen, in de-

nen du nicht (nur) Opfer bist, sondern selbst die Grenzen anderer überschritten hast oder überschreitest. Schau dir die Situationen an, in denen du unbewusst manipulierst und andere zu deinem eigenen Vorteil beeinflusst. Dieses Verhalten entsteht, wenn wir uns nicht gewahr sind, was das Ego braucht und es ihm deshalb nicht adäquat geben. Du bist herausgefordert, die Verantwortung zu übernehmen und alles, was du tust und getan hast, aus dem Schatten ins Licht zu holen. Damit dein dir widerfahrener Machtmissbrauch gelöst werden kann und damit du heilen und in deine Macht gehen kannst. Damit du manipulieren darfst – würdig, aus deinem heiligen Herzensgrund heraus und zum Wohle der Menschheit.
Stellst du dich der Manipulation und der Ohnmächtigen in dir nicht, dann bist du besonders beeinflussbar. Es kann dir passieren, dass du mit dem Gift derer infiltriert wirst, die (noch) nicht aus einer höheren Absicht handeln. Oftmals sind es Energiesauger*innen oder Menschen, die dich ausnutzen. Das kann schleichend geschehen und du merkst kaum, dass und warum dich die Energie runterzieht. Dein Business stockt, du verdienst kaum Geld, du wirst krank, oft sogar chronisch, hast wenig Erfolg oder andere Manifestationen des ungelösten Macht-Themas treten auf.
Diesen ganzen Gefahren und Herausforderungen sind wir ständig ausgesetzt. Deshalb ist es umso wichtiger, exakt hinzuschauen, mit wem du deine Zeit verbringst, wer dich beeinflusst, wen du beeinflusst, wer dir Kraft gibt, wer sie dir entzieht, an wen du etwas geben willst, von wem du etwas nehmen möchtest. Suche dir Menschen aus, die in hohem Bewusstsein durch die Welt gehen und gehe förderliche Verbindungen ein. Sei achtsam, mit wem du dich verbindest! Alle Menschen, mit denen du dich umgibst, haben Einfluss auf dich. Entscheide weise, in welchem Feld du dich bewegen willst, von welchen Energien dieses geprägt ist und wer dieses Feld kreiert. Erschaffe dein eigenes Umfeld mit Menschen, mit denen du zusammen sein möchtest, die dir dienlich sind und denen du wahrhaftig dienlich sein kannst.

Umgib dich mit Menschen, die dich stärken, ehren und nähren und bei denen nicht (mehr) der Mangel im Vordergrund steht. Achte darauf, wer dich beeinflusst und wen du beeinflusst.
Dich ohnmächtig zu fühlen und zu verweigern, das du eine starke Manipulationskraft hast, äußert sich auf vielfältige Arten. Viele Frauen kreieren Zwickmühlen, sogenannte „aussichtslose Situationen". Sie manövrieren sich in etwas hinein und fühlen sich dem ausgeliefert, weil es ausweglos erscheint. Beispielhafte Aussagen, welche die Verweigerung der eigenen manipulierenden Kraft ausdrücken und die mir in der Begleitung selbstständiger Frauen begegnen, sind diese:
„Wenn ich den Brotjob (Teilzeitjob) aufgebe, hab ich kein Geld mehr. Der Brotjob laugt mich jedoch aus und ich habe nicht genug Kraft für mein selbstständiges Business."
„Frauen wurden immer unterdrückt, da kann man nichts machen. Ich versuch's ja, aber es geht nicht."
„Ich bin abhängig von meinem Mann. Ich brauche das Geld, um mein Business aufzubauen. Deshalb schluck ich alles, was er mir sagt, obwohl ich nicht so bin, wie er mich darstellt."
„Meinen Eltern (den Gemeindemitgliedern, den Freundinnen ...) kann ich nicht sagen, was ich mache und dass ich eine intuitiv handelnde Heilerin bin. Sie würden mich steinigen. Ich müsste hier wegziehen. Das geht aber nicht, weil ich diese Menschen brauche, zum Beispiel als Babysitter für mein Kind."
In all diesen Situationen fühlen sich Frauen ohnmächtig und ausgeliefert. Es tritt eine Erstarrung ein – bis hin zur totalen Hilflosigkeit und sehr oft bis zur Krankheit. Nicht angenommene, nicht gelöste und nicht gelebte Macht vergiftet dich zutiefst auf allen Ebenen: seelisch (deine Psyche leidet, du fühlst dich energielos bis hin zu depressiv), geistig (negative Gedanken beherrschen dich) und körperlich (du bist krank, hast beispielsweise Migräne, chronische Leiden, bis hin zu unheilbaren Krankheiten wie Krebs).
Deine Macht nicht anzunehmen und deine Machtgeschichte nicht aufzuräumen und dich stattdessen als Ohnmächtige zu

empfinden, kann sich auch so wie in diesen Beispielen zeigen:

❖ Beispiel 1

Du machst einen „Deal mit dem Teufel". Damit meine ich, du gehst faule Kompromisse ein oder vereinbarst mit anderen nichts Deutliches, machst keine klaren Absprachen, sondern lavierst dich in unklare Situationen, aus denen du dir einen Vorteil versprichst. Das führt zu Grenzüberschreitungen, Falschheit, Ausnutzen oder Ausgenutzt-Werden, Betrug und so weiter.

❖ Beispiel 2

Du spielst – statt dich selbst und dein Business ernst zu nehmen. Ständig flüchtest du, sobald es darum geht, mit Entschlossenheit deine Bedürfnisse zu erfüllen oder dich für dich einzusetzen. Du weichst aus, wenn es um den Schritt in die Freiheit und in deine Macht geht. Du gibst vor, Leichtigkeit zu wollen, weil du dich der Ernsthaftigkeit nicht stellen willst, welche die Themen Manipulation und Macht erfordern.

❖ Beispiel 3

Du lässt alles mit dir machen und opferst dich andauernd, weil du niemals Täterin werden willst. So versuchst du, der Manipulation, die du selbst ausüben könntest, zu entkommen, ohne wahrzunehmen, dass du oft selbst jemanden manipulierst.

❖ Beispiel 4

Du verführst andere ständig oder setzt sexuelle Verführung auf eine hinterlistige, verlogene Art ein, um deine Ziele zu erreichen statt machtvoll zu dem zu stehen, was du möchtest.

❖ Beispiel 5

Die Ohnmächtige kann sich auch als das dauernde Unschuldslamm zeigen, das alles mit sich machen lässt und mit dem alle Mitleid haben. In Wahrheit manipulierst du genau durch diese Rolle der scheinbar Unschuldigen alle und übst eine fiese Magie aus.

Enttarne dich selbst! Nimm die Verantwortung an und schau dir an, welche Machtaspekte du in dir ablehnst und warum du die Manipulation nicht als wundervolle Möglichkeit deines Selbstausdrucks aktiv einsetzt. Verwandle die Ohnmächtige in eine manipulativ Handelnde, die stets bestmöglich für alle mit Würde, aus der Liebe und mit hoher Entschlossenheit und Verantwortung agiert.

Transformation

Ich bin Macht.

Krafttier

- Löwe

Der Löwe berührt dich mit der Fähigkeit des kraftvollen Herrschens und führt dich zum Geheimnis der Macht. Er erinnert dich daran, dass Manipulation nur aus einer Absicht geschehen darf, die durch Anbindung an dein höheres Selbst entsteht.[50] Er ermutigt dich, dir deiner Kraft der Verantwortung gewahr zu sein, die du brauchst, um mächtig zu handeln.

[50] Haarkemper, Wiebke: Krafttier Löwe - Starker und mächtiger Herrscher, 2013. Unter: http://www.schamanische-krafttiere.de/krafttier-loewe.html (abgerufen am: 28.03.2019)

Öffnende Fragen

Welche Machtaspekte lehnst du ab?

....

....

Wo in deinem Business empfindest du Manipulation und wo manipulierst du selbst?

....

....

Was braucht die Ohnmächtige in dir, um ihre Macht würdevoll und voller Liebe anzunehmen und um Erfolg zu erlangen und zu leben?

....

....

Wie kannst du bestmöglich und verantwortungsbewusst manipulieren?

....

Scham – die Zurückhaltende

Phase 3 | Phase 4 | Phase 7

Scham führt zu Zurückhaltung. Die Zurückhaltende ist das verunsicherte Kind in uns, das glaubt, es wäre nichts wert oder es wäre falsch, nur, weil es emotional reagiert. Das Schamgefühl entsteht etwa ab dem zweiten Lebensjahr, also noch zu einem Zeitpunkt, in dem Kinder sich sprachlich nicht oder nicht hinreichend ausdrücken können. Scham findet stark auf der emotionalen und körperlichen Ebene statt. Durch den Körper artikuliert sich die Scham: weinen, rot werden, Hitzegefühl, Schultern zusammenziehen, Beine übereinanderschlagen und so weiter. Wurde der Scham im Kindesalter nicht die Liebe und das Verständnis der Mutter zur Seite gestellt, kann aus einem vorübergehend auftretenden Schamgefühl ein überzogenes, chronisches entstanden sein. Dieses vergiftet das eigene Selbstwertgefühl und kann schlimmstenfalls dazu führen, dass du all deine Emotionen zurückhältst.

Kinder lernen sozusagen von Anfang an, sich unsichtbar zu machen. Schritt für Schritt werden sie regelrecht in die Unsichtbarkeit hineinerzogen – früher noch massiver als heutzutage. Als kleine Kinder haben wir uns so gezeigt, wie wir sind, und frei heraus gesagt, was wir denken. Wir wurden in dieser Ehrlichkeit nicht ernst genommen oder korrigiert.

Bei Verwandtschaftstreffen sagte das Kind beispielsweise:

„Onkel Rüdiger stinkt!“

Eltern, die sich oft stellvertretend für das Kind schämen, das nichts anderes tut als das Offensichtliche – das Sichtbare – auszusprechen, antworteten dann meistens so oder so ähnlich:

„Der Onkel Rüdiger riecht heute nur ein bisschen komisch.“

Das verunsichert Kinder. Das Kind nimmt ja deutlich etwas anderes wahr. Es ist irritiert, wenn die eigene Wahrnehmung und das, was die Eltern sagen, nicht übereinstimmen. Wir geben an Kinder weiter, was wir selbst anerzogen bekommen haben:

„Das sagt man nicht. Das ist so nicht. Das gehört sich nicht."
Wir vermitteln das Schamgefühl, wenn unser Kind etwas sagt, was „nicht angebracht ist". Was dann geschieht, ist Folgendes: Das Kind schämt sich auch! Weil es spürt, dass es „etwas falsch gemacht hat". Es schämt sich oft nur, weil die Eltern sich schämen. Es übernimmt die Energie, die im Raum liegt. Seine intuitiven Fähigkeiten sind noch viel intensiver vorhanden als bei den meisten Erwachsenen. Es hat eine hohe Wahrnehmungsfähigkeit und die signalisiert ihm, dass es – obwohl es eindeutig riecht, dass Onkel Rüdiger stinkt – etwas falsch gemacht hat. Die Eltern lehnen das Kind in diesem Moment ab. Das Kind schämt sich. Diese Scham fühlt sich schrecklich an. Um aus dem Dilemma raus zu kommen und weder Ablehnung noch Scham zu fühlen, machen sich manche Kinder mit ihrer Wahrnehmung und Wahrheit vollends unsichtbar. Sie beschließen, nicht mehr zu zeigen und zu sagen, was sie spüren.

Scham ist ein Killer für Sichtbarkeit!

Als Businessfrau äußert sich diese toxische Scham dadurch, dass du keine Worte für das findest, was du ausdrücken willst, oder dich wie gelähmt fühlst, sobald es darum geht, dich sichtbar zu machen. Du kannst deine Gedanken nicht zielgerichtet steuern, sondern spürst lediglich ein diffuses „dich nicht zeigen wollen", ohne klar zu wissen, warum das so ist. Diese Situationen können ein Indiz für ein übersteigertes, nicht erlöstes Schamgefühl sein. Schamlos wird sprachlich übrigens gleichgesetzt mit unanständig, anrüchig und anstößig. Möglicherweise empfindest du es als unverschämt, wenn du dein eigenes Business in den Erfolg führen möchtest. Du hast das Gefühl, du machst etwas Unanständiges, wenn du voller Überzeugung für deine Selbstständigkeit einstehst und nimmst dich deshalb extrem zurück. Scham ist an dieser Stelle sehr wahrscheinlich die Erfolgsverhinderin, mit der du dich beschäftigen darfst.

Oft zeigt sich diese Blockade im Business auch so: Du traust dich nicht den Mund aufzumachen, obwohl du so viel zu sagen hättest. Du gehst nicht mit deinem Business an die Öffentlichkeit und dein Marketing ist klein, versteckt und leise. Die Scham in dir verhindert einen lauten Auftritt. Möglicherweise lehnst du Marketing völlig ab und schämst dich, weil du dein Marketing als viel zu übertrieben empfindest, obwohl du kaum etwas Werbendes tust. Bei anderen wertest du deren Marketingmaßnahmen schnell ab und urteilst über die Person, dass sie viel zu laut, zu obszön oder grenzenlos wäre. Hier begegnet dir deine eigene Scham als Erfolgsverhinderin und die Ablehnung, die du meist durch die Mutter erfahren hast, wenn du laut, „viel" und emotional stark warst.

Ein Klassiker, durch den sich übertriebene Scham äußert, ist die selbstständige Frau, die stets alles durchorganisiert, damit möglichst nichts schief geht. Nicht, weil sie perfekt sein will, wie bei der Erfolgsverhinderin „die Perfekte", bei der Schuld als Thema zugrunde liegt. Sondern sie möchte sich auf keinen Fall schämen und weicht der Peinlichkeit durch überzogene Fehlerlosigkeit aus. Wenn du dich darin wiedererkennst, ist es dir extrem unangenehm, wenn du deinen Kund*innen oder Klient*innen nicht helfen kannst oder wenn andere mit deiner Leistung nicht zufrieden sind. Völlig irrational schämst du dich vielleicht sogar, weil deine Kund*innen deine Rechnungen nicht pünktlich zahlen. Die Scham ist übergroß, weil du die Technik bei Videos nicht beherrschst oder von Facebook keine Ahnung hast, wo das doch „alle können". Du möchtest dich lieber gar nicht mit deinen Angeboten zeigen, als zu riskieren, dass du dich schämst oder etwas Peinliches passiert.

Frauen, deren Erfolgskillerin die Scham ist, wachsen meistens nicht wahrhaftig in ein erfüllendes Gefühl. Denn sie sind nicht bereit, in ihrem Business Fehler zu machen. Dadurch kommen sie kaum über die Optimierungsphase hinaus. Sie verlieren sich in Kleinigkeiten, um jedweder Peinlichkeit zu entgehen. Da du nur lernst, indem du ausprobierst, wird es im Business zahlreiche Fehler geben und unendlich viele peinliche Momente, die du erlebst. Willigst du in diese nicht ein, stagniert dein Business. Mit einer unerlösten Scham als Erfolgsverhinderin an deiner Seite wirst du dich ewig unfrei fühlen, weil du nicht einfach ausprobierst, was geschieht. Sondern du wägst stets vorher ab, ob du möglichst ausschließen kannst, dass etwas Unerwartetes und Peinliches passieren könnte. Das kann dazu führen, dass du keine Entscheidungen treffen kannst. Oder dass deine Entscheidungen zu lange dauern, sodass sich längst alles entwickelt hat, weil du zu lange auf der Stelle getreten bist – aus Angst davor, dass deine Entscheidung dich einer beschämenden Situation aussetzen hätte können. Die Zurückhaltende geht oftmals einen Schritt vor und wieder zwei zurück, wenn sie einen Fehler gemacht hat. Diese Knechtschaft durch deine Scham verhindert Wachstum im Business.

Frag deine Scham, was sie braucht, damit du dich unverschämt und schamlos zeigen kannst und dich dabei wohl fühlst. Die Anerkennung dafür, dass du dich als Kind mit all deinen Emotionen und deiner Wahrheit gezeigt hast, und die du nicht von deinen Eltern bekommen hast, kannst du dir heute selbst geben. Statt in der Scham zu versinken und zur erstarrten Salzsäule zu werden und anstatt dich dauernd zurückzuhalten und dein Business vom Erfolg abzuhalten, nimm wahr:

„Ich fühle mich beschämt."

Damit hast du den ersten Schritt getan und die Scham in ein Gefühl gewandelt, mit dem du arbeiten kannst. Finde heraus, was du brauchst, damit die Scham dich nicht beherrscht, sondern eben nur ein Gefühl von vielen ist und kommen und gehen kann. Je nachdem wie stark die toxische Wirkung des Schamgefühls für dich ist, kannst du im Alltag üben, peinlich zu sein, um zu erfahren, dass nichts Schlimmes passiert. Albernheit und Humor sind gute Wegbegleiterinnen für die Scham, um sie in die Leichtigkeit zu bringen. Liebe deine Scham, weil sie dir den Weg in ein freies Business zeigt, in dem du alles tun und dich voll verwirklichen kannst!

Transformation

Ich bin Freiheit.

Krafttier

- Milan

Der Greifvogel Milan unterstützt dich, um eine andere Perspekti ve einzunehmen. Hoch oben schwebend sehen deine Fehler klein aus. Zudem hilft dir die Energie des Milans schnelle Entscheidungen zu treffen. Als Suchflugjäger ist er unabhängig und verfügt über eine starke Transformationskraft, die du gut brauchen kannst, um die Scham in Freiheit zu wandeln.[51]

Öffnende Fragen

Wo schämst du dich und wo verweigerst du dich deiner Scham?

....

....

Was möchte geheilt werden, um Scham in Freiheit zu wandeln?

....

....

Wie kannst du die Scham erlösen?

....

....

[51] Lammert, Andrea: Krafttier Milan: Schneller Entscheider, 2016. Unter: http://schamanengarten.de/krafttier-milan (abgerufen am: 28.03.2019)

Schuld – die Perfekte

Phase 1 | Phase 4

Schuld ist eine machtvolle Energie. Unter den Erfolgsverhinderinnen ist die Perfekte die einflussreichste. Sie steuert dich auf deinem Businessweg sehr massiv und macht dir den Zugang zum Erfolg schwer. Die Perfekte möchte immer fehlerfrei sein und vor allem will sie nie schuldig sein. Gleichzeitig quält sie eine fast ständig anwesende, tiefe, feststeckende Schuld und sie entwickelt sofort eine hohe Affinität zu allem, was schuldig ist oder sein könnte. Das Wesen der Schuld ist meist sehr verbissen, was bis hin zur Besessenheit reichen kann.
Die Schuld als Saboteurin zeigt sich im Business als mächtige Wachstumsverhinderin. Ist die Schuld deine Herausforderung, willst du alles perfekt planen, perfekt organisieren, perfekt vorbereiten, um nachher bloß nicht schuldig zu sein, wenn etwas schief geht. In diesen Perfektionismus kannst du dich regelrecht hineinsteigern und hast wenig Verständnis für Menschen, die „einfach mal machen". Die Konsequenzen, die aus deinem Verhalten oder durch dein Business entstehen könnten, sind dir so wichtig, dass du genau deshalb gar kein Business an den Start bringst. Die Planung dauert bei dir exorbitant lange, du kommst nicht zum Abschluss und du möchtest kein noch so kleines Risiko eingehen. Vielfach kommt die Perfekte nicht über die Planungsphase des 7-Zyklus-Prinzips hinaus.
Klassiker des Verhaltens von selbstständigen Frauen, bei denen die Schuld als Erfolgsverhinderin mit einem überzogenen Perfektionismus triumphiert, sind diese Beispiele:

- Beispiel 1

Bevor die Website nicht komplett fertig ist, zeigen sie diese niemandem. Es würde der Perfekten nie einfallen, einen Entwurf der Website zu zeigen – noch nicht einmal der besten Freundin!

❖ Beispiel 2

Sie müssen erst ihre Visitenkarten gedruckt haben, bevor sie auf die Messe gehen können.

❖ Beispiel 3

Sie brauchen zuerst die ideale Technik (Mikro, Kamera und so weiter), bevor sie Videos machen können. Da es ja ständig neue technische Möglichkeiten gibt, kann sich die Perfekte hier völlig in der Auswahl der besten Technik verrennen und unendlich viel Zeit dahinein investieren – statt einfach mit dem Smartphone ein Video zu machen.

❖ Beispiel 4

Sie können unmöglich mit xy starten, weil da noch das und das fehlt.

❖ Beispiel 5

Sie können nichts entscheiden, ohne nicht alle Fakten zu kennen.

❖ Beispiel 6

Sie machen niemals etwas spontan, sondern immer wohl überlegt.

❖ Beispiel 7

Sie finden sofort jemanden, den sie beschuldigen, wenn etwas nicht planmäßig verlaufen ist.

Anders als die Gewissenhafte, die alles ordentlich und richtig machen will, weil sie Anerkennung braucht, will die Perfekte nicht schuldig sein müssen, wenn etwas nicht klappt. Deshalb plant sie jeden Schritt bis ins kleinste Detail, um sich nur ja nicht mit etwas zu zeigen, das unvollständig sein könnte.

Wenn du einen großen Anteil der Perfekten in dir trägst, führt das zu einem immensen Dauerstress. Du hast ständig das Gefühl „es reicht nicht“ … „du musst noch“ … „du bist nicht genug“. Wenn du als Selbstständige in diesem Film drin bleibst, wird es nichts mit dem Erfolg. Weil dein Fokus nicht auf Wachstum und Fülle gerichtet ist, sondern auf Mangel und das Vermeiden von Unperfekt-Sein, laugt dich dieses Denkmuster aus.

Ich möchte dich damit in Kontakt bringen, dass es den Zustand dieses „Perfekt-Seins“, das du versuchst, zu erreichen, nicht gibt. Irgendetwas fehlt immer. Irgendetwas geht stets noch besser. Irgendetwas ist nie genug. Noch mehr möchte ich dich jedoch inspirieren, deinen Blickwinkel zu verändern und so auf dein Business und dein Leben zu schauen:
Alles ist stets genug, weil es genau so, wie es jetzt ist, richtig ist. Du bist exakt so, wie du jetzt bist, vollkommen. Es geht nicht um „genug“. Es geht nicht um perfekt oder unperfekt, sondern nur um wahrhaftig und authentisch. Es geht um dein authentisches Sein und um deinen Mut, dich sichtbar zu machen, wie du jetzt bist. Du bist heute perfekt! Es gibt keinen besseren Zeitpunkt als heute. Komm vom Punkt der Fülle her: „Ich bin heute toll!“ statt „Ich muss erst 7 kg abnehmen, ... mich hübsch machen, ... zum Friseur, ... mehr Geld haben, ... die Ausbildung in xy abgeschlossen haben, um toll zu sein“. Es werden genau die Menschen als Kund*innen und Klient*innen zu dir kommen und dir begegnen, die für dich heute wichtig sind, weil du heute perfekt bist, so wie du bist.
Perfekt sein zu wollen, heißt, vollkommen sein zu wollen. Da ich die Wortmagie liebe, habe ich hier eine wundervolle Lösung für dich, die in den Worten selbst steckt. Ein Synonym für „vollkommen“ ist „vollständig“. Da stecken die Wörter „voll“ und „ständig“ drin.
Stehe ständig voll zu dir! Das ist Vollkommenheit in seiner schönsten Form. Das ist die Art von Perfektionismus, um die es im Business geht. Stehe zu dem, was du tust, was du bist, was du anbietest. Sei authentisch. Zeig dich in deinem vollen Zustand – jetzt. Das ist die Fülle, die gelebt werden will: Du, in deinem jetzigen Zustand.
Was macht dich aus?
Welche Werte hast du?
Mit welcher Haltung stehst du im Leben?
Was bietest du in deinem Business wirklich an?
Wer bist du in deinem Business?

Was tust du wahrhaftig?
Oftmals nennen Frauen das Angebot, beispielsweise „Ich verkaufe Schmuck“, doch das, was du tust, wenn die Menschen zu dir kommen, ist viel mehr. Du berätst, bereicherst den Tag der Menschen durch den Besuch in deinem Laden und du verschönerst ihr Leben durch deinen Schmuck. Vielleicht hast du noch nicht die beste Verpackung oder die Website braucht eine Überarbeitung. Doch *du* bist bereits vollständig anwesend und wirkst durch dein Sein. Du bist perfekt. Lege den Fokus darauf!
Typischerweise äußert sich die Erfolgsverhinderin Schuld zudem dadurch, dass du ständig Fehler suchst – bei dir und bei anderen, um von dir abzulenken. Das kann für deine Mitmenschen ermüdend werden oder zu einer regelrechten Manie führen, die andere anstrengt. Willst du ständig Fehler vermeiden, kannst du dich mit deinem Business nicht sichtbar machen. Dass du dich nicht genug sichtbar machst, kannst du sogar ebenfalls als Fehler auslegen. Dann hast du dich selbst in einen Kreislauf manövriert, in dem die Schuld die Regie übernommen hat. Du bist gefangen in deinem Schuld-Dilemma.
Wenn du nicht ins Fehlermachen einwilligst, wirst du nicht wachsen. Du brauchst diese Fehler, um wach und bewusst hinzuschauen und zu überlegen, wie du daraus etwas kreierst, was deinem Business noch mehr dient und wofür du hier in der Welt bist. Du machst immer Fehler. In jeder Sekunde gibt es irgendetwas, was dir fehlt, wo du fehlerhaft bist. Freu dich! Denn da gibt es etwas zu lernen. Dauerhaft kannst du keine Fehler vermeiden. Dich mit deinem Business sichtbar zu machen, bedeutet, zu bejahen, dass du Fehler machst. Ein Mensch, der meint, fehlerfrei zu sein, verpasst die Chance, sich zu entwickeln. Denn Fehler zu machen, ist ein Weckruf des Lebens:
„Schau hin! Da gibt es noch Potenzial für dich.“
Es geht nicht ums perfekte Tun, sondern ums wahrhaftige Sein. In deinem Sein bist du zu jedem Zeitpunkt perfekt. Du bist super, weil du jetzt dein Bestes gibst. Bejahe das Paradoxe. Es gibt kein unperfekt und es gibt kein perfekt. In der Natur ist nichts

nur perfekt oder nur unperfekt. Die krumm gewachsene Sonnenblume blüht trotzdem perfekt schön. Die Ameise mit dem fehlenden Bein sammelt trotzdem fleißig Baumaterial für den meisterlich gebauten, perfekten Ameisenhaufen. Die Bienenkönigin hat einerseits einen unperfekt langen Hinterleib und sorgt andererseits dafür, dass die Bienen sich vermehren und der Bienenstock überlebt. Sie erfüllt durch ihr Sein als Bienenkönigin perfekt ihre Aufgabe.
Ein Baum verliert seine Blätter. Du kannst nicht versuchen, diese mit Sekundenkleber wieder dran zu hängen. Das sieht aus, als wären sie am Baum, doch in Wahrheit vergiftest und zerstörst du mit dem Kleber den Baum und schadest ihm, obwohl er bis zu diesem Zeitpunkt gesund war. Es entspricht nicht seinem Wesen, dass er Blätter angeklebt bekommt. Es ist sein Wesen, sie abzuwerfen, weil die Zeit der Blätter vorbei ist. Und dann kriegt er im nächsten Frühling neue Blätter. Nicht die gleichen. Es hat niemand Schuld, dass der Baum seine Blätter abwirft. Das ist einfach Bestandteil seiner Entwicklung und kein Fehler.
Wenn du Schuld empfindest, weil in deiner Business-Entwicklung Fehler geschehen oder weil es an der Zeit wäre, Dinge loszulassen und du sie über ihre Zeit hinaus festhältst, kommen oft reale Schulden und Geldsorgen in dein Business. Manchmal hängt das Schuld-Thema auch noch in deiner Geldgeschichte fest. In deiner persönlichen, familiären oder kollektiven Geschichte mit Geld. Schau dir deine Lebensgeschichte an und spüre die Stellen auf, an denen du nicht integer mit Geld warst oder bist, und finde heraus, was das mit deinen Schulden und Schuld zu tun hat.
Jemand hatte einst bei mir sehr hohe Schulden. Im Laufe der Jahre lebte ich selbst plötzlich gerade so am unteren Limit. Ich traute mich lange Zeit nicht, dieses Geld einzufordern, das mir diese Person schuldete. Ich fühlte mich schlecht damit, es einfordern zu müssen, obwohl es *mein* Geld war. Das war nicht integer mit mir und mit dem Leben und hat mir gezeigt, dass es

nicht nur wichtig ist, wie du mit Schulden, die du bei anderen hast, umgehst, sondern auch mit den Schulden, die andere bei dir haben. In dieser Geschichte war es wichtig, klar für mich zu gehen und das Geld, das mir „gehörte“, dann zu mir zurück zu holen, als ich es brauchte. Das habe ich damals getan und es gab für die Person sogar eine ganz einfache Lösung, um mir das Geld zurückgeben zu können. Seit ich diesen unguten Knoten mit Schulden aufgelöst und die Erfolgsverhinderin Schuld transformiert hatte, floss und fließt der Reichtum in mein Leben – auch finanziell.

Mit dem Thema Schuld(en) adäquat umzugehen, bedeutet, zu dir selbst zu stehen und dich nicht selbst zu kasteien. Höre auf, dich als Märtyrerin zu fühlen, dich aufzuopfern und die Verantwortung für andere zu übernehmen. Dieses Verhalten sieht zunächst heroisch aus, ist jedoch letztendlich eine Ablehnung deiner eigenen Vollkommenheit und deiner Verantwortung. Wenn andere dir etwas schulden, das du brauchst, ist es deine Verantwortung, für dich zu gehen anstatt dein Gegenüber in eine unterwürfige schuldhafte Haltung zu zwingen, in der er oder sie sich schlecht und mangelhaft fühlt. Bei Schulden kann es sich um Geld handeln oder auch um Zeit, Freiheit oder Raum. Höre auf, die Allmächtige zu spielen und für andere zu entscheiden, dass sie doch dein Geld, deine Zeit, deine Aufmerksamkeit brauchen, obwohl du sie ihnen gar nicht mehr geben willst. Übernimm voll die Verantwortung für dich und fordere für dich ein, was du brauchst. Das erlaubt deinem Gegenüber ebenfalls, verantwortlich zu handeln – auf Augenhöhe mit dir.

Ist der Geldfluss in deinem Business nicht ausreichend vorhanden oder wird er nicht größer und stagniert, spielt meistens die Erfolgsverhinderin Schuld mit. Sie macht dich darauf aufmerksam, dir deinen Umgang mit Geld gründlich und tief anzusehen. Die folgenden sind einige Themen, die in deinem Business typischerweise auftreten können, wenn du finanziell nicht im Erfolg bist oder dich nicht weiterentwickelst:

Wo bezahlst du etwas nicht, was die Leistung wert wäre?

Machst du Freundschaftspreise oder Deals mit Freund*innen, bei denen du etwas „umsonst“ bekommst?
Bezahlst du als Kund*in nicht den vollen Preis oder sogar gar nichts bei deinen Freund*innen?
Spür rein, ob sich das schräg anfühlt und ob deine eigene Haltung, etwas „umsonst“ kriegen zu wollen, dazu führt, dass deine Kund*innen vielleicht die gleiche Haltung haben und auch alles umsonst oder sehr billig haben wollen. Ich halte nichts von Freundschaftspreisen oder gar von Deals unter Freund*innen à la: „Jetzt habe ich etwas gut bei dir …“. Im Gegenteil: Ich finde es großartig, gerade die Menschen, die ich kenne, voll zu bezahlen! Wenn ich dort das Geld nicht gern (aus)gebe, wo dann? Weniger Geld zu bezahlen, weil ich jemanden kenne oder mag, finde ich unnatürlich. Ich weiß gerade bei Menschen, die ich gut kenne, dass mein Geld dort bestens aufgehoben ist und dass ich sie mit meinem Geld unterstütze. Es macht für mich mehr Sinn, hier den vollen Preis zu bezahlen als bei Fremden, von denen ich nicht weiß, wo diese ihr Geld investieren.
Bring Ordnung in deine Geldgeschichte und in deine Schuld-Thematik. Ein weiterer Punkt, den du dir dabei ansehen kannst, ist die Umsonst-Mentalität:
Wo kriegst oder verlangst du etwas „umsonst“?
Wie soll dein Business laufen, wenn du immer oder viel umsonst erwartest?
Machst du als Coach*in oder Berater*in Umsonst-Gespräche (sogenannte Kennenlerngespräche) und wie geht es dir damit?
In welcher Haltung tust du das – gerne oder mit einem schlechten Gefühl, da du über deine Grenzen gehst und es nur tust, weil „alle“ das so machen?
Hast du das Gefühl, die Kund*innen wären dir nach Free-Inputs etwas schuldig und du köderst sie damit?
Oder gibst du wirklich frei und ohne Hintergedanken?

Schuld ist eine zähe Energie, die sich auf sehr vielen Ebenen in dein Leben schleichen kann, sich dort festsetzt und regelrecht anhaftet. Insbesondere beim Geld und beim Geldfluss im Business zeigt sich die Schuld sehr deutlich als Blockade. Sie verhindert dadurch, dass viel Geld zu dir strömt, solange du noch keinen integren Umgang mit Geld lebst oder solange du nicht weißt, was du mit dem Reichtum tust. Wenn du mit den Aspekten der Schuld, wie beschuldigen, Fehler machen oder Risiko verhindern, nicht in Frieden bist und deine eigene Vollkommenheit nicht anerkennst, wird sie dir als unnachgiebige Lehrmeisterin stets neue Herausforderungen geben. Nimm deine Vollkommenheit als zu jeder Zeit gegeben an, denn dadurch kannst du dir erlauben, Fehler zu machen, an denen niemand Schuld ist, sondern die zum Wachstum dazugehören.

Transformation

Ich bin Vollkommenheit.

Krafttier

- Spinne

Mit der Spinne an deiner Seite wirst du daran erinnert, dass du deinem Leben nicht ausgeliefert bist und keine Schuld trägst, sondern alles so perfekt ist wie ein frisch gewobenes Netz, das du jederzeit kreieren kannst. Schöpferische weibliche Kraft und die Unendlichkeit des Lebens, in dessen Zeitverlauf du ein Teil bist, sind die Energien, welche die Spinne dir schenkt.[52] Du bestimmst, ob du dich von der Schuld gefangen lassen nimmst, ob dich Schuld-Thematiken und dein Perfektionismus einwickeln oder ob du deinen eigenen Lebensplan selbstbestimmt webst. Die Spinne ist auch die Verbindung zu deinen Ahn*innen, zu den Schuldthemen, die im Verborgenen liegen und die sich als roter Faden durch dein Leben ziehen, um jetzt in die Transformation gehen zu dürfen.

[52] Sams/Carson, 1992, S. 227-229

Öffnende Fragen

An welchen Stellen dient dir dein Perfektionismus und an welchen hindert er dich am Business-Wachstum?

....

Was braucht der Anteil der Perfekten in dir, um mit deinem Erfolg zu gehen statt gegen ihn?

....

Wo hast du Schuld(en) bei jemandem oder jemand bei dir?

....

Wenn du deine persönliche Geschichte mit Geld ansiehst: Was gilt es hier noch zu würdigen oder zu klären?

....

*Wenn du in die Geschichte deiner Familie, Herkunft, Ahn*innen siehst: Wo spielte Schuld eine Rolle, die dich bis heute am Erfolg hindert, und was will da getan, gesehen, wertgeschätzt oder geheilt werden?*

....

Neid – die Eifersüchtige

Phase 3 | Phase 7

Neidisch zu sein, fühlt sich wie Säure an, die sich unaufhaltsam in dein Herz frisst. Du kannst dem Gefühl kaum ausweichen. Du kannst es auch nicht einfach mit ein paar hübschen Affirmationssätzen weg meditieren. Denn die Eifersüchtige ist machtvoll! Sie kann sich zur boshaften Hexe entwickeln, wenn du mit dem Neid nicht in liebevollen Kontakt gehen willst. Dann steigert sie sich mehr und mehr in die Eifersucht hinein und wird umso schlimmer. Denn Neid braucht Aufmerksamkeit. Je weniger du neidisch sein willst, umso missgünstiger und hämischer zwängt sich die Eifersüchtige in dein Leben.
Diese Erfolgsverhinderin bringt alles, was du an eigenen Ideen oder Kreativität in dir hast zum Erliegen. Dein Business stagniert, wenn du im Neid-Modus bist. Du schaust nur noch, was andere können, oder richtest deinen Blick ausschließlich auf das, was sie haben, was du noch nicht hast. Dein ganzer Fokus ist im Außen und dein Empfinden kommt aus einem starken Mangelgefühl:
„Die ist ja viel weiter!“
„Die Marketinganzeige ist viel besser.“
„Die verdient mehr als ich!“
„Die kennt jede*r! Mich kennt keine*r.“
„Die hat mehr Erfolg als ich.“
Der dauernde Vergleich lähmt dein Wachstum und tritt besonders in der Lernphase und auch in der Vollendungsphase des 7-Zyklus-Prinzips auf. Während des Wachstumsabschnitts ist das Vergleichen wichtig, um dir anzusehen, wie andere etwas machen und wie du es selbst machen könntest. Kehrst du nicht vollends zu dir zurück, sondern bleibst du in dem „wie es andere machen“ stecken, kann Neid zerstörerisch wirken. In der Vollendungsphase verlierst du das Vertrauen in dich selbst und

schaust dir nur noch an, was die Neuen und Jungen an Möglichkeiten vor sich haben, wenn du im Neid-Modus bist. Statt dich auf deine Erfahrung zu besinnen und dir klar zu machen, dass du jederzeit selbst etwas Neues beginnen kannst, auch wenn dieses Business jetzt hier zu Ende ist, frisst dich die Eifersucht auf.

Neid ist ein Killer für Sichtbarkeit und Erfolg, denn er lässt dich erstarren und vergrämt dein Herz. Manchmal verstummst du regelrecht oder die Eifersüchtige lässt dich zur wütenden Furie werden. Neid tut weh und beschert dir Unfrieden. Neidisch zu sein, bedeutet immer, eine Brille aufzusetzen und nur noch selektiv wahrzunehmen. Neid macht dich ungerecht – vor allem dir selbst gegenüber. Denn du siehst nicht mehr, was du schon alles kannst, geschafft hast und was bei dir bestens läuft oder wie wundervoll du bist. Du verurteilst dich, weil du möglicherweise einen Teilbereich noch entwickeln darfst, und blähst das, was du bei anderen siehst, unangemessen groß auf. Dein Wahrheitsblick ist verschoben. Du nimmst nur wahr, was du sehen möchtest. Du stellst andere in den Mittelpunkt und heroisierst sie. Das entspricht nicht dem, was die Tatsachen sind. Du belügst dich selbst. Auch nach außen bist du in solchen Phasen nicht ehrlich, denn du willst dich keinesfalls als neidisch outen. Also zwingst du dich zu einem höflichen Lächeln, obwohl du die andere Erfolgsfrau innerlich gerade abschlachten könntest, weil sie hat, was du nicht hast. Zumindest glaubst du, sie hätte das.

Lässt du dich liebevoll auf den Neid ein und gehst du in Kontakt mit diesem Anteil in dir, ist die Eifersüchtige eine grandiose Lehrmeisterin. Sie lehrt dich, den Fokus zu dir zurück zu nehmen und dich zu erinnern, wo du hin möchtest. Sieh dir aus der Perspektive eines Adlers an, was du hier lernen darfst:

Was haben die anderen, was du gerne hättest?

Wie siehst du die anderen und welche Eigenschaften sind es ganz konkret, die du noch nicht so entwickelt hast, wie du es dir wünschst?

Neid ist auch deine Führerin, um die Scheuklappen abzuneh-

men und wirklich hinzuschauen:
Ist die andere Person tatsächlich so erfolgreich, wie du glaubst, oder hast du dich nur auf den Teil fixiert, der für dich wie ein gigantischer Erfolg aussieht?
Hat der Mensch, auf den du neidisch bist, wirklich ein erfüllendes Business oder interpretierst du seine hohe Sichtbarkeit als erfüllend und in Wahrheit ist er zwar sichtbar, doch völlig erschöpft und ausgepowert?
Setzt du andere auf einen Thron, weil du deinen eigenen nicht besteigen willst?
Neid ist sehr oft ein Ablenkungsmanöver, wenn du dich nicht traust, deine wahre Größe zu zeigen. Statt mit deinen eigenen wundervollen Angeboten oder deiner tollen Marketingaktion rauszugehen, schaust du lieber auf andere und verschwendest deine Energie im seelenzerfressenden Vergleich. Hole den Fokus wieder zu dir zurück! Notfalls mit ganz brachialen Mitteln: Schalte alle Kanäle ab, die dich zum Neid-Modus verleiten! Meide sämtliche Personen, auf die du neidisch bist – wenigstens eine Zeit lang. Geh für einen längeren Zeitraum allen Situationen aus dem Weg, in denen du merkst, dass du besonders neidisch und missgünstig wirst!
Gibt es keinen anderen Weg, damit du dir den Neid aus einer offenen und wohlwollenden Haltung ansehen kannst, brauchst du zunächst einen vollständigen Rückzug, um wieder zu dir zu finden. Stoppe den Vergleich! Zieh dich aus allen Bereichen heraus, wo dir deine Eifersucht begegnet. Geh eine Weile nicht in deine Social Media Portale, wenn dich dort der Neid zerfrisst. Geh nicht auf Partys, Meetings oder Events, wenn du dort nur neidisch durch die Gegend schaust. Lass Begegnungen sein, die deine Eifersucht schüren.
Neid und Missgunst entstehen immer, wenn du dem Mangel zu viel Raum lässt. Da sich Neid stets gegen etwas oder jemanden richtet, steckt darin eine kriegerische Haltung. Lege das Schwert nieder. Hör auf zu kämpfen. Beende den Krieg. Am besten startest du bei dir selbst: Erkenne an, dass du neidisch, eifersüch-

tig, missgünstig und hämisch bist – und liebe dich auch mit diesen Anteilen in dir. Sieh dem Schatten ins Gesicht und frage die Eifersüchtige in dir, was sie dir mitteilen möchte und wie du Frieden in dir erreichen kannst.
Eine ausgeglichene und zufriedene Erfolgsfrau freut sich für andere Menschen, wenn diese Fülle erreichen und im Reichtum leben. Eine Erfolgsfrau, die zwar im Unfrieden und dennoch verbunden mit sich ist, schaut sich an, was es hier für sie zu lernen gibt – und lernt. Sie wendet ihren Fokus ausdrücklich der Fülle zu und macht sich bewusst, was sie alles hat, welche Schritte sie schon gegangen ist, was sie in ihrem Business schon erreicht hat und wie großartig sie ist. Sie nimmt das Zepter wieder in die Hand und steuert ihre Gedanken, statt sich von der Missgunst beherrschen zu lassen. Neid ist eine starke Kraft! Wenn du sie erlöst, setzt sie unbändige Energie frei. Umgekehrt heißt das, dass der Neid sämtliche Energie von dir binden kann, wenn du dich nicht darum kümmerst, die eifersüchtigen Anteile in dir zu transformieren. Folge dem, was dich konkret neidisch macht. Schau, wo hier deine unerlösten Felder sind und wie du diese wandeln kannst.
Offensichtlich hat die Person, der deine Eifersucht gilt, etwas, was du aktuell nicht hast. Oder du überlässt dieser vielleicht etwas, was du hast, und noch nicht zeigst. Oder du erkennst eine Eigenschaft in ihr, die du bisher bei dir selbst abgelehnt hast. Mach eine schonungslose Bestandsanalyse und entfalte deine Königinnen-Persönlichkeit weiter. Frage dich zum Beispiel:
Wie kannst du selbst erfolgreich, beliebt und gefragt sein und was fehlt dir dazu aktuell?
Was hat die Person, was dich fasziniert, und wie kannst du das in deinem Leben oder in deiner Persönlichkeit entfalten?
Warum mögen andere diese erfolgreichen Menschen und möchtest du dieses Verhalten oder diese Charaktereigenschaft auch entwickeln?
Wenn du deinen ureigenen Erfolgsweg gehst, wenn du deinen Thron als Königin einnimmst, statt andere darauf zu setzen, und

wenn du selbst mit dir zufrieden und glücklich bist, dann wird es zunehmend unwichtiger, was die anderen machen. Du kannst dich mit ihnen über ihre Erfolge freuen und zugleich deine eigenen feiern.

Transformation

Ich bin Frieden.

Krafttier

- Reh

Das Reh bringt Freundlichkeit zu dir – zunächst für dich selbst und auch für andere. Es ist ein sehr friedliebendes Geschöpf, das dich sanft daran erinnert, das Schwert niederzulegen und allen Menschen mit Freundlichkeit zu begegnen.[53] Öffne dein Herz! Geh mit dem sanftmütigen, freundlichen Reh in Kontakt, um den Frieden in dir und mit allen Wesen zu finden.

[53] Sams/Carson, 1992, S. 55-57

Öffnende Fragen

In welchen Situationen oder auf welche Menschen bist du neidisch?

....

....

Was braucht die Eifersüchtige in dir, damit sie in Frieden ist?

....

....

Was kannst du von deinem Neid lernen?

....

....

Wo kannst du deinen Fokus auf das Fülle-Gefühl lenken, nach dem sich die Eifersüchtige sehnt?

....

....

Zertifikatswahnsinn – die Gewissenhafte

Phase 1

Die Gewissenhafte ist ein Anteil in dir, der dann zur Blockade und Erfolgsverhinderin wird, wenn er es übertreibt. Ein gewisses Maß an Korrektheit und an Genauigkeit hilft dir – insbesondere in der Planungsphase –, um dich gezielt und bewusst auf deine Businessgründung oder auf die nächste Etappe vorzubereiten. Die Gewissenhafte lässt dich jedoch sehr schnell in die Falle tappen und trichtert dir ein, du müsstest alles bis zum Exzess ausarbeiten, und sie kann dich in einen übersteigerten Zertifikatswahnsinn hineintreiben. Beherrscht dich diese Energie, wirst du nichts in deinem Business tun, ohne dich nicht vollends abzusichern, dass du das kannst. Dazu suchst du die Bestätigung im Außen, zum Beispiel durch eine Qualifikation.

Tritt die Erfolgsverhinderin als die Gewissenhafte auf den Plan, machst du tausend Kurse, um dir Know-how anzueignen, das weit über das hinausgeht, was du wirklich in deinem Business brauchst. Mit dem Zertifikatswahnsinn im Nacken bietest du kein eigenes Seminar an, bevor du nicht noch eine Ausbildung oder noch eine Fortbildung oder doch noch die nächste Weiterbildung besucht hast. Die Gewissenhafte rennt jedes Wochenende zu einem neuen Workshop und sammelt Wissen im Akkord ein, das sie niemandem zeigt. Sie ist meistens sehr gebildet und intellektuell stark. Ihr Bildungsniveau ist exorbitant hoch und sie könnte wahrscheinlich an der Universität als Professorin unterrichten. Das tut sie jedoch nicht. Ihr Credo ist: „Sichtbar machen darf ich mich nur, wenn mir andere bescheinigt haben, dass ich das kann."

Wir sind aus frühester Kindheit gewohnt, unseren eigenen Wert über das Tun und Handeln zu definieren und nicht über das *Sein*. Doch im Laufe deines Lebens hast du zahlreiche Fähigkeiten ausgebildet, die auf keinem Zeugnis stehen und die nichts mit einem schulischen Können zu tun haben. Du bist wertvoll, weil du auf eine Art lächelst, wie es niemand sonst tut. Du redest, umarmst, gibst oder nimmst auf eine Weise, wie nur du es tust. Du hast eine einzigartige Ausstrahlung wie keine andere Frau auf der Welt. Wenn du da bist, dann geschieht mit den Menschen um dich etwas, was nur bei dir passiert. Wie auch immer das bei dir aussieht und wie sehr du dein Sein vielleicht noch entfalten darfst: Das ist es, was dich ausmacht! Es ist dein Sein, das deine Einzigartigkeit prägt. Nicht dein Können und Wissen. Mach dir bewusst, dass es nicht darauf ankommt, was du gelernt hast, sondern auf das, was du bist, und auf das, was du aus dem Gelernten gemacht hast.

Die Gewissenhafte lenkt den Blick zu sehr auf das Denken und den Wert, den Zertifikate für sie haben, statt ihrer Intuition und ihren tiefen weiblichen Kenntnissen zu trauen. Sie misstraut sich selbst als Frau und lehnt ihr intuitives Gefühlsleben durch einen übersteigerten Zertifikatswahn ab. Gabriele Sigg schreibt dazu, dass die Aneignung von kognitivem Wissen und die Schulbildung zum Zurückdrängen des weiblichen Wissens beigetragen haben.[54] Fokussierst du dich zu sehr auf erlerntes Know-how führt dies zu einer Blockade auf deinem Erfolgsweg. Du weißt unfassbar viel und dein Business köchelt trotzdem auf kleinster Flamme, weil du nicht mit deinem Gefühl verbunden bist, welches das Grundprinzip des wahren Seelenselbst ist.[55]

Wenn die Gewissenhafte in deinem Business vorherrscht, kann es auch vorkommen, dass du unzählige Versicherungen abschließt. Die meisten davon wirst du nicht brauchen. Ein übersteigertes Rechtsbewusstsein tritt bei der Gewissenhaften häufig auf. Jede juristische Neuerung verunsichert dich dermaßen, dass dein Business zum Erliegen kommt, wenn die Gewissenhafte als Erfolgsverhinderin bei dir auftaucht.

---

[54] Sigg, Gabriele, 2016, S. 8

[55] Sigg, Gabriele, 2016, S. 16

Ein Weg, um mit der Gewissenhaften umzugehen, ist das (Aus)Halten des unsicheren Gefühls und das Zelebrieren von kontrollierbaren Situationen, in denen du nicht gewissenhaft bist und dies aussprichst. Das fühlt sich zunächst unangenehm an. Doch mach dir das unsichere Gefühl zum Freund! Wenn du in solch einem Gefühl bist, beobachte dich sehr genau: Wo sitzt dieses Gefühl im Körper? Welches Körperteil braucht jetzt besondere Aufmerksamkeit oder besonders viel Liebe? Zittern die Hände, wackeln die Knie oder verkrampft sich der Bauch? Schenk diesem Körperteil, in dem die Unsicherheit sich zeigt, etwas Gutes: eine Wärmflasche, eine Massage, einen Platz zum Sitzen.

Gewöhne dich langsam und bewusst daran, Unsicherheit zu handhaben und das Spannungsgefühl aushalten zu können. Dann bleibst du handlungsfähig und kannst weiter wachsen.

Eine Möwe fliegt am Himmel weiter, wenn eine Sturmbö auftritt. Sie wird kurz von ihrer Flugbahn abgebracht, ist einen Moment unsicher, korrigiert dann ihren Kurs und fliegt weiter. Sie bricht den Flug nicht ab, weil Sturm aufkommt. Sie entscheidet am Boden nicht, dass sie nicht losfliegen kann, weil sie den Sturm vorher nicht kennt. Sie gibt sich dem hin, was ist, korrigiert und fliegt weiter.

Im aktuellen Digitalisierungszeitalter kannst du nicht alles vorher abwägen, was im Business geschehen könnte. Denn das exponentielle Wachstum der Digitalisierung erfordert ständiges Anpassen an die neuen Gegebenheiten. Es ist nicht berechenbar, wie unsere Gesellschaft, wie du und wie andere Menschen, darauf reagieren werden, weil wir es nicht kennen. Du weißt nicht, was möglich ist, wenn du dich nur an den Möglichkeiten orientierst. Glaube an das Unmögliche. Hätte ich das nicht getan, wäre ich heute nicht erfolgreich. Denn schon immer wollte ich schreiben und Worte waren und sind mein Ausdruck. Seit ich sieben Jahre alt bin, hatte ich den Traum, „Schreiberin“ zu werden. Meine Eltern haben das damals mit der Begründung abgelehnt, dass „man damit unmöglich Geld verdienen kann“.

Ich bin viele Umwege gegangen, die mich wenig glücklich gemacht haben. Oft haben diese Wege jedoch viel finanziellen Erfolg gebracht. Heute lebe ich, was mir entspricht: Ich öffne mit Worten Herzen und mache das, ohne mir Gedanken um Geld machen zu müssen. Das war lange Zeit (angeblich) unmöglich. Bis das Internet kam. Dadurch hatte ich die Chance, meinen Kindheitswunsch zu verwirklichen und als „Schreiberin" tätig zu sein. Anfangs nannte sich das selbstständige Texterin, später Suchmaschinenoptimierungs-Expertin und Autorin. Als ich 2008 angefangen habe, suchmaschinenoptimierte Texte für Unternehmen zu schreiben, damit deren Homepages bessere Google-Platzierungen erreichten, gab es keine Möglichkeit für mich, Suchmaschinenoptimierung (SEO) zu lernen. Ein Beruf, der sich mit SEO beschäftigte, war noch nicht kreiert worden. Heutzutage zertifiziert die IHK (Industrie- und Handelskammer) SEO-Manager*innen, die explizit auf Suchmaschinenoptimierung spezialisiert sind. Hätte ich nur das Mögliche für möglich gehalten, wäre ich nie mit dem Schreiben von Worten erfolgreich geworden. Ich habe bis heute kein Zertifikat für meine Tätigkeit.

Viele Frauen machen sich Sorgen, dass Kund*innen oder Klient*innen sie nicht als kompetent anerkennen könnten, wenn sie mit ihrem Business nicht von einer staatlichen Stelle zertifiziert worden sind. Frage dich, wodurch sich Kompetenz gegenüber deinen Business-Lieblingsmenschen ausdrückt: Wie willst du Menschen, die zu dir passen, erreichen und was spricht diese wahrhaftig an? Strahlt eine Über-mich-Seite, in der es vor lauter Ausbildungsnachweisen wimmelt und die sonst nichts über dich erzählt, wirklich Kompetenz aus? Ist die Homepage mit einem Foto deiner Abschluss-Urkunde wirklich entscheidend für einen Kaufabschluss oder geht es nicht vielmehr um den Inhalt, den du vermitteln willst und worauf du deinen Fokus richtest? Bist du kompetenter, wenn du ein Zertifikat in der Schublade hast oder wenn es an der Wand hängt?

Deine Kompetenz in ein enges Korsett zu quetschen, nur weil Perfektionismus mit Kompetenz assoziiert wird, kann dich stark

einschränken und deinen Erfolg verhindern. Überprüfe, wessen Definition das ist, wenn du dich dem Zertifikatswahnsinn stark unterwirfst. Forsche nach, wie viel Perfektionismus dir wirklich entspricht oder wo du ihn einfach loslassen kannst und dem Unperfekt-Sein Raum geben darfst. Ich habe in meinem Business gemerkt, dass ich meinen Perfektionismus an vielen Stellen mag und er mich an anderen enorm einschränkt. Heute korrigiere ich nicht mehr jeden Fehler auf meiner Website sofort, wenn mir jemand schreibt, dass da ein Wort falsch geschrieben wäre. Ich kann das gut bis morgen oder übermorgen liegen lassen. Früher wäre das undenkbar gewesen, denn die überzogene Gewissenhafte hatte auch in meinem Leben ihren festen Platz.
Kennst du diese Übersteigerung von Korrektheit ebenfalls, fehlt dir, genau wie mir damals, Anerkennung. Die x-te Ausbildung, die Top-Website, das detailliert geplante Seminar oder die extrem ausgefeilte Verpackung für ein Produkt sind nichts anderes als das Heischen nach Applaus. Du möchtest Lob für die toll erarbeitete Liste, für die erstklassige Präsentation oder für das auf die hundertstel Sekunde genau geschnittene Präsentationsvideo. Oftmals bleibt der Applaus dennoch aus, weil dein Perfektionswahn andere Menschen eher nervt, als dass er sie erfreut. Eine ausufernde Form des Zertifikatswahnsinns kann auch sein, dass du dich an Stellen einbringst, die gar nicht deiner Kompetenz entsprechen. Dann mischst du dich überall ein, hilfst anderen andauernd ungefragt, statt dich um deine eigenen Bedürfnisse zu kümmern. Das powert dich aus, du fühlst dich ausgelaugt. Du hältst dich zu sehr damit auf, für deine gewissenhaften Tätigkeiten – egal welcher Art – Beifall zu kriegen.
Hast du den Blick für das Wesentliche, das in deinem Business jetzt getan werden darf, verloren, weil der Zertifikatswahnsinn dich gepackt hat, habe ich zwei Inspirationen für dich:

Anerkennung holen

Hole dir jede Menge Anerkennung von anderen Menschen für das, was du bisher schon geschafft oder geleistet hast. Die Gewissenhafte braucht Lob. Also gib es ihr! Sie will in ihrer Leistungsfähigkeit und in ihrem Potenzial gesehen werden. Wenn dich niemand von sich aus lobt, bitte darum. Du darfst Anerkennung empfangen und du darfst dieses Bedürfnis auch zeigen. Im Übrigen funktioniert das Prinzip der Resonanz hier sehr gut: Je mehr du andere lobst und anerkennst, umso stärker kommt Wertschätzung zu dir.

Dein individuelles Zertifikat

Wenn du glaubst, keine richtige Ausbildung oder nicht genug Qualifikationen für dein Business zu haben, ist diese Übung besonders hilfreich. Du kannst sie auch dann nutzen, wenn du beispielsweise intuitives (Heil-)Wissen weitergeben möchtest, für das es keine Schule und entsprechend kein Zertifikat gibt, das dir bescheinigt, dass du das gelernt hast. Du tust es, weil du ganz einfach mit deinem Urwissen als Frau verbunden bist und dein Wissen aus dieser Quelle lehrst. Du kennst folgendes Denken wahrscheinlich allzu gut: Du hast eine Menge Wissen, aber kein Diplom, keinen Kurs, keine offizielle Qualifikation mit Stempel und Unterschrift. Dir fehlt ein Zertifikat, das du an die Wand hängen kannst. Möglicherweise sind diese Glaubenssätze in dir verankert:

„Ohne Zertifikat bin ich nichts wert."

„Ich habe darin doch gar keine Ausbildung, also darf ich das nicht."

„Ich habe keine Erlaubnis, weil ich keine Qualifikation dafür habe."

„Ich muss noch den Kurs xy machen, bevor ich mit meinem Business starte."

Wenn du dieses Denken kennst, überlege dir, wie oft du jemanden nach seinem Ausbildungszertifikat gefragt hast, dem du dich anvertraut hast. Hast du das Zertifikat deines Arztes oder Heilpraktikers jemals gesehen? Des Chirurgen in der Klinik, wenn du einen Unfall hattest? Der Friseurin? Der Automechanikerin? Der Bäckereifachverkäuferin? Des Smartphone- oder

Software-Herstellers? Ihnen allen vertraust du, ohne zu prüfen, ob sie wirklich in dem ausgebildet sind, was sie tun. Es interessiert quasi kaum einen Menschen, ob du ein Zertifikat hast oder nicht. Es interessiert nur, ob du kannst, was du zusagst, und wer du bist. Um jedoch deine Liebe zum Zertifikat auszuleben, mach Folgendes:
Stelle dir selbst ein Zertifikat aus!
Schreibe dir ein Zertifikat für eine Eigenschaft, die du besonders hervorheben willst, oder eines für dich als Gesamtkunstwerk. Würdige dein Sein und dein Wirken. Vielleicht möchtest du dir ein Zertifikat für eine besondere Gabe oder ein Talent ausstellen, wofür es ohnehin keine Schule oder Universität gibt, in der du das lernen könntest, weil es dir einfach vom Leben geschenkt wurde. Würdige dieses Talent jetzt. Zeichne oder schreibe dir dein eigenes Zertifikat! Du kannst es gerne einrahmen und an die Wand hängen. Das wirkt Wunder und heilt so manchen schrägen Glaubenssatz, den du nicht mehr brauchst.

Schenke dem gewissenhaften Anteil in dir die Aufmerksamkeit, die er sich wünscht und lobe dich. Verinnerliche, dass Unsicherheit zum Leben und zur Entwicklung dazu gehört und dass dir der Umgang mit unsicheren Situationen am leichtesten fällt, wenn du authentisch zeigst, wie es dir geht. Ungewissheit befreit, wenn du das Geschenk darin erkennst: Vertrauen.

Transformation

Ich bin Authentizität.

Krafttier

- Hummel

Die Hummel erinnert dich daran, dass mehr möglich ist, als du dir jetzt vorstellen kannst und dass du für dein Business vor allem Vertrauen in dich selbst und in deine Intuition benötigst. Denn die Hummel dürfte nicht fliegen, würde es nach ihrem Körperbau, dem Gewicht und den Möglichkeiten ihrer Flügel gehen. Sie tut es, weil sie es kann.[56] Lerne von der Hummel, authentisch du zu sein, einfach zu tun, was du kannst, und dich für das Unmögliche zu öffnen.

Öffnende Fragen

Welche Zertifikate glaubst du, noch haben zu müssen, damit du endlich erfolgreich sein darfst? Stell dir ein eigenes aus, das dich glücklich macht!

....

....

Wo macht dich übersteigerte Gewissenhaftigkeit darauf aufmerksam, dass du Anerkennung brauchst und wie kannst du sie dir geben?

....

....

Was kannst du tun, um deinen Zertifikatswahnsinn oder deine zu ausgeprägte Korrektheit in authentisches Verhalten und in Vertrauen in die Möglichkeiten des Lebens zu wandeln?

....

....

[56] Haarkemper, Wiebke, 2013, http://www.schamanische-krafttiere.de/krafttier-hummel.html

Show – die Drama-Queen

Phase 3 | Phase 6 | Phase 7

Tritt die Drama-Queen auf, um deinen Erfolg zu verhindern, tut sie das meistens pompös, laut und vehement. Sie kreiert Situationen, die unmöglich zu lösen sind und begibt sich oftmals in Zwickmühlen. Sie suggeriert dir: „Beide Handlungsoptionen sind nicht gut! Es ist ein Riesen-Drama und es gibt keine Lösung!“ Dabei ist alles, was die Drama-Queen tut, nur eine perfekte Inszenierung, um davon abzulenken, dass du weiter deinen Weg des Erfolgs beschreitest und den nächsten Schritt gehst.

Wenn du eine Show machst, verbrauchst du sehr viel Energie, was dich am Weitergehen in deinem Business hindert. Deshalb ist die Drama-Queen oftmals erschöpft oder krank, bis hin zu lebensbedrohlichen oder lebeneinschränkenden Krankheiten. Im Extremfall nimmt sie es lieber auf sich, unheilbar krank zu werden, als die volle Verantwortung für ihr Business zu übernehmen. Dabei übersieht sie, dass das Business selbst so viele Möglichkeiten bieten würde, um kreative Inszenierungen zu erschaffen und Bühnen zu erobern, die ihr hohe Anerkennung einbringen würden.

Letztendlich geht es der Drama-Queen immer darum, dass sie Lob, Zuwendung und Bestätigung von außen bekommt. Sie selbst traut ihren Gaben und ihrem Potenzial nämlich nicht, das meistens immens groß und mächtig ist. Sehr oft sind begnadete Heilerinnen wahre Meisterinnen der Show, damit nur ja niemand entdeckt, dass sie spirituell begabt oder mit hellseherischen Fähigkeiten ausgestattet sind. Die Erfolgsverhinderin Show lenkt geschickt von all dem ab, was deinen wahrhaftigen Charakter ausmacht. Manchmal kann die Drama-Queen sogar eine völlig neue Persönlichkeit konstruieren. Sie erfindet Geschichten, belügt sich und andere und steigert sich ein ums andere Mal in ihr selbst kreiertes Theater hinein.

Geht dies jahrelang so, kann sich unter der zur Schau getragenen Person eine völlig andere Persönlichkeit verstecken, die niemand im Umfeld kennt. Dies spürt die Drama-Queen und hat Sorge, ihren Freundeskreis zu verlieren, wenn sie sich so gibt, wie sie wahrhaftig ist. Tatsächlich geschieht das auch oft, wenn die Erfolgsverhinderin Show gewandelt wird und du als die echte Frau hervortrittst, die du bist. Doch stets gibt es danach andere Freund*innen, die dir viel mehr entsprechen als die Show-Bekanntschaften der Drama-Queen-Inszenierung.
Alles ist „schlimm“, wenn die Drama-Queen in deinem Business das Zepter in die Hand genommen hat. Sie ist eine grandiose Blenderin. Nach außen sieht es sogar manchmal so aus, als wäre sie erfolgreich, organisiert und stark. Im Inneren kriegt sie die wirklich wichtigen nächsten Schritte nicht geregelt. Denn sie wird nicht von ihrer Seele geleitet, sondern von ihrem Ego, das nur auf Emotionen jeglicher Art aus ist. Das Scheinheilige in ihr ist so trickreich, dass sie selbst oft nicht merkt, welchem Ego-Tripp sie verfallen ist. Sie weiß nicht, dass ihre Show einzig und allein der Anerkennung dient und dass sie in einer Spirale aus Theater gefangen ist, die es unmöglich macht, in die nächste Business-Phase zu gehen. Dies geht solange, bis sie gnadenlos ehrlich zu sich selbst ist und ungeschminkt in den Spiegel schaut. Oft braucht es drastische Situationen, um aus dem Drama-Queen-Fieber zu erwachen.
Als Drama-Queen liebt sie die Sensation und den Superlativ. Bei ihr ist alles „das ultimativ Beste“ und ihr Marketing ist immer etwas zu laut, zu aufdringlich, zu übertrieben. Sie verstrickt sich in Indiskretionen, selbst dann, wenn diese ihr schaden, was sie nicht sofort durchschaut. Der Kick der Sensation, das Geheimnisvolle, die Möglichkeit, aufzufliegen und auf der ganz großen Showbühne zu stehen, hat für sie einen magischen Reiz – selbst dann, wenn dies ihre letzte Showbühne ist und das Business dabei den Bach runter geht. Ihr Selbstbetrug geht soweit, dass sie sich als Märtyrerin opfert und dies auch noch gut findet, obwohl ihre wahre Aufgabe im Leben woanders liegt.

Nicht selten spielt diese Erfolgsverhinderin mit ihrem Business-Erfolg und setzt alles auf eine Karte, weil sie das Risiko und das Drama liebt. Ihre Ratio ist ausgeblendet und sie trifft unvernünftige Entscheidungen, die jedoch nicht intuitionsgeleitet sind, sondern schlicht der Tragödie dienen. „Ich mach es einfach anders, weil ich das Aufsehen will.“, kann eine typische Haltung sein, mit der sie ihr ganzes Business zerstört, weil sie um jeden Preis auffallen will.
Im Alltag äußert sich die Erfolgsverhinderin Show oft so, dass sie grenzenlos ist und mit Kund*innen, Lieferant*innen oder Geschäftspartner*innen ständig Stress hat. Die Regeln sind unklar oder werden nicht eingehalten, ihr Verhalten ist exzentrisch und immer eine Form von „zu“: zu viel, zu laut, zu langsam, zu mächtig, zu schnell, zu groß, zu klein, zu intim und so weiter. Ihre Werbung wirkt unecht und auch ihre geäußerten Gefühle haben den Beigeschmack von Falschheit. Sie weint zu schnell oder zu laut oder sie lacht, wo eigentlich Traurigkeit angebracht wäre. Wenn die Tränen der Drama-Queen dann irgendwann doch echt sind, merkt es niemand mehr, und sie fühlt sich verkannt.
Bist du in der Erfolgsverhinderungsspirale der Show-Lady, hast du meistens das Gefühl, dass du falsch bist und dich niemand versteht. Du machst den Mund dort nicht auf und schweigst, wo du etwas zu sagen hättest, und schreist woanders herum, wo es besser wäre, still zu sein. Für dich sieht es dadurch so aus, als wärst du nicht richtig oder als würdest du nicht dazu gehören. Dabei lehnen die Menschen nicht *dich* ab, sondern den Anteil der Drama-Queen, der hier gerade überhand genommen hat.
Eine weitere Variante dieses erfolgsverhindernden Verhaltens kann sich durch Überheblichkeit zeigen. Du glaubst, du wärst besser als andere und hättest ohnehin viel Besseres verdient. Auch spirituelle Arroganz kann auftreten, wenn du in dem Glauben bist, du wüsstest ohnehin schon viel mehr als alle anderen, bist viel weiter in deiner Entwicklung und hast den Überblick in den kosmischen und spirituellen Zusammenhängen,

den „die anderen“ nicht haben. „Die anderen“ sind meistens „alle“. Du erkennst kaum Menschen neben dir an, denn alle sind unter deinem Niveau oder haben nicht verstanden, worum es im Leben geht. Einzig du hast die geistige und spirituelle Verbindung. Damit kapselst du dich ab und nimmst eine Sonderstellung ein. Auch das ist eine Art Bühne! Du erhebst dich über die anderen, setzt dich auf einen Thron und bist unnahbar. Genau dadurch bekommst du nicht die Anerkennung, nach der du dich tief in deinem Inneren sehnst. Die wahre Meisterschaft besteht darin, in jeder Herausforderung des Lebens das zu entdecken, was es für dich hier zu lernen gibt. Selbst wenn du überzeugt bist, das alles schon zu kennen. Du würdest dem nicht erneut begegnen, gäbe es darin keine Lektion mehr für dich zu lernen.
Die Drama-Queen in all ihren Facetten ist eine mächtige Killerin für Erfolg und für authentische Sichtbarkeit, weil sie verhindert, dass hinter all dem Schleier, den Tricks, der Arroganz und der Show, die du aufbaust, dein wahrer Schatz zu erkennen ist. Sie ist eine der stärksten Sichtbarkeitsverhinderinnen, obwohl sie scheinbar ständig auf der Showbühne zu sehen ist. Die Drama-Queen ist überzeugt davon: „Wenn ich mich wirklich sichtbar mache, bin ich angreifbar.“
Viele Businessfrauen glauben, wenn sie ehrlich sind und sich wahrhaftig zeigen, wären sie verletzbar und damit anfechtbar. Doch das Gegenteil ist der Fall! Wenn du dich vollkommen nackt präsentierst und offen das sagst, was du fühlst und denkst, erreichst du die höchstmögliche Sicherheit in dir. Denn niemand kann dich dort angreifen, wo deine Wahrhaftigkeit sitzt.
Möglicherweise ist jemand anderer Meinung als du, wenn du dich mit deinem authentischen Statement zeigst. Möglicherweise gibt es verschiedene Ansichten und unterschiedliche Wahrnehmungen. Doch, wenn du in dir ruhst, ehrlich bist und dich authentisch zeigst: Wer kann deine Welt dann erschüttern und dich angreifen? Dann lebst du nämlich immer aus der Wahrhaftigkeit heraus und das macht dich stark und unerschütterlich. Angreifbar sind wir dann, wenn wir nicht klar haben, was wir

wollen, oder etwas sagen, was nicht wirklich ehrlich ist und nicht aus unserer Seele kommt. In dem Moment, in dem wir vollkommen authentisch und echt sind, tragen wir den sichersten Pol in uns und kommunizieren ihn nach außen: unsere Wahrhaftigkeit. Sei dir bewusst: Je ehrlicher du bist – in dir und nach außen –, umso weniger bist du wirklich angreifbar.

Die transformierte Drama-Queen ist enorm stark! Auch deshalb haben viele Frauen Angst, sich diesen Show-Anteil anzusehen, weil sie die Power spüren, die darunter liegt. Hast du die Drama-Queen zu einer wahrhaftigen Schöpferin gewandelt, bist du eine mächtige Frau, die weiß, wie es geht, ihr Leben aufrecht und kraftvoll auszudrücken. Du kannst unerschrocken dein Business in die Sichtbarkeit führen, weil du keine Angst vor großen Bühnen hast. Du kennst die Abgründe des Theaters, wenn das Publikum nicht applaudiert, und genau deshalb kannst du dein Business mutig nach außen präsentieren. Wenn du transformiert hast, dass es nicht um die Show geht, sondern um Wahrhaftigkeit, bist du in der Lage, richtig Großes in dieser Welt zu vollbringen, weil du den Applaus nicht mehr brauchst. Du weißt in deinem Innersten, was zu tun ist und du tust es hingebungsvoll. Gabriele Sigg schreibt dazu: „Das Gefühl der Seele wird von Wahrheit, Freiheit, Liebe, Dankbarkeit, Freude geleitet. Es schwingt fein und unaufdringlich, während Emotionen meist dramatisch und laut sind.“[57]

Ist die Drama-Queen transformiert, dient dein Business, dein Sein und Wirken dem Leben machtvoll und du findest kreative, gewitzte und sinnvoll-trickreiche Wege, um es in Reichtum und zum Wohle aller bestmöglich zu leben. Du bist stark, um das zu stehen und zu gehen und um dein Business zielgerichtet und klar in den Erfolg zu führen. Niemand kann an einer wahrhaftigen Frau vorbeikommen! Dein Business ist erfüllend – für dich und für andere – und du lebst deine wahrhaftige Größe.

---

[57] Sigg, Gabriele, 201, S. 12

Transformation

Ich bin Wahrhaftigkeit.

Krafttier

- Pfau

Der Pfau erinnert dich daran, dass deine wahre Schönheit im Inneren liegt und dass du dich nicht zur Schau stellen musst, sondern deine einzigartige Größe frei und selbstsicher zeigen darfst. Er mahnt dich, übertriebene Arroganz sein zu lassen und stattdessen deinen Platz im Lebensrad erhobenen Hauptes einzunehmen.[58] Habe den Mut, dein Licht in der Welt leuchten zu lassen und dich selbstbewusst in den schillerndsten Farben zu zeigen.

[58] Haarkemper, Wiebke, 2013, http://www.schamanische-krafttiere.de/krafttier-pfau.html

Öffnende Fragen

Welche Dramen inszenierst du, die von deiner wahrhaftigen Größe ablenken?

....

....

Wo treibst du Spiele oder gibst eine Show, wo bist du Märtyrerin oder Betrügerin deiner Selbst?

....

....

Was kannst du tun, um die Drama-Queen zur echten Königin zu transformieren, sodass du deine wahrhaftige Größe leben und deinen authentischen Thron in deinem Leben einnehmen kannst?

....

....

Kreativität – die Chaos-Lady

Phase 1 | Phase 2

Tritt die Chaos-Lady als Erfolgsverhinderin in deinem Business auf, kann sie viele Gesichter haben. Am auffälligsten ist sie, wenn sie wirklich Chaos veranstaltet, das auch nach außen sichtbar ist. Du kannst dann beispielsweise deinen Fokus nicht halten, bist planlos und hast in deinem Business keinerlei Strukturen. Oder du steigerst dich regelrecht in die Ausarbeitung von Plänen hinein, bist jedoch vielmehr in die Methodik verliebt als in den Plan selbst. Jedes neue Planungstool, das möglichst umfassend und komplex ist, mit vielen bunten Zetteln oder pfiffigen Kreativ-Elementen, reizt die Chaos-Lady. Oftmals tarnt sich ihre Planlosigkeit und Desorganisation unter dem Deckmantel der Kreativität. Typische Sätze für die Chaos-Lady sind:
„Ich bin so kreativ!“
„Wiederholung ist nichts für mich.“
„In Strukturen fühle ich mich eingeengt.“
„Ich mache mein Business anders.“
Tatsächlich liegt unter ihrem chaotischen Handeln ein großes kreatives Potenzial, das jeder Frau zu eigen ist, selbst wenn du jetzt denkst, du wärst nicht kreativ. Denn Kreativität drückt sich nicht nur in künstlerischen oder musischen Fähigkeiten aus. Großer Einfallsreichtum bei der Entwicklung neuer Business-Strategien oder hohe Gestaltungskraft, wenn es um das Umsetzen eines Produktes geht, sowie findige Lösungsideen können genauso Ausdruck deiner Kreativität sein. Ständig neue Pläne zu schmieden und eine lebhafte Fantasie zu haben, wenn es um Business-Konzepte geht, zeigen ebenfalls deine kreativen Energien.
Jede Frau ist kreativ. Diese Kreativität will ihren Ausdruck finden! Ignorierst du dein kreatives Potenzial oder lenkst du es nicht, bricht es dir in deinem Business als Sabotageakt das Ge-

nick. Denn ungezügelte weibliche Kreativ-Mächte haben eine derartige Kraft, dass sie zerstörerisch wirken. Dein Business wird nicht in Gang kommen, wenn du deine Kreativität leugnest oder wenn du sie nicht bewusst kanalisierst und ihr keinen Ausdruck ermöglichst. Dann fängst du in deinem Business beispielsweise ständig Neues an, schmeißt dauernd deine Konzepte über den Haufen oder planst dich regelrecht zu Tode, weil du dein Business nie manifestierst und es nie real werden lässt. Du bleibst im Planen stecken und hast sogar Spaß an der herausfordernden Planungsarbeit. Gleichzeitig fühlst du, dass nichts vorangeht. Das stimmt auch, denn du erfindest dich und dein Business permanent neu. Typische Verhaltensweisen für die Erfolgsverhinderin Kreativität sind beispielsweise, die Homepage zum hundertsten Mal neu zu machen, das Business-Konzept dauernd komplett zu ändern, den Business-Namen permanent zu wechseln oder so komplizierte Marketing-Strategien auszuarbeiten, dass diese niemand versteht, geschweige denn umsetzen kann.

Die Erfolgsverhinderin Kreativität tarnt sich auch gerne unter Ausreden, die beginnen mit: „Ich muss erst noch …“ Denn ihre brodelnde Leidenschaft kann sich in übertriebenem Ehrgeiz, ja fast schon in Verbissenheit ausdrücken. Manchmal erscheint sie Außenstehenden leicht wahnhaft, wenn sie die ganze Nacht durch an ihrem Business-Konzept oder an der Homepage, an einer Werbekampagne oder einem Produkt-Launch arbeitet, um dann in den frühen Morgenstunden alles zu löschen. Die Chaos-Lady gerät schnell in eine ungute Leidenschaft und verrennt sich. Sie verbeißt sich in eine Idee, die nicht umsetzbar ist, oder wird so detailverliebt, dass der nächste Schritt im Business verhindert wird, weil sich ein Teilaspekt aus ihrer Sicht nicht lösen lässt.

Das selbstzerstörerische Handeln der Chaos-Lady führt dazu, dass sie ihr Business dermaßen sabotiert, dass sie es permanent auf Null zurücksetzt und dafür sogar große finanzielle Verluste in Kauf nimmt. Sie plant immer wieder von Neuem, weil die

Freude an der Entstehung von etwas – egal, was das ist – so immens groß ist. Das Erschaffen allein befriedigt ihre weibische Kreativkraft. Manchmal überfordert diese innere Power die Chaos-Lady auch. Statt im Außen zu wirbeln, zieht sie sich dann lethargisch zurück oder vergräbt sich im Nichtstun, weil die kreativen Möglichkeiten sie zu sehr fluten. Sie hat das Gefühl, „das alles“ nicht zu schaffen. Dabei ist sie selbst dieses „das alles“, was sie jedoch nicht wahrnimmt. Sie sieht ihre eigene Größe nicht und erkennt nicht, welch mächtiges Wesen sie ist. Sie verweigert sich selbst als Schöpferin, die über Leben und Tod entscheiden kann. Das Urweib in ihr, dessen Feuer in ihr lodert, macht ihr Angst.
Meistens lehnt die Chaos-Lady jegliche Art von Sicherheit tief in ihrem Inneren ab. Denn sie setzt sie mit Langeweile gleich. Sie begreift nicht, dass ihr großer Geldfluss auch großen Spielraum für das Ausleben ihrer Kreativität ermöglichen kann. Stattdessen torpediert sie regelrecht, dass Geld zu ihr kommt, weil sie den schnöden Mammon als Gefahr für ihr kreatives Sein wittert. Geld ist ihr suspekt und am liebsten möchte sie die Verantwortung für Geld vollkommen abgeben. Sie wünscht sich, dass sich jemand anders darum kümmern möge, denn mit diesen irdischen Belangen will sie nichts zu tun haben. Sie verkennt dabei, dass sie genau in dieser irdischen Welt lebt und Geld Teil ihrer Welt ist.
Die Ursache für all diese Sabotage-Akte der Chaos-Lady ist eine nicht adäquat gelebte Kreativität und die Verleugnung der eigenen Wirksamkeit. Das, was du tust, und dass du da bist, ist wirksam. Wenn du anerkennst, dass du allein durch dein Sein in dieser Welt eine Wirksamkeit hast, kannst du dich entspannen. Dein Business benötigt deine gesamte Ausdruckskraft und dein vollständiges schöpferisches Potenzial. Es engt dich nicht ein, sondern im Gegenteil: Business zu machen, braucht kreative Macht, um sich permanent weiterzuentwickeln. Nutzt du nicht hundert Prozent deiner mächtigen Schöpferinnenenergie gezielt für dein Herzensbusiness, sondern verschleuderst du sie

unkontrolliert, bist du nicht wirksam. Das macht dich permanent unzufrieden. In dir ist deshalb ständig ein loderndes Feuer an Fantasie und Einfallsreichtum, das hinaus will.
Um mit der Erfolgsverhinderin Kreativität umzugehen, mach dir klar, dass es notwendig ist, anzunehmen, dass du wirksam bist. Du wirst als Erfolgsfrau in deiner ganzen Energie in dieser Welt gebraucht. Nutze deinen kreativen Reichtum gezielt, um deiner Wirksamkeit Ausdruck zu verleihen. Mach dir deine schöpferische Frauenkraft zunutze und fokussiere deine Energien. Lerne, die Kräfte, die in dir brodeln, zu handhaben und deinem Business Bodenhaftung zu geben, damit Großes erblühen kann. Du bist wichtig. Sei wirksam!

Transformation

Ich bin Wirksamkeit.

Krafttier

- Drache

Der Drache unterstützt dich, deine Kreativitätspower zu fokussieren und deine sprudelnden Energien gezielt für das Wachstum deines Business einzusetzen. Du kannst mit mächtigen Kräften arbeiten und bist in der Lage, deine Kreativität und dein Feuer dafür zu nutzen. Dein Wirkungsvermögen ist machtvoll.[59]
Der Drache oder die Drachin erinnert dich an deine urweibliche Antriebskraft in dir, dein inneres Feuer, das gelebt und entzündet werden will. Die Drachenpower hilft dir, dich mit deiner Weiblichkeit zu verbinden, um aus der Tiefe deiner Seele dein Business zu leben und wirksam zu sein. So kannst du dich in all deiner Wildheit, Feurigkeit und Kreativität zeigen.

---

[59] Haarkemper, Wiebke, 2013, http://www.schamanische-krafttiere.de/schlagwort/kontrolle

Öffnende Fragen

Welche kreativen Aktionen kannst du erkennen, die du lediglich aus Freude an der Kreativität und nicht zum Wohle deines Business gestartet hast?

....

....

Wo veranstaltest du noch Chaos?

....

....

Wo bist du eher verliebt in dein kreatives Erschaffen statt in deine Wirksamkeit?

....

....

Was kannst du tun, um deine Wirksamkeit anzunehmen und dein kreatives Schöpferinnenpotenzial dazu zu nutzen, dein Herzensbusiness hell leuchtend in die Welt zu bringen?

....

....

Verleugnung – die Kleine

Phase 2 | Phase 4 | Phase 5 | Phase 7

Die Erfolgsverhinderin Verleugnung kokettiert wie ein kleines Mädchen – und zwar in beide Richtungen. Einerseits stellt sie ihr Können übertrieben zur Schau, wie eine Lolita oder ein It-Girl, das aussieht, als wäre es zu klein für diese hohen Pumps. Die Kleine versucht beispielsweise mit einer unangemessenen Flirterei für ihr Business zu werben: „Schau her, was ich alles kann!" Ihr Marketingauftritt gleitet dabei manchmal ins Lächerliche ab, weil ihr das richtige Maß und das Empfinden für ihr wahres Sein fehlt. Ihr Gehabe führt deshalb bei den meisten Menschen zu keiner wirklichen Nähe. Obwohl sie staunende Blicke kassiert, lässt sich niemand wirklich auf sie ein und der Erfolg bleibt aus oder stecken. Um in die nächste Business-Phase zu gehen, genügt Kokettieren mit Wissen nicht.

Die andere Variante der kokettierenden Kleinen ist das Gegenteil – die Untertreibung: „Ich kann ja eigentlich fast gar nix." Menschen fühlen sich dann von dir getäuscht, wenn sie merken, dass du einen Doktortitel der Mathematik besitzt oder ein Fachbuch über Quantenphysik geschrieben hast. Sie sind irritiert, wenn du vorgibst, nichts zu können, und plötzlich ein Mega-Event organisierst oder deine intuitiven Gaben auf einmal zum Vorschein treten. Das Verleugnen deines immensen Wissens, deiner Fähigkeiten und deiner Power führt genauso zu ablehnendem Verhalten bei deinen Mitmenschen wie das übertriebene Kokettieren mit Wissen. So oder so stagniert dein Business, denn Menschen spüren es, wenn du dich selbst verleugnest, und wenden sich ab.

Ist dieser Anteil – die Verleugnung – in dir sehr stark ausgeprägt, möchtest du meistens keine Verantwortung übernehmen und bist oft verbunden mit der Ohnmächtigen. Du willst die Macht nicht und verweigerst einen verantwortungsvollen Umgang mit dir selbst, mit deinem Business und mit deinem gesamten Leben. Typischerweise sagt die Kleine so etwas wie: „Das kann doch nicht *ich* machen! Das schaffe ich nicht!“ bis hin zu: „Mach du das!“ Damit begibt sie sich in eine Ohnmacht und Abhängigkeit, obwohl sie ihr Business eigentlich sehr gut selbst managen könnte.

Bist du mit dieser Erfolgsverhinderin in Kontakt, fühlst du dich oft verzweifelt, ohne den genauen Grund zu kennen. Der liegt in der Verweigerung und Verleugnung deiner wahren Größe. Die Kleine fühlt sich fast immer nicht genug und sagt das auch: „Ich bin nicht gut. Ich bin nicht genug. Ich bin wertlos.“ Manchmal schimpft sie über sich selbst und wertet sich ab: „Ach, ich Trottel .... Was bin ich für eine Idiotin!“ Deshalb konstruiert sie auch Situationen, in denen ihr Umfeld ihr genau das widerspiegelt. Sie fokussiert sich auf die falschen Menschen, die sie erniedrigen und verkennen. Oder sie begibt sich in Konstellationen, in denen sie sich heillos überfordert. Das tut sie alles nur, um sich selbst klein zu fühlen anstatt ihre Größe zu leben.

Typischerweise macht sie noch eine Ausbildung, noch eine Weiterbildung, noch eine Fortbildung. Anders als die Gewissenhafte, die sich dadurch mehr Anerkennung erhofft und die alles richtig machen will, rennt die Kleine von Seminar zu Seminar, weil sie nicht glauben kann, dass sie selbst schon groß und mächtig ist – selbst ohne angehäuftes Wissen. In ihr schlummert eine unerweckte Königin. Ihr Selbstzweifel und die geringe Wertschätzung ihrer Selbst, drückt sich oft in maßloser, und nicht selten vernichtender, Kritik an anderen aus: „Die hat ja gar keine richtige Coachingausbildung! Die darf gar nicht coachen!“ Die Erfolgsverhinderin Verleugnung wertet schnell, ist unsachlich und in ihrer Kritik gnadenlos zerstörend. Im Extremfall koppelt sie sich von ihrem Mitgefühl mit sich selbst und anderen ab. Das kann soweit gehen, dass sie Themen wie Verrat und Bitterkeit in ihr Leben und Business zieht. Die Kleine gönnt der anderen, die sich traut, ihre wahre Größe zu leben, dies nicht.

Bist du in so einem Modus, verrätst du lieber eine andere Person

und stellst sie an den Pranger für etwas, was sie nicht getan hat, um sie in ihrer Größe zu demontieren, als deine eigene Mächtigkeit anzuerkennen. Unterdrückung und Machtmissbrauch sind dann Themen, die auftauchen, und zwar nicht nur in der Opferrolle, sondern in der Täterinnenrolle. Du unterdrückst andere Menschen massiv und missbrauchst deine Macht, die dir zum Beispiel via Gesetz zusteht, wie für deine Kinder, Angestellte oder von dir abhängige Menschen. Du führst Rechtsstreits, verweigerst Vereinbarungen oder beutest andere zu deinen Gunsten aus. Die Erfolgsverhinderin Verleugnung hat verheerende Auswirkungen, wenn du sie nicht erkennst und nicht transformierst. Das richtet großen Schaden an.
Die Verleugnung kann sich auch darin äußern, dass du dich in Beziehungen künstlich klein machst, damit andere nicht merken, wie groß du bist, zum Beispiel eine Freundin, dein Mann oder die Kooperationspartner*in. Manchmal suchst du dir sogar Partner*innen für etwas, wo du diese gar nicht brauchst. Denn du bist selbst groß genug, um das allein zu schaffen, und es wäre sogar besser, wenn du dies tätest. Deine Partner*innen sind an der Stelle nämlich nur Statist*innen. Das merken diese unterschwellig oder du lässt es sie spüren, weil du im Grunde genommen sauer auf dich selbst bist, da du deine Größe nicht lebst. Du spürst dauernd diese Zurückhaltung und bist in all deinem Tun gehemmt, so, als würdest du bei Vollgas gleichzeitig auf der Bremse stehen. Dieser innere Stress macht sich irgendwann körperlich bemerkbar. Dann bist du oft krank oder du knockst dich selbst durch Unfälle aus. Du bist überzeugt: „Wenn ich mich voll sichtbar mache, hält mich niemand aus." Du spürst dieses riesige Potenzial in dir und ahnst, was für eine Power dahinter steckt, wenn du dich in deiner ganzen strahlenden Schönheit vollkommen leben würdest. Die Macht und Kraft sind für dich erschreckend und du glaubst, andere würden so viel Power niemals aushalten können. Wir sind es meistens nicht gewohnt, mit der ganzen Megapower unseres Selbst an die Öffentlichkeit zu gehen und unser Umfeld damit zu konfrontieren.

Wir leben oft nur einen geringen Prozentsatz dessen, was möglich ist. Deshalb denkst du vielleicht, die anderen Menschen in deinem Umfeld kämen nicht damit zurecht. Doch woher willst du das wissen, ohne es probiert zu haben? Eventuell sind es nicht die richtigen Menschen, wenn sie mit deiner 100-Prozent-Power nicht klar kommen. Willst du tatsächlich mit Menschen zusammen sein, die dich in deiner Megapower gar nicht kennen und die folglich auch nicht wirklich *dich* meinen, wenn sie mit dir zusammen sind? Es ist dein Kopfkino, das abläuft, wenn du glaubst, du könntest nicht das gesamte Powerpaket leben, das dich ausmacht. Bestimmte Menschen lechzen geradezu danach! Eventuell sind es allerdings andere Menschen, als die, die du aktuell in deinem Umfeld hast. Meistens kommen zu den bisherigen Freundschaften oder Kund*innen neue dazu, wenn du dich voll zeigst. Finde es heraus! Lebe nicht mehr diese falsche Bescheidenheit, die dir nicht entspricht. Dein Umfeld merkt, dass „etwas" nicht stimmt, ohne es konkret benennen zu können. Sie spüren (manchmal mehr als du selbst), dass du nicht glücklich bist. Denn wie willst du glücklich und erfolgreich sein, wenn du dich andauernd mit deinem wahrhaftigen Ich versteckst und dich selbst verleugnest? Verleugnung deiner wahren Größe frisst dich auf und nagt an dir, bis du wirklich klein bist.

Manche Erfolgsfrauen verkleinern sich finanziell wieder, kaum dass sie in der Phase der Fülle gelandet sind. Sie deckeln die Fülle. Sie machen einen Deckel darauf, sobald sie Erfolg haben oder Geld konstant zu ihnen fließt. Dann ist die Erfolgsverhinderin Verleugnung aktiv, die dir einredet, du hättest solch eine Fülle nicht verdient. In Deutschland gibt es kaum Vorbildfrauen, an denen du dich orientieren könntest, wenn du als Selbstständige reich wirst. Denn die Gründerinnenquote ist so niedrig, dass es kaum reiche Unternehmerinnen gibt, die aus eigenem Antrieb in die Zyklusphasen des Reichtums oder der Vollendung gekommen sind. Hast du es bis zur Fülle geschafft, taucht die Verleugnung auf und suggeriert dir, dass es nicht sein kann, dass dies dein Verdienst wäre. Das Imposter Syndrom tritt in

Kraft. Damit ist die Unfähigkeit gemeint, die eigenen Erfolge zu verinnerlichen und zu glauben, dass du toll bist und dass du es verdient hast, erfolgreich zu sein. Erfolgreiche Frauen glauben, sie wären Hochstaplerinnen, wenn sie das Imposter Syndrom haben. Gehörst du dazu, weil die Erfolgsverhinderin Verleugnung aktuell die Regie in deinem Business übernommen hat, bist du überzeugt davon, dass es Glück, Zufall oder Schicksal wäre, dass du diesen Erfolg erreicht hast. Oder du redest dir sogar ein, du hättest dein Business „reich gemogelt“, anstatt anzuerkennen und auszustrahlen, dass du wirklich gut in dem bist, was du tust.

Du machst einen Deckel auf den Erfolg, sodass er stagniert oder dein Business sich rückläufig entwickelt. Deine obere Grenze des Erfolgs, die du dir erlaubt hast, ist zu klein. Jetzt ist der Moment gekommen, wo du sie weiten darfst. Lerne, wie du mit großen Energien und Erfolgen umgehst. Weite dich, dehne dich, atme in das nächste Level hinein und breite dich in die Fülle aus. Bleib mit deinem Sein und deinen Energien dort, wo die Fülle und der Reichtum sind. Zeig dich auf deinem Weg. Zieh dich nicht zurück. Dich in Fülle sichtbar zu machen, ist mutig! Doch es geht in deinem Transformationszyklus genau darum, wenn du eine erfolgreiche Business-Frau sein willst: deine Erfolge zu zeigen. Klar. Souverän. Selbstbewusst. Nicht mit unnötigem Geschrei und auch nicht still und nicht künstlich klein gemacht, sondern authentisch. Es ist wichtig, dein Erfolgreich-Sein nach außen auszustrahlen und zwar nur das, was du wirklich bist. Echt. Nicht übertrieben. Nicht aufgesetzt. Nicht kleiner als du bist, nicht größer als du bist. Genau so, wie du jetzt erfolgreich lebst.

Dein Erfolg und deine Sichtbarkeit im Erfolg bringen meistens den Neid und die Missgunst anderer Menschen mit sich. Besinne dich in diesem Fall auf dich und deinen Weg. Lass dich nicht beirren, sondern sei dir gewahr, dass dies nur weitere Herausforderungen sind, die es gilt, souverän zu stehen. Lebe deine wahre Größe unbescheiden und schamlos, in der Gewissheit,

dass du mächtig und verantwortungsbewusst bist. Dadurch inspirierst du andere.
Die Verleugnung nicht zu wandeln, bedeutet, dass du deine wahre Größe und Macht unkontrolliert wallten lässt und dies zerstörerische Folgen hätte. Schau deiner Größe ins Gesicht und bejahe, dass du eine große, starke, mächtige Erfolgsfrau bist, die in der Lage ist, diese Stärke positiv zu leben. Dehne dich in grandiose Erfolge hinein und wisse, dass dich das Leben mit allem befähigt und ausstattet, diesen Reichtum auf allen Ebenen zu leben. Vertraue, dass du alles an deine Seite gestellt bekommst, was du brauchst, um deine wahre Größe zu voller Entfaltung zu bringen und deine Aufgabe in dieser Welt zu erfüllen. Es liegt an dir, dich für das Entfalten deiner Größe zu entscheiden.

Transformation

Ich bin Größe.

Krafttier

- Bär

Der Bär erinnert dich daran, dich selbst zu beobachten und in der Stille der Bärenhöhle mit deinem wahren Selbst in Verbindung zu gehen. Dann ermutigt er dich, aufzustehen und dich zu erheben. Es ist an der Zeit, deine volle Kraft zu leben. Er ist ein Symbol der Stärke und des Mutes.[60] „Komm endlich aus deinem Winterschlaf und zeig dich in deiner ganzen Mächtigkeit!“, ruft dir der Bär zu. Mit dem Bären an deiner Seite wählst du weise, auf welche Art du deine Stärke lebst und wirst dies nicht vernichtend tun, sondern mit Bedacht. Du suchst die besten Möglichkeiten zur Macht-Entfaltung und -Ausübung aus, indem du dich an der Natur orientierst und mit deiner Intuition verbunden bist. Lebe deine wahre Größe! Jetzt.

---

[60] Sams/Carson, 1992, S. 59-61

Öffnende Fragen

Welche Verweigerungsstrategien kannst du erkennen, die du anwendest, um deine Größe nicht zu leben?

....

....

Wo hast du Menschen in dein Leben oder Business gelassen oder Situationen geschaffen, die dich an der Entfaltung deiner Größe hindern?

....

....

Wo bist du aktuell Täterin und verurteilst, vernichtest oder hinderst andere, die ihre wahre Größe leben, und übernimmst nicht die volle Verantwortung für dein Handeln?

....

....

Was kannst du tun und was brauchst du, um deine Größe machtvoll und verantwortungsbewusst in deinem Business zu leben?

....

....

Schatten des weiblichen Kollektivs

Phase 4 | Phase 5 | Phase 6 | Phase 7

Mit den Schatten des weiblichen Kollektivs meine ich all jene belastenden und blockierenden Auswirkungen, die uns begleiten, weil wir – oder Frauen, die vor uns gelebt haben – bestimmte Erfahrungen machen, nur weil wir Frauen sind. Sich darüber bewusst zu werden und damit umzugehen, ist eine immense Herausforderung. Sich anzusehen, was in der Geschichte der Frauen stattgefunden hat, und sich dem Erleben wirklich zu stellen und davon auszugehen, dass dich das prägt, kann zu Wut, Empörung, Rebellion, Frust, Traurigkeit, Zorn oder Desillusionierung führen. Viele halten den Schmerz kaum oder gar nicht aus und ziehen die Flucht in Verweigerung oder in Depression vor. Möchtest du dich all diesen Empfindungen nicht stellen und sie weder spüren noch wandeln, ziehen sie als Schatten in dein Business ein, zum Beispiel in Form von Angst, Lähmung, Neid, Missgunst, Verrat, Verleumdung, Hinterhältigkeit und mehr. Die Natur von Schatten ist es, sich im Dunklen, im Verborgenen und im Getuschel zu zeigen. Die Konfrontation läuft deshalb meistens hinterrücks ab oder fühlt sich wie das Stapfen in Morast an, sodass du dich wie in einem Sumpf aus nicht enden wollenden Negativ-Gefühlsspiralen befindest. Auch Empfindungen wie in einem Keller, Verlies oder von Ketten umgeben, können auftreten.

Nicht transformierte, kollektiv verankerte Erlebnisse werden zu massiven Erfolgsverhinderinnen in deinem Business. Du kommst nicht voran, bist plötzlich blockiert oder kannst trotz energievoller Absichten und positiver Affirmationen keinen Zentimeter weiter vorangehen. Eine tonnenschwere Last scheint dich niederzudrücken und es gibt keine erkennbaren Anzeichen, dass du etwas anders gemacht hättest, als zuvor. Gerade, wenn du dich in deinem Herzensbusiness mit Frauenthemen, Weltveränderung oder Macht-Bereichen beschäftigst, werden dir die

Schatten des weiblichen Kollektivs irgendwann massiv begegnen.

Oftmals werden wir mit dieser geballten Schattenenergie auch im Außen konfrontiert. Es braucht viel Kraft und Zentriertheit in dir selbst, um das zu stehen. Das Gewahrsein deiner vollen Größe, Macht und Stärke sowie der Umgang mit Anfechtungen und mit intensiven Kräften, weil du mit dem Frauen-Kollektiv in Kontakt gehst, ist die Voraussetzung. Nur dann kannst du in die nächsten Business-Phasen eintreten, in denen es um verantwortungsvollen Reichtum und Vollendung deiner Lebensaufgabe geht. Manche Erfolgsfrau spürt, dass sie das (noch) nicht kann – und macht sich deshalb unbewusst nicht vollkommen sichtbar. Wenn dies auf dich zutrifft, nimm dich selbst liebevoll an und hadere nicht mit dir. Nicht jede Frau durchläuft den Zyklus weiblicher Selbstständigkeit vollkommen. Jeder Schritt, den du erreichst, ist bereits wichtig und wertvoll und bewirkt etwas in der Welt.

„Wenn ich mich ganz sichtbar mache, sterbe ich.“ Ich kenne viele Erfolgsfrauen, die dieses Gefühl haben, wenn sie an die Grenze von einer Zyklusphase in die nächste wichtige Business-Phase kommen und sich wirklich sichtbar machen wollen. Diese Angst zu sterben, ist sicherlich eine der mächtigsten. Ihre Wurzeln liegen oft in der Kollektivangst vor Verbrennung und Hinrichtung, die Frauen erfahren haben, zum Beispiel als sie sich im Mittelalter mit ihrem ganzen mystischen Know-how und mit ihrer magischen Intuition gezeigt haben. Wenn diese Kräfte in dir zum Tragen kommen und wenn du dich damit in der Öffentlichkeit zeigst, dass du in deinem Business nicht nur Schulwissen anwendest, sondern auf deine innere Weisheit zurückgreifst, dann kann sich das wie Todesangst anfühlen. Viele Frauen trauen sich nicht, ihre besonderen Skills voll erkennbar nach außen zu zeigen. Zu sehr sitzt uns die Hexenverbrennung im Nacken, respektive in unserer Ahninnengeschichte. Auch wenn es dir nicht bewusst ist, bin ich davon überzeugt, dass wir Frauen kollektiv davon geprägt sind, dass unsere weiblichen Vorfah-

ren verbrannt wurden, weil sie ihre intuitiven Fähigkeiten öffentlich gezeigt haben. Hexen wurden auf dem Scheiterhaufen hingerichtet, weil sie deutlich ausgesprochen haben:
„Ich bin eine Heilerin!“
Sie wurden gefoltert, weil sie sich öffentlich hingestellt haben und gesagt haben, wie es heutzutage Masseurinnen, Heilpraktikerinnen, Medizinerinnen oder Mütter tun könnten:
„Ich mache dich mit meinen Händen gesund.“
Oder weil sie hellseherisch gehandelt und andere unterstützt haben, wie Coachinnen, Trainerinnen und Mentorinnen es heute tun könnten:
„Ich sehe hell und klar, was in dir vorgeht.“
Oder weil sie, wie es Politikerinnen, Führungskräfte, Managerinnen oder Female Influencer im heutigen Zeitalter tun könnten, auch damals visionär gedacht haben:
„Ich weiß, wohin uns dieser Weg führt und ich zeige dir, wie wir ihn gehen können. Ich habe eine Vision.“
Früher wurden Frauen, die das taten, für ihr intuitives Wissen angeprangert und ermordet, weil man(n) ihnen Zauberei, Magie und Hexenkunst vorwarf. Dabei haben sie nur ihr intuitives Wissen angewendet – wie es Frauen auch heute tun. Heute wirst du nicht mehr verbrannt, wenn du deine intuitiven Begabungen zeigst! Dennoch ist diese Angst als ein dauernder Schatten da. Lähmt sie dich oder hindert sie dich, den nächsten Schritt in deiner Businessentwicklung zu gehen, hat die Erfolgsverhinderin „Schatten des Kollektivbewusstseins“ bei dir Einzug gehalten. Manchmal kannst du diese imaginäre Angst nicht benennen, doch es scheint in deinem Business keine Fülle entstehen zu wollen. Meistens gilt es dann, hinzuschauen und dir der Einflüsse des Frauen-Kollektivs aus aktuellen und früheren Zeiten bewusst zu werden.
Die Welt und ihre Lebewesen brauchen dich mit deinen speziellen Talenten im Hier und Jetzt. Ob du nun eine ausgeprägt hohe Wahrnehmungsfähigkeit hast, auf die du dich auch in deinen Coachings verlässt, oder ein Gespür für die Schmerzpunkte in

Menschen, die du mit ihnen auflöst. Oder ob du mit deiner immens hohen Durchlässigkeit in einem Raum Energien klären kannst, Seelenanteile reinigen oder Blockaden lösen kannst: All diese Fähigkeiten sind wichtig! Ob du eine begnadete Begabung hast, dich mit der Natur und allen Lebewesen zu verbinden, dich sehr gut erden und andere dabei begleiten kannst. Oder ob du mit deinen Händen, Trommeln oder mit deinem Gesang heilen kannst. Ob du als Mutter haargenau weißt, was für dein Kind gut ist, ohne dass es dir jemals jemand gesagt hätte, und ob du intuitiv die richtigen Entscheidungen triffst – du und deine Fähigkeiten sind wichtig! Ob du visionäre Konzepte zur Verbesserung der Situation in dieser Welt oder grandiose Strategien für ein wertvolleres und nachhaltigeres Leben entwickeln kannst, oder was auch immer dein Spezialgebiet ist: All das sind Wirksamkeiten, die nur du genau so in die Welt bringen kannst. Das sind deine Befähigungen und intuitiven Gaben, die es gilt, sichtbar zu machen.

Spannenderweise wird in diesem Zusammenhang oft von „über"sinnlich gesprochen. Es ist sinnlich, was du tust: Deine Sinne sind geschärft, du schaust, hörst, spürst, schmeckst und fühlst genau hin. Zeige diese Sinnlichkeit. Du erkennst hier auch den Zusammenhang zu Sinnlichkeit, Erotik und Sexualität, denn dort ist unsere weibliche Power vergraben. Viele Erfolgsfrauen sind als Sexual-, Paar- oder Körpertherapeutinnen tätig. Zeige deine Sinnes-Fähigkeit, deine Über-Sinnlichkeit. Es ist eine Qualität, nichts Verwerfliches.

In meinem Feld gibt es grandiose und begnadete Business-Frauen, und besonders viele Solopreneurinnen, die coachen. Wenn ich nachfrage, was das Einzigartige an ihrem Coaching ist, kommen fast immer die gleichen Antworten: Coaching für Veränderungen, für Potenzialentfaltung, für Menschen, die mehr aus ihrem Leben machen wollen, die sich selbst entdecken wollen, die Blockaden und Glaubenssätze auflösen wollen, die glücklich leben möchten oder ähnliches. Dann schaue ich mir an, was diese Business-Frau wirklich macht und erkenne:

„Wow, wenn du dich voll zeigen würdest, kannst du die Welt verändern!“
Denn das, was viele mit ihrem Business tun (und möglicherweise gehörst auch du dazu), ist echte Heilarbeit. Es sind Heilerinnen. Früher hätten die Menschen gesagt, es wären Hexen. Es sind Frauen mit der Fähigkeit, andere nicht nur zu begleiten, sondern tatsächlich all die ungelösten Felder aufzuspüren und auflösen zu können, in denen viele Menschen gefangen sind und feststecken.
Andere Businessfrauen, denen ich begegne, arbeiten unter Tarn-Begriffen wie Kosmetikerin, Heilpraktikerin, Kinesiologin, Tierheilpraktikerin, Sexualitäts-Begleiterin oder auch Masseurin. Sie gehen in körperlichen Kontakt mit Lebewesen – Menschen oder Tieren –, berühren diese, legen die Hand auf und können durch Berührung im Körper verankerte Blockaden oder Schmerzen lösen. Sie bringen Energie wieder in Fluss. Wieder andere Business-Frauen erkennen die Strukturen und Zusammenhänge, die in Gruppen, in Unternehmensteams, in der Wirtschaft und in der Gesellschaft vorhanden sind. Sie machen klar, was sie sehen, und arbeiten mit den Menschen aus, wie es besser gehen kann: friedvoller, lebendiger, miteinander. Sie sind Visionärinnen, die sich für eine glücklichere Zukunft einsetzen. Sie sind Hell-Seherinnen.
Andere Erfolgsfrauen stellen Webseiten, Produkte oder Schmuck her, den sie mit ihren eigenen Händen erzeugen, wie früher Talismane erstellt wurden, und laden diese Erzeugnisse dadurch mit ihrer Energie auf. Manche machen Aromatherapie, mischen Düfte oder Cremes nach speziellen Rezepturen. Früher hätte man Quacksalbereien dazu gesagt. Oder sie arbeiten mit Farben, sind Künstlerinnen, Musischbegabte, Hypnose-Expertinnen oder es sind Frauen, die sich um gesunde Ernährung kümmern und Rezepte weitergeben, die den Körper kräftigen und ihn gesund machen. Es sind Kräuterkundige. Alle sind Heilerinnen, Hexen und Magierinnen, die ihr Wissen in – für die heutige Zeit – akzeptable Begriffe packen: Coach, Ernährungsberaterin, Webde-

signerin, Schmuckdesignerin, Kosmetikerin, Masseurin, Therapeutin und so weiter.
Viele zeigen ihre wahre Größe nicht. Sie haben Angst vor ihrer wahren Größe. Ihre Sichtbarkeit und ihr Erfolg sind gezähmt. Mach dir klar, dass du in der heutigen Zeit lebst. Keine Frau wird heutzutage hier in der westlichen Welt wegen ihres Heilerinnenwissens oder ihrer magischen Begabung verbrannt. Such dir Verbündete. Außer dir gibt es zahlreiche weitere weise Frauen, die mutmaßlich sogar in deiner Nähe sind oder mit denen du dich online verbinden kannst. Schau dich um und nimm Kontakt auf. Mach dich unter deinesgleichen sichtbar. Gemeinschaften stärken dir den Rücken und nähren dich. Frauenverbindungen sind im Business existenziell wichtig, um sich gegenseitig zu unterstützen.
Der Schatten des Kollektivs ist groß, weitreichend und hat viele Facetten. Denn auch die Versammlung von Frauen und das öffentliche Reden von Frauen war lange Zeit verboten oder gar nicht möglich. Im Nationalsozialismus wurden in Deutschland zahlreiche nicht-nationalsozialistische Frauenorganisationen zwangsaufgelöst und die Frauenbewegung wurde lahmgelegt. Gegenseitige Unterstützung oder das Entwickeln eigener Gedanken und Lebensformen war für Frauen nahezu unmöglich. Frauen bekamen ausschließlich als Ehefrauen und Mütter Anerkennung (idealerweise als Mutter mit vier rassenreinen Kindern) und mussten sich als arbeitende Frauen den politischen Vorgaben unterordnen. Sie wurden zu hauswirtschaftlichen Tätigkeiten oder Kriegsdiensten eingesetzt, als wären sie Vieh. Selbstständige Frauen – in der Regel alleinstehend – wurden vom Naziregime lediglich in NSDAP-Zusammenhängen genutzt, um sie für politische Propaganda einzusetzen.
Das Frauenbild dieser Zeit bestand aus der Frau als Gebärmaschine von arisch-reinen und gesunden Kindern, als Mutter für das Aufziehen der Kinder und für den Erhalt der Familie sowie als Arbeitskraft in Kriegszeiten. Frauen, die dazu nicht taugten oder rebellisch waren, die Kinder mit einer Krankheit zur Welt

brachten und alle jüdischen oder sogenannten „artfremden“ Frauen wurden samt ihrer Kinder in den Gaskammern verbrannt. Der Schatten dieser kollektiven Erfahrung „Nur als verheiratete Mutter von gesunden Kindern und als hart schuftende Arbeitskraft bist du etwas wert.“ beeinflusst jede Frau bis heute! In den Schulen wurden Mädchen im nationalsozialistischen Regime dazu erzogen, sich auf die Hauswirtschaft und Mutterschaft vorzubereiten, nicht dazu, selbstständig zu denken oder gar ein Unternehmen zu gründen.

Jahrhundertelang war für Frauen die einzige Möglichkeit, um soziale Absicherung und Anerkennung zu bekommen, die Heirat. Das wirkt sich bis heute in weiten Teilen aus und ist in vielen Gesellschaftsschichten so geblieben. Du spürst diese kollektiven Erfahrungen als Erfolgsverhinderin, wenn du dich schlecht dafür fühlst, dass du nicht verheiratet bist, dass du dein Business vor deine Kinder oder vor das Kinderkriegen stellst und statt Mutter-Sein eine Karriere als Businessfrau planst. Ein freiwillig gewähltes Single-Dasein als Frau ist aktuell noch immer ein gesellschaftliches No-Go. Insbesondere dann, wenn diese Frau sich bewusst für ein erfolgreiches Businessleben statt für ein Dasein als Familien-Fürsorgerin entschieden hat. Früher waren unverheiratete Frauen rechtlos und Freiwild. Sie wurden stigmatisiert, indem ihnen angedichtet wurde, sie wären hässlich, schwierig, verrückt oder frigide. Diese Einstellung „Irgendetwas stimmt mit der nicht.“ schwingt bis heute mit, wenn sich eine Frau gegen eine Ehe und für das Führen eines erfolgreichen Business entscheidet.

Viele deutsche Frauen in der unmittelbaren Zeit nach 1945 haben sich nicht bewusst fürs Unternehmertum ausgesprochen, sondern haben getan, was in dieser Nachkriegszeit nötig war: Verantwortung für ein ganzes Land zu übernehmen. Sie haben die Apotheken ihrer gefallenen oder vermissten Männer geleitet, Schulen geführt oder Arztpraxen übernommen, die Rechtsanwaltskanzlei aufrecht erhalten oder die Kfz-Werkstatt geleitet. Sie sind somit in die Selbstständigkeit hineingerutscht. Dann wurde sie ihnen umgehend wieder abgenommen, als die im Krieg verschollen gegoltenen Ehemänner nach Jahren plötzlich auftauchten oder männliche Verwandte von Gefallenen Besitzansprüche auf den Platz der Führung anmeldeten. Die selbstständigen Frauen aus den 50er und 60er Jahren wurden größtenteils totgeschwiegen und das Bild der Trümmerfrauen mit Kopftuch, die schwere Steine schleppten und das deutsche Land mit ihren eigenen Händen wieder aufbauten, war das einzige Bild, das die Medien inszeniert haben. Dass es unzählige Frauen gab, die plötzlich Unternehmerinnen wurden und Verantwortung für ganze Betriebe übernommen haben – davon erzählt kaum jemand.[61]

Diese Haltung aus den Nachkriegsjahren wirkt sich auch heute noch als kollektiver Schatten aus: Wenn es notwendig ist, übernehmen Frauen den Betrieb des Mannes oder Vaters, gehen in Vorstandspositionen oder treten das Erbe des Familienunternehmens an. Doch anders als viele männliche Heranwachsende entscheiden junge Frauen bisher selten, dass sie Managerin oder eine Unternehmerin werden wollen und planen ihren Weg dorthin nicht zielstrebig von Jugend an, wie es junge Männer mit Führungsambitionen tun. Bei Frauen ergibt sich die Selbstständigkeit häufig aus der Notwendigkeit statt aus Pionier- oder Unternehmensgeist.

Frauen werden zum Beispiel deshalb selbstständig, weil sie ein Kind bekommen haben, dieses versorgen müssen und weil sie gleichzeitig etwas Sinnvolles machen wollen. Viele möchten Geld dazu verdienen, sich selbst (wieder) mehr verwirklichen oder etwas in der Welt bewegen. Sie werden Solopreneurin, weil sie die – nicht selten romantisch-verklärte – Vorstellung haben, dann von zu Hause aus arbeiten und gleichzeitig die Kinder versorgen zu können. Die Doppelbelastung Familie und Business ist den meisten bei der Gründung nicht bewusst. Eine enorme Anstren-

[61] Bahr, Petra: Frauen führen anders – Eine gegenwartsbezogene Lektüre Buch Rut, 2006. Unter: https://www.ekd.de/060405_bahr.htm (abgerufen am: 22.04.2019)

gung kommt für viele Jahre auf sie zu. Die fast schon naive Haltung von vielen selbstständigen Frauen, die nicht selten zum Misserfolg mit dem Business führt, entsteht aus dem kollektiven Schatten des Hineinrutschens – der nicht geplanten Unternehmensverantwortung.

Frauen tun es einfach, weil es dran ist. Sie sind bereit, Verantwortung zu übernehmen, genau so wie es damals viele Trümmerfrauen waren. Sie verdienen mit ihrer Selbstständigkeit Geld, um dazu beizutragen, die Familie finanziell abzusichern, und bleiben gleichzeitig zu Hause und managen das Familiensystem. Das mangelnde Bewusstsein darüber, welchen Kraftakt dies bedeutet, damit ihr Business wahrhaftig erfolgreich wird, ist unter anderem einer mangelnden Medienpräsenz und eines mangelnden Gesellschaftsbewusstseins geschuldet. Das zeigt sich beispielsweise im Weltbild zu den Trümmerfrauen: Frauen schaffen beides – Familie und Unternehmen leiten – und niemand berichtet darüber. Es geschieht lautlos. Im Verborgenen. Im Schatten.

Das führt manchmal dazu, dass Frauen, die Schwierigkeiten mit dieser enormen Doppelbelastung haben, ebenfalls ein Geheimnis daraus machen und schweigen. Diese Erfolgsverhinderin – der Schatten der weiblichen Kollektiverfahrung – macht sich dann breit, wenn du denkst, du dürftest nicht darüber reden, dass Business und Familie allein zu stemmen, enorm viel ist und dass du diese Belastung kaum tragen kannst. Statt dich mit anderen Frauen zu verbinden und nach Austausch oder Wegen der Unterstützung zu suchen, gehst du in die Isolation. Du glaubst, alle würden es hinkriegen, nur du nicht. Du forderst von dir selbst über die Maßen hohe Einsätze für dein Familiengefüge und zugleich für dein Business, ohne mit jemandem darüber zu reden. Dein Partner weiß nicht, welche Belastungen du auf dich nimmst. Oftmals hältst du sogar all deine Business-Herausforderungen und die Anforderungen durch die Kinder aus der Partnerschaft heraus, damit dein Partner in Ruhe seinem Job nachgehen kann. Du führst zwei Unternehmen gleichzeitig: deine Familie und dein Business. Eines davon erfolgreich zu

schaffen, ist bereits eine enorme Leistung. Für jede Frau! Beides zu meistern, geht nur mit Unterstützung durch deine Liebsten und mit deren Wohlwollen. Stattdessen bist du oftmals noch der Kritik von deinen Familienangehörigen, deiner Herkunftsfamilie oder von Freund*innen ausgesetzt, die dein selbstständiges Business verspotten oder nicht ernst nehmen.
Wie stark wir als Selbstständige und Unternehmerinnen durch die Schatten der weiblichen Kollektiverfahrungen, die in unserem Bewusstsein verankert sind, herausgefordert werden, zeigen auch diese Geschichtszahlen und Fakten:
Im Mittelalter wurden Söhne den Töchtern beim Erben vorgezogen. Selbst wenn eine Frau Vermögen hatte – geerbt oder erwirtschaftet –, bekam die Verfügungsgewalt der Ehemann oder ein männlicher Verwandter. Alles Geld der Frau fiel bis 1958 bei einer Heirat dem Mann zu und er bestimmte alleinig über das Vermögen. Bis 1977 benötigte eine verheiratete Frau noch die Erlaubnis ihres Mannes, um arbeiten gehen zu dürfen. Erst seit 1997 ist eine Vergewaltigung in einer Ehe strafbar. Bis dahin war es dem Mann per Gesetz erlaubt, die eheliche Pflicht der Frau zu erzwingen.
Dies sind ein paar wenige Fakten, unter denen Frauen sich in den vergangenen Jahrzehnten entwickelt haben. Die Empfindungen und Prägungen, die durch deine und meine Ahninnen entstanden sind, sitzen tief in unserem gesamten System. Es ist eine Tatsache, dass Frauen wegen ihres Frau-Seins unterdrückt wurden und zahlreiche Torturen, Demütigungen, Erniedrigungen, Gewalt und Ermordungen erlitten haben. Das kannst du nicht beiseite wischen, wenn du dich mit deinem Business sichtbar machst und in den Erfolg gehen willst. Der Welt deine wahre Größe zu zeigen, öffentlich für dich und dein Business einzustehen und dich womöglich obendrein noch für die Verbesserung der Gesellschaft einzusetzen, erfordert, den Schatten des weiblichen Kollektivs ins Gesicht zu sehen. Dir dessen bewusst zu sein und gewahr zu werden, wann dich diese Schatten auf deinem Weg erfassen, ist ein erster Schritt, um mit ihnen umzu-

gehen und sie transformieren zu können.
Sprich mit anderen Frauen darüber! Wenn du dich mit anderen Frauen in Frauengemeinschaften darüber austauschst, was jede wirklich tut, wie viele Ängste sie hat und wo jede Frau Bedrohung empfindet, entspannen sich alle. Entspannung ist die Voraussetzung für die Entwicklung von Kreativität, um einen guten Umgang mit den jeweiligen Business-Herausforderungen zu entwickeln. Jede erkennt sich in der anderen Frau. Jede merkt, dass sie nicht allein ist. Wir haben so unendlich viel Angst in uns und die Frau, die neben dir sitzt, hat diese Angst ebenfalls. Auch die Klientin, die zu dir kommt, oder die Kundin, die genau dich aufsucht, trägt Angst in sich. Zeigst du dich ihr mit all deinen Fähigkeiten und deinem Sein, ist das eine Chance, dass sie dich wirklich erkennen kann. Die Klientin sucht nämlich keinen Coach für xy, sondern sie sucht eine Frau, die ihrer Intuition vertraut, die Gefühle wie Scham, Schuld oder Angst kennt. Eine, die groß ist, weil sie durch all das hindurchgegangen ist. Eine, die ihre Intuition würdigt und sich selbst und ihrer Größe traut. Eine Expertin, die ihr Orientierung bietet und ihr sagt, dass es okay ist, den eigenen Gefühlen zu lauschen, und die mit ihr schaut, wo es in ihrer Seele verletzte Anteile gibt und wie sie diese heilen kann. Nur indem du dich mit all deinem Sein und deinen Fähigkeiten zeigst, kann sich genau diese Klientin in dir erkennen, die händeringend nach einer wie dir sucht.
Einmal hat eine Frau sinngemäß zu mir gesagt:
„Ja, aber Sabine, ich kann doch auf meine Website als Tierheilpraktikerin nicht schreiben, dass ich auch energetisch mit den Tieren arbeite ... und manchmal sogar Karten mit der Tierhalterin lege, um die tieferen Ursachen aufzuspüren!“
Ich habe geantwortet:
„Hätte ich damals, als meine Hündin sterbenskrank war, eine Tierheilpraktikerin gefunden, die exakt das auf ihrer Website geschrieben hätte, wäre ich sofort zu ihr gegangen.“
Zeig dich in deinem Marketing mit deinen wahren Gaben und Begabungen, mit deiner Haltung zum Leben, mit deinen tiefen

intuitiven, „über“sinnlichen Fähigkeiten – mit deiner wahren Größe. Nur dann können dich die Menschen erkennen, die exakt nach einer wie dir suchen. Befreie deine gezähmte Sichtbarkeit und zeig dich, denn die Welt braucht dich! Solange du die Schatten des weiblichen Kollektivs nicht in dein Business integriert hast und dir nicht bewusst bist, dass dich einer dieser Schatten am Erfolg und am Zeigen deiner Selbst hindern will, schlummert das volle, pralle Leben in dir. Fülle, Reichtum und die Vollendung sowie das Neue, das sich aus dir entfalten will, erblühen dann zum Leben, wenn du bereit bist, dich den Schatten mit all deiner Größe, Stärke und Macht zu stellen.

Transformation

Ich bin Leben.

Krafttier

- Schlange

Die Schlange ist ein Tier, das sehr viele Frauen ablehnen. Sie macht ihnen Angst. Beschäftige dich mit der Schlangenenergie, wenn du im Schatten des Kollektivbewusstseins feststeckst, ihm begegnest oder er dich blockiert. Die Schlange erinnert dich daran, dass es Zeit ist, dich zu häuten. Leg die alte Haut aus vergangenen Zeiten mit all den behindernden Erfahrungen ab und kreiere eine neue Frauen-Geschichte. Du trägst zu einem neuen Frauen-Kollektiv bei, indem du dich zeigst.

Die Schlange erinnert dich daran, dich mit anderen zu verbinden, um Euch gegenseitig Wärme – und damit Leben – zu spenden. Denn genau das tut dieses Tier, da es keine Eigenwärme erzeugen kann: Es legt sich zu anderen und lässt aus der Gemeinschaft Wärme entstehen.[62] Wandle das Gift der Schlange in Leben. Mach aus Unterdrückung Ermächtigung, kreiere aus Neid Überfluss und transformiere Lähmung in Lebendigkeit.

---

[62] Lammert, 2016, http://schamanen-garten.de/krafttier-schlange-wandlung-und-mysterium-des-lebens

Verbinde dich mit der weiblichen Ur-Kraft deiner inneren Quelle! Als Initiationstier bringt dich die Schlange in Kontakt mit deiner Fähigkeit zur Verwandlung, zu heilen und zu gestalten. Du kannst alles transformieren und in die Heilung bringen – Vergangenes, Jetziges und Zukünftiges – und Neues erschaffen. Du hast alchemistische Schöpferinnenkraft.

Öffnende Fragen

Welche kollektiven Erfahrungen wollen von dir angesehen, als Erfahrungsschatz integriert und transformiert werden, um dein Businesswachstum zu ermöglichen?

....

Wo begegnest du möglicherweise im Außen den nicht transformierten Schatten weiblichen Kollektivbewusstseins und wie kannst du mit ihnen umgehen?

....

Wo leistest du alleine immens viel und wie kannst du dich (noch mehr) mit anderen Frauen verbinden, um dich auszutauschen, zu stärken und gegenseitig zu unterstützen, damit du aus der Einzelanstrengung heraustrittst?

....

....

Was kannst du tun, um mit den Schatten des weiblichen Kollektivs und der Frauengeschichte umzugehen, die jede Frau betreffen, damit sich dein Business würdevoll in die nächste Phase entwickeln kann?

....

....

| Mind-Soul-Set einer Erfolgsfrau

Hängt dein gesamtes Businesswachstum nur von einem starken Mind-Soul-Set ab? Ja! Das ist eine *gute* Nachricht. Denn somit kannst du den Erfolg und die Erfüllung in deinem Business selbst beeinflussen.
Der Begriff „Mindset“ hat mir nie genügt. Deshalb habe ich das „Mind-Soul-Set“ kreiert. Mit dem Mindset ist eine mentale Haltung gemeint. Eine Denkweise, die dich in einen bestimmten Zustand bringt. In der Regel wird damit das klar ausgerichtete Erfolgsdenken bezeichnet, das der Türöffner für ein erfolgreiches Business ist. Mit dem von mir erschaffenen Begriff „Mind-Soul-Set“ gehe ich ein Stück weiter. Denn positiv zu denken allein, reicht nicht aus. Um ein erfolgreiches Business zu leben, sind vor allem deine Seelenhaltung und dein Seelenzustand wichtig. Die Übereinstimmung zwischen deinen Gedanken (Mind) und deinem intuitiven, seelengeführten Empfinden (Soul) lässt dich ein erfolgreiches und zugleich erfüllendes Business leben.
Genau wie deinen Mind kannst du deinen Seelenzustand trainieren und dafür sorgen, dass du beides in Fluss und in Frieden bringst. Die wichtigsten Parameter dafür sind:

- ❖ Lausche, was deine Seele braucht.
- ❖ Reinige deinen Geist immer wieder von Negativgedanken und befreie deine Seele von energetischem Müll.
- ❖ Sorge für ein Feld, in dem sich deine Seele wahrhaftig und frei entfalten kann.

Dann führt sie dich zielsicher dorthin, wohin sich dein Business entwickeln darf. Dann fließt der Erfolg. Er wird nicht zum anstrengenden Konstrukt einer Kopfgeburt, sondern er entpuppt sich – im wahrsten Sinn des Wortes. Er sprengt den Kokon der Begrenzung und entwickelt sich mit einer Selbstverständlichkeit, mit der du jede Herausforderung mit Konsequenz meisterst. Er lässt dich fliegen und bringt dich in einen Flow. Mit einem guten Mind-Soul-Set gehen die Türen zum Erfolg mit deinem Herzens-

business auf – auch finanziell.
Erinnere dich täglich: Du bist eine Frau und damit eine Schöpferin. Jeden Gedanken und jeden Emotionszustand kreierst du selbst. Indem du dich jeden einzelnen Tag in die Selbstreflexion begibst und die volle Verantwortung für das übernimmst, was in deinem Leben geschieht, entwickelst du ein energetisch starkes Mind-Soul-Set. Die wichtigste Aufgabe einer selbstständigen Erfolgsfrau ist es, sich selbst wahrhaftig zu kennen. Dazu gehört auch, zu wissen, welche Methoden bei dir funktionieren, um dich selbst zu heilen und um deinen Mind und deine Seele jeden Tag kraftvoll auszurichten.
In dir schlummert bereits die Königin, die ihr Leuchten nach außen bringen möchte und die ihre Fähigkeiten zum Wohle aller in die Welt tragen will. Deine Seele kennt den Weg, auf welche Weise dies geschehen darf. Du bist gut, so wie du bist. „Wir sind keine Fehler, die man berichtigen muss. ... Denn mit uns ist nichts verkehrt.“, schreibt Maria Sanchez in ihrem Buch „Die revolutionäre Kraft des Fühlens“[63] und dem stimme ich zu.
Die Frage ist nämlich nicht, was mit dir falsch wäre, sondern sie lautet vielmehr: Was brauchst du, um dich voll zu entfalten? Werde gewahr, welche Frau du wirklich bist und sein möchtest! Möglicherweise spürst du eine Neugier, eine innere Sehnsucht, die dich lockt, um dich zu deiner wahren Größe zu entfalten. Du möchtest das starke Mind-Soul-Set einer königinnenlichen Erfolgsfrau haben. Du willst die Königin sein, die in ihrem eigenen Reich regiert. Daran ist nichts verkehrt! Im Gegenteil. Denn eine wahre Königin wird immer das Wohl ihres „Volkes“ im Blick haben und alles tun, um ihre Aufgabe bestmöglich für alle zu erfüllen.
Dich täglich darauf auszurichten, was du zur Entfaltung deiner wahren Größe brauchst, ist eine Entscheidung. Triff sie! Das Mind-Soul-Set einer Erfolgsfrau kannst du nicht erlernen, indem du Aufgaben abhakst, Mindset-Strategien auswendig lernst oder

---

[63] Sanchez, 2019, S. 10

ein paar Affirmationen aufsagst. Dein unabdingbarer Wille, täglich an deinem Wachstum dran zu bleiben und jeden Tag die Verantwortung für dich zu übernehmen, ist entscheidend. Auch deine Lernbereitschaft und die Fähigkeit, dich auf Neues einzulassen, und der Mut, Anderes zu wagen, sind notwendig.
Ich wurde einmal von einer Kundin gefragt, wie ich das mit dem „sichtbar machen“ angehe, weil es ja für Marketing und Co. so viel zu lernen gäbe und sie das nicht schaffen würde. Folgendes habe ich ihr geantwortet:
„Wenn ich mich echt sichtbar machen will, mit dem, was ich zu sagen habe – um mehr Liebe in diese Welt zu bringen, um mit allen Menschen in Fülle zu leben und friedvoll miteinander diese Erde zu würdigen –, und das Mittel, um das zu erreichen, wäre fünf Minuten am Tag Kopfstand auf dem Domplatz in Köln zu machen: Dann würde ich lernen, wie ich fünf Minuten am Tag Kopfstand auf dem Domplatz in Köln machen kann. Ich würde jede Chance nutzen, die sich mir bietet, dies zu üben und zu festigen, bis ich es kann. Und dann würde ich es einfach machen.“

Lerne, was du für dein starkes Mind-Soul-Set noch brauchst. Übe dich täglich in Selbstreflexion. Festige deine Methoden, um dich selbst zu heilen und eine Gedanken- und Seelenwelt zu erschaffen, die den Nährboden für erfüllenden Erfolg und authentisches Businesswachstum bietet. Und vor allem: Leg los!

Übernimm die Verantwortung für dich

Niemand außer dir selbst kreiert dein Leben. Alles, was du jetzt an Emotionen und Zuständen erfährst, hast *du* erschaffen. Für vieles davon hast du die Saat vor langer Zeit gelegt. Wenn du dir dies vollumfänglich bewusst machst, erlebst du eine große Freiheit. Denn dann wirst du erkennen: Du kannst mit der gleichen Energie, mit der du Negativ-Zustände kreierst, auch Positiv-Erlebnisse gestalten. Was du heute als Samen in dein Business pflanzt, wird in der Zukunft entweder vertrocknen oder als strahlende Blume aufgehen. Du hast es in der Hand. Doch nicht nur deine Zukunft beeinflusst du selbst.
Jeden Moment, in dem du denkst, dass du etwas nicht kannst, nicht gut genug bist, zu wenig von irgendetwas hast, es eh nie schaffen wirst, dafür nicht die Richtige bist, erst noch dieses oder jenes lernen müsstest … jeden dieser Momente kannst du auch genauso gut wandeln in:
„Ich kann das. Ich bin gut. Ich habe alles, was ich brauche. Ich schaffe das. Ich bin genau die Richtige. Ich bin eine Frau mit genug Know-how."
Es ist deine Entscheidung, wie du mit den Sekunden deines Lebens umgehst und wie du dich selbst prägst und wohin du dein Denken ausrichtest.
Verantwortung für dich selbst zu übernehmen, bedeutet, dass du dir selbst die Antwort auf das gibst, was dir das Leben schenkt. Du hast möglicherweise keinen Einfluss darauf, wer dir jeden Tag begegnet – wobei ich behaupte, dass du auch das viel mehr steuern kannst, als du glaubst. Du hast jedoch immer Einfluss darauf, wie diese Begegnungen verlaufen. Denn du bist und gibst die Antwort auf jede einzelne Herausforderung des Tages. Du übernimmst die Verantwortung.
Es ist das existenzielle Element auf dem Weg zur Erfolgsfrau, dass du Selbstverantwortung zur Basis deines Lebens machst. In jeder Sekunde. Niemand anderes als du selbst kann etwas

dafür tun, wie du dich fühlst. Du wählst, ob du dich dem Frust oder der Lust hingibst, ob du Erfolge feierst oder den Mangel beklagst. Was möchtest du gerne in deinem Business leben und zelebrieren? Du hast jede Sekunde die Wahl, wohin du deinen Fokus lenken möchtest. Genau dorthin werden dann auch alle Energien gehen, um das zu manifestieren und das zu beweisen, wofür du dich entscheidest: Frust oder Lust im Business.

Triffst du keine bewusste Entscheidung, wird dein System alte Muster abspielen. Hast du in deinem bisherigen Leben beispielsweise gelernt, dass sich viel Einsatz am Ende doch nicht lohnt, spult dein System dieses Muster ab und du wirst mit deinen Business-Aktionen eine weitere solche Erfahrung machen. Hast du als Muster angelegt, dass du Erfolg nicht verdienst, wird dein System sich sehr anstrengen, um genau diesen Frust herbeizuführen. Ist dein altes Muster, dass du gar nicht so viel zu sagen hast, nicht so viel kannst und eh nicht genug bist, wird auch dieser Frust sich am Ende einstellen.

Außer du entscheidest dich anders.

Dafür ist deine volle Aufmerksamkeit und Achtsamkeit mit dir selbst gefragt. Denn es ist viel leichter, das alte Muster ablaufen zu lassen, als dich jeden Tag bewusst für die Lust am Business und am Erfolg zu entscheiden.

Wenn du möchtest, dass du voller Freude erfolgreich in deinem Business bist und dich mit deinen Talenten und Gaben wahrhaftig zeigen willst, ist eine der größten Herausforderungen, wach zu bleiben. Hinzuschauen. Dich genau zu beobachten, ob du in die Frust-Falle tappst und dich wach zu rütteln, wenn dies zu geschehen droht. Genau dann ist es wichtig dir mantragleich zu sagen, selbst wenn es sich aktuell nicht so anfühlt:

- Ich bin erfolgreich.
- Ich bin wertvoll.
- Ich leuchte und bin voller Freude sichtbar.

Komm deinen inneren Mustern auf die Spur! Ertappe dich selbst, wenn du Frust zelebrierst! Das Frustgefühl in den Mittelpunkt zu stellen und darauf den Fokus zu legen, dass das „ja sowieso nicht geht“, und andere mit hineinzuziehen, die dir bestätigen: „Ja, das ist so!“ erfordert eine hohe Energie-Leistung. Die gleiche Energie-Intensität kannst du auch in die andere Richtung investieren. Du kannst dir sagen, dass du wichtig bist und dass dein Business erfolgreich ist, und dir ehrlich ansehen, was du dafür tust. Denn das ist eine ganze Menge, da bin ich sicher. Es ist immer die Frage, in welcher Haltung du die Aufgaben anpackst: Tust du etwas, um am Ende Frust zu haben oder um Lust zu spüren?

Entscheide dich dafür, dass dein Leuchten richtig viel bewirkt und du die Verantwortung dafür übernimmst! Wähle jeden Tag, dass du Größe hast und dass es an dir liegt, diese zu entfalten. Alles kommt zu dir, wenn du dich wahrhaftig für den Erfolg und für die Freude an deinem Business entschieden hast. Es liegt an deiner Entscheidung. Täglich. In jeder Minute. In jeder Sekunde. Sonst überrollt dich der Frust-Zug. Übernimm Selbstverantwortung. Voll. Erkenne, dass das Leben und die Situation, in der du dich jetzt befindest, du selbst kreiert hast. In jedem kleinsten Detail und in jedem Gefühl. Du möchtest, dass das genau so, wie es jetzt ist, ist. Wenn du nun in den Widerstand gehst, hast du auch den Widerstand kreiert.

Du bist eine Schöpferin!

Immer. Du erschaffst dir dein Leben. Du kannst jede Sekunde neu erschaffen, was du möchtest und wohin du möchtest. Vielleicht kommt die kleine Rebellin in dir und sagt jetzt:

„Aber, Sabine, ich will jetzt eine Million Euro und die kann ich nicht jetzt sofort kreieren!“

Theoretisch kannst du das schon. Du könntest eine Bank überfallen. Deine innere Moral hindert dich daran. Also entscheidest und kreierst du, dass das auf diese Weise nicht geht. Du bist für diese Entscheidung, aktuell keine Million Euro zu haben, weil du keine Bank überfallen möchtest, verantwortlich.

Ich möchte dich in Kontakt mit deiner Selbstverantwortung bringen. Wenn du klar hast, dass du für jede einzelne Sekunde deines Lebens verantwortlich bist, hast du die größtmögliche

Freiheit über dein Leben. Niemand bestimmt über dich. Das tust nur du! Vielleicht hast du in deinem Business an einigen Stellen noch keinen Bock, die Verantwortung für die jeweilige Situation zu übernehmen. Dann ist das offensichtlich noch besser für dich, denn gäbe es keinen Vorteil für dich, würdest du es anders machen. Schau genau hin:
Wo entscheidest du heute und jetzt, dass du die Schöpferin bist und die Verantwortung für dein Business voll übernimmst und welchen Schritt gehst du als nächstes?
Wenn du aus einer bestimmten Situation raus willst und Lust auf aktives Kreieren hast, ist dies mein bester und wirkungsvollster Tipp für Veränderung im Business:
Hör auf, so zu tun, als hättest du nichts damit zu tun, wie dein Business und dein Leben aussieht. Du bist groß. Du kreierst. Du bist mächtig und kannst dir erschaffen, was du möchtest. Ich glaube an dich, auch wenn ich dich nicht kenne, denn ich glaube daran, dass es einen Grund gibt, warum du genau jetzt diese Zeilen hier liest. Ich lade dich ein, ebenfalls an dich zu glauben und dein Business in voller Selbstverantwortung für dein Leben zu führen.

Kreiere eine eigene Emotionsblase

Dich mit deinem Business sichtbar zu machen, kann viel Wirbel in dein Leben bringen – und viel Freude! Du stellst bisherige Verhaltensweisen auf den Kopf, wirst anders mit den Menschen in deiner Nähe umgehen und durch dein authentisches Zeigen ein neues Selbstvertrauen gewinnen. Du wirst dich vielleicht zunächst übertrieben viel zeigen und nur mit deinem Business beschäftigt sein, wenn du in den Phasen der Planung, Gründung und des Wachstums bist. In dieser Zeit bist du stark verbunden mit der Allmacht einer Göttin, die unerschütterlich daran glaubt, die Welt in ihrer Hand zu haben und sie verändern zu können. Dieses starke Selbstbewusstsein und Selbstvertrauen ist in diesen Phasen notwendig, wie ich ja bereits beschrieben habe. Das führt gelegentlich zu übertriebener Sichtbarkeit. Doch auch das gehört dazu, ist gut so und eben nur eine Phase, die du durchläufst. Dennoch wird davon bleiben, dass du dich mit größerem Businesswachstum immer mehr veränderst. Du wirst stärker, klarer und bemerkbarer.

Informiere deine Liebsten und Freund*innen, wenn möglich, welchen Weg du jetzt gehst. Zum einen kannst du dir bei ihnen im Idealfall Rückhalt und Unterstützung holen. Zum anderen ist es wichtig, dass sie wissen, dass etwas Neues passiert, damit sie nicht vollkommen verstört reagieren. Wenn du deine neue Sichtbarkeit mit ihnen in Freude teilen und feiern kannst, ist das wunderbar.

Wenn du allerdings glaubst oder merkst, dass dich deine bisher engsten Verbundenen eher an deinem Sichtbarkeitsweg hindern, als dich zu bekräftigen, dann suche dir zusätzlich oder stattdessen andere Menschen, die dich unterstützen. Gerade in der heutigen Online-Welt ist es leicht, Gleichgesinnte zur Unterstützung zu finden, zum Beispiel in Form von Mentoringprogrammen, Businessfrauen-Communitys, Mastermind-Gruppen oder Erfolgsteams. Es ist sehr wertvoll, wenn du Austausch mit Men-

schen hast, die dir auf deinem Businessweg – hin zu mehr Sichtbarkeit und mehr Erfolg – wohlgesonnen sind, die dich fördern und an dich glauben.
Explizit in der Anfangszeit, also in den ersten Zyklusphasen, und immer dann, wenn ein Wechsel von einer in die nächste Phase stattfindet oder stattgefunden hat, kann es passieren, dass du sehr dünnhäutig bist. Dann ist das Neue noch nicht so stabil und du brauchst wohlwollende Unterstützung. Oder zumindest keinen Gegenwind oder Mecker-Menschen, die dir das soeben Erreichte wieder ausreden oder kleinreden wollen. Natürlich ist zu Beginn deines Business vieles noch instabil und manchmal wenig überzeugend. Möglicherweise klappen die ersten Gehversuche nicht so richtig oder wirken eher mickrig als groß und stark. Menschen, die dich an dieser Stelle mit einem rechthaberischen „Siehste, hab ich dir ja gesagt, dass das nicht klappt!" niederdrücken, sind gefährlich. Denn dann brauchst du neben der Energie, um dein Business aufzubauen, auch noch Energie, um dich gegen sie abzugrenzen. Sie schüren deine Selbstzweifel und das ist das Letzte, was jetzt gut tut.
Geh ihnen deshalb aus dem Weg. Schaffe dir deine eigene Emotionsblase. Isoliere dich von negativen Einflüssen. Schotte dich ab und errichte dein eigenes wertschätzendes Umfeld. Lass in den Phasen, in denen du merkst, dass du sehr anfällig bist, nur Menschen in dein Feld, die dir gut tun. Mit allen anderen brich den Kontakt ab – zumindest für diese erste Business-Aufbauzeit, in der eine hohe Instabilität vorherrschen kann.
Wir nehmen Negatives wesentlich intensiver auf. Das war – evolutionär betrachtet – existenziell, um uns beispielsweise rechtzeitig gegen Feinde oder Angriffe zu schützen. Deshalb ist unser Fokus schneller bei den schlechten News, den Gefahren, den Ängsten und gibt ihnen mehr Gewicht. Weil wir abchecken müssen, ob uns Lebensgefahr droht oder nicht, fährt unser ganzes System bei Negativäußerungen hoch und versetzt uns in Alarmbereitschaft. Stresshormone werden ausgeschüttet. Du wirst als Businessfrau genug mit deinen eigenen Ängsten konfrontiert

sein, weshalb es wichtig ist, dass es nicht obendrein noch Menschen in deinem Feld gibt, die diese Angst schüren oder deren Ängste dich zusätzlich belasten.
Es braucht deine volle Aufmerksamkeit, um nicht ständig in das Verhalten des Negativismus rein zu rutschen, sondern dich bewusst auf das Schöne, Erfolgreiche und Wertvolle in deinem Leben zu fokussieren. Verwende doppelt so viel Energie für die schönen Dinge als für die nicht schönen. Entscheide dich permanent dafür, dass du dich auf den Erfolg konzentrierst. Sieh dir an, was du jeden Tag geschafft hast. So baust du langsam eine neue innere Haltung der Zuversicht und Stabilität auf.
Wenn alles voll von Negativenergien ist und du dich ständig innerlich schützen musst, kann das schmerzhaft sein. Besonders für diejenigen, die sehr empfänglich für Energien anderer sind und die nicht dauernd Blockaden um sich bauen können oder wollen, ist dies eine große Herausforderung. Wenn du in eine neue Business-Zyklusphase gegangen bist, total sensibel und dünnhäutig auf alles reagierst und dich auf den Bahnhof einer Großstadt begibst, kann dich allein das Negativenergiefeld, das dort fast immer herrscht, unter Umständen wegflashen. Sei achtsam, wann du was tust und mit wem du dich umgibst! Halte den Fokus auf Wertschätzung, Freude und Anerkennung.
Es kann helfen, wenn du in diesen Phasen oft allein bist und dich zurückziehst, vor allem, wenn du nicht die adäquaten Menschen um dich hast, die dich stärken und bekräftigen. Alleinsein macht es leichter, den Fokus selbst zu bestimmen und nicht bestimmen zu lassen. Du kannst dir dann eher deine eigene Emotionsblase kreieren, in der du leben willst.
Gerade, wenn du ein Onlinebusiness aufbaust oder neu in die Onlinemarketing-Welt einsteigst, wirst du schnell fremdgesteuert. Du kriegst via Social Media oder Google ständig Angebote, die scheinbar zu dem passen sollen, womit du dich online beschäftigst. Ist dies aktuell beispielsweise der Aufbau deines Business mit Onlinemarketing, wirst du mit Anzeigen überschüttet, wie zum Beispiel:

„In ein paar Sekunden zum Multimillionär – mit dieser E-Mail-Strategie gelingt es!“
„So baust du sofort ein Onlinebusiness auf und verdienst 5-stellig!“
„Du hast es immer noch nicht geschafft? Mit diesen zehn Tricks wirst du sofort reich!“
Dein Onlineverhalten erzeugt eine Blase um dich herum, in der du mit entsprechenden Angeboten und Menschen (Freundschaftsanfragen, E-Mails und mehr) regelrecht zugeschüttet wirst, und die dich noch tiefer in diesen Sog hineinziehen. Es reicht, wenn du ein einziges Mal gegoogelt hast „Wie werde ich reich?“ und du wirst in den kommenden Tagen und Wochen von Angeboten geflutet, die dir versprechen, dass du superreich wirst – wenn du ihr Angebot kaufst. Das erzeugt um dich herum ein Negativfeld, in welchem du durch Werbeslogans in ein Mangelgefühl versetzt wirst. Ständig bekommst du suggeriert, dass du arm bist, nicht genug kannst, nichts weißt und die Marketingmaschinerie angeblich genau das hat, was du brauchst.
Lies solche Angebote möglichst nicht. Lass diese Worte nicht in dein Gehirn, denn dort bewirken sie etwas! Klick solche Anzeigen und Versprechungen nicht an oder schnell weg. Denn jeder Klick auf solche Angebote erzeugt neue Anzeigen in diese Richtung, die du dann weiter und weiter bekommst. Gib ab und zu in eine Suchmaschine Begriffe ein, die gut tun, auch wenn du sie nicht wirklich suchst, sondern nur, um die Marketingblase, die um dich entsteht, positiv zu beeinflussen:
„Leben in der Natur.“
„Der Seele gut tun.“
„Ich bin glücklich.“
Das erzeugt eine andere Blase um dich herum. Eine, die auf Wohlbefinden ausgerichtet ist. Dann wirst du eher Anzeigen zu sehen bekommen, bei denen es um Entspannung, Natur oder Glück geht. Du wirst von dem gesteuert, womit du dich umgibst, und du steuerst zugleich das, was dich umgibt. Du baust dir dein eigenes Feld, deine eigene Emotionsblase auf, denn du bist

die Kreateurin deines Lebens. Das gilt sowohl offline für die Menschen, mit denen du dich triffst, als auch online für die Dinge, mit denen du dich in der Onlinewelt beschäftigst.
Achte gut darauf, was du jetzt wirklich brauchst. Überprüfe das jeden Tag neu und steuere dann bewusst, welche Emotionen du in deinem Feld haben willst. Du musst dich nicht mit Menschen umgeben, die dir (aktuell) nicht gut tun. Vielleicht sind diese Begegnungen zu einem späteren Zeitpunkt wieder an der Reihe. Es ist richtig, dich zumindest phasenweise von Menschen abzuschotten, die deine Entwicklung hemmen oder behindern. Ebenso richtig und wichtig ist es, dein Onlineverhalten bewusst wahrzunehmen und zu beeinflussen, welche Marketingblase du kreierst.
Wenn du deine eigene Emotionsblase erschaffst, entfaltest du dich leichter wie eine wundervolle Blüte, die in ihrer ganzen Schönheit wahrhaftig sichtbar wird. Sei vollkommen du und geh deinen einzigartigen Businessweg der authentischen Sichtbarkeit in einem Feld, das dir gut tut.

Verbinde dich mit Frauen

Wir alle sind mit allen und allem verbunden. Es hat Auswirkungen, was du tust – auf alle und alles. Das Handeln aller hat wiederum Auswirkungen auf dich. Je näher du mit Menschen in Verbindung bist, umso intensiver sind die gegenseitigen Wechselwirkungen. Deshalb kannst du deine eigene Energie erhöhen, wenn du dich in kraftvolle Frauenverbindungen begibst, und gleichzeitig zur Erhöhung der Energie aller Frauen beitragen, indem du dich wahrhaftig verbindest.

Frauen sind stark im Kreieren und Halten von Verbindungen und Beziehungen. Es war die Aufgabe von Frauen, den Fortbestand der Gemeinschaft zu sichern, wozu sie soziale Kompetenzen hatten oder entwickelt haben. Meistens nutzen wir diese Fähigkeiten, um mit Männern in ein Beziehungsgeflecht zu gehen. Doch ursprünglich dienten insbesondere die Frauengemeinschaften dem Lebenserhalt. Hier wurde das Feuer gehütet, neu entfacht oder für das Zubereiten von Nahrung genutzt. In der Frauengemeinschaft wurden die Geheimnisse rund um Empfängnis, Geburt und Heranwachsen von neuen Geschöpfen gehütet und weitergegeben – von Frau zu Frau.

Viel zu selten und mit zu wenig Fokus leben wir Frauenfreundschaften und noch weniger Frauen-Businessbeziehungen. Oftmals treten wir diese sogar mit Füßen, missachten, welche Frauen in unserem nächsten Umfeld sind, oder nehmen diese Frauengemeinschaften als gegeben oder selbstverständlich hin. Dabei ist es wichtig, dass du gerade die stark prägenden Frauenverbindungen bewusst wählst und kultivierst. Achte die Frau neben dir. Gehe sorgsam mit ihr um. Bewahre die Energie zwischen Euch und gestaltet den Raum miteinander so, dass jede sich bestmöglich entwickeln kann. Bringe jeder Frau deine höchstmögliche Wertschätzung entgegen – allein dafür, dass sie eine Frau ist, genau wie du. Verrate die Frauen nicht und bekenne dich solidarisch zu ihnen, denn sie haben Gleiches und Ähnliches durchlebt wie du. Alles, was du einer einzelnen antust, tust du dir und dem Kollektiv an. Sowohl in positiver als auch in negativer Hinsicht. Es ist die Aufgabe aller Frauen, Heilung ins kollektive Frauenfeld zu tragen und Räume für energetische Heilwege zu öffnen. Sei eine Beziehungshüterin für die Frauen in deinem Feld!

Rhythmus verbindet und erzeugt Gemeinschaft. Um dich mit anderen Frauen auf Seminaren oder in Begegnungen zu verbinden, ist ein gleich schwingender Rhythmus, den du durch Singen, Klatschen oder Trommeln erzeugen kannst, die schnellste und wirkungsvollste Form. Alle Menschen wollen sich grundsätzlich in Gruppen verbinden statt sich als Einzelwesen zu isolieren. Kommst du nicht in Verbindung mit den anderen Gruppenmitgliedern, stimme ein Lied an oder einen Klatschrhythmus. Homogene Stammesgemeinschaften in afrikanischen oder arabischen Ländern nutzen dieses Mittel bis heute: Auf Festen oder bei kulturellen Ritualen klatschen Frauen gemeinsam und zelebrieren einen Singsang, um miteinander in Verbindung zu gehen. Das erhöht die Energieschwingung der einzelnen und die der Gemeinschaft.

Du kannst dich mit jeder Frau verbinden, nicht nur mit den Frauen, die du magst. Du bist durch unsere kollektive Frauengeschichte ohnehin mit jeder verbunden. Mach dir das bewusst. Wir Frauen haben eine gemeinsame Geschichte erlebt, die wir nicht einfach leugnen oder ignorieren können. Wir sind miteinander verwoben, dadurch dass wir Frauen sind. Schau dich um. Die Agentur der Europäischen Union für Grundrechte belegt in ihrer Studie zu „Gewalt gegen Frauen“, dass bis heute jede dritte Frau seit dem Alter von 15 Jahren eine Form von Übergriff erlebt hat.[64] Schau jeder Frau ins Gesicht, der du begegnest, und zähl bis drei. Das verbindet.

Uns allen – Frauen wie Männern – fehlt das Gefühl der Verbun-

---

[64] FRA – Agentur der Europäischen Union für Grundrechte, 2014, S. 9

denheit. Wir leben meistens isoliert und fühlen uns auch so, selbst wenn wir mitten unter Menschen sind. Nur Kinder gehen einfach auf „Fremde“ (Menschen, die sie nicht kennen) zu und fassen sie an, um Kontakt herzustellen. Als Erwachsene tun wir das in unserer westlichen Kultur nicht mehr. Wir leben in einer Isolation, die schmerzhaft ist. Wohnung an Wohnung, ohne miteinander in Kontakt zu gehen. Seite an Seite, ohne uns zu berühren, weder körperlich noch emotional. Leben neben Leben, ohne wahrhaftig verbunden zu sein. Dabei kann aus der Verbindung viel Größeres entstehen als im Einzelleben, wenn Menschen sich wirklich aufeinander einlassen.

Gelingt es Frauen in eine gute Frauenverbindung zu gehen, geben die meisten schnell auf, wenn die ersten Herausforderungen kommen. Es ist wundervoll, wenn wir Businessverbindungen, Gemeinschaften oder Kooperationen haben, in denen es uns gut geht. Wenn alles blüht und sich befruchtet, ist dies grandios. Doch es gibt auch Phasen, in denen sich Verbindungen nicht so gut anfühlen, oder Zeiten, in denen das Trennende eher sichtbar wird als das Verbindende. Was tust du dann? Gehst du aus der Verbindung heraus oder bleibst du in der Verbindung, in der sich zum Beispiel Tränen, Frust, Ent-täuschung und Neid zeigen können? Schau dir an, was hier geschieht, denn auch das ist Teil eines lebendigen Business und einer wertvollen Frauenverbindung: Im Feuer stehen zu bleiben, kann großartige Wachstumsprozesse und Transformationen hervorbringen.

Nicht alles, was sich trennend anfühlt, ist es auch. Manchmal kreieren wir solche Zustände des vermeintlich Trennenden, weil wir das „zu“ Schöne und „zu“ Gute nicht aushalten. Wir rütteln an etwas, weil wir nicht glauben können, dass es nur rund und leicht und einfach sein darf. Wir blockieren Wachstum und machen es uns schwer, indem wir uns auf das vermeintlich „Schlechte“ unserer Kooperationspartner*innen, Kund*innen oder Business-Partner*innen fokussieren.

Und manchmal gibt es eben auch tatsächlich Trennendes. Wir sind nicht eins. Wir sind verschiedene Frauen, egal, ob Business-Partnerinnen, Buddys, Dienstleisterin und Kundin, Kooperationspartnerinnen oder Freundinnen. Solche Phasen des Trennungsgefühls sind Zeiten des Wachrüttelns: Hier kann etwas ganz Großes entstehen, wenn du die Unzulänglichkeit mit ins Boot holst. Wenn du verzeihst. Wenn du gnädig bist – mit dir und anderen, und wenn du das, was verbindend ist, im Fokus behältst.

Manchmal gönnst du der anderen einfach nicht, dass ihr Business wächst und gedeiht, weil deines vielleicht gerade in einer Ruhephase steckt oder weil du nicht weißt, wohin der nächste Schritt geht. Auch dann kann es die Tendenz geben, dich abzuwenden und zerstörerisch zu agieren (oft auch dir selbst gegenüber), weil das Glück der anderen schier nicht ertragbar erscheint.

Manchmal urteilst du, weil ein einzelnes Bausteinchen nicht ins Gesamtbild passt oder eine Kooperationspartnerin sich gerade nicht so wundervoll verhält wie all die Wochen davor. Du fokussierst dich auf das, was sie nicht kann oder nicht ist – statt die Gemeinsamkeit zu nähren und zu stärken.

Ein wahrhaftiges Business mit anderen zu machen, bedeutet nicht, mit allen zu jeder Zeit „best friends“ zu sein und jederzeit miteinander Höhenflüge zu erleben. Es bedeutet vielmehr, immer feinfühliger entscheiden zu können, wann was für dich gut ist und sehr klar zu kommunizieren, was du dir wünschst.

Es bedeutet ...

- im Feuer stehen bleiben zu können und nicht alles, was geschieht, als existenziell zerschmetternd zu bewerten
- Verantwortung für dich zu übernehmen – voll
- der anderen Businessfrau gegenüber gnädig zu sein, auch wenn sie sich vielleicht nicht wie die Märchenprinzessin verhält
- dir selbst Geduld und Zeit zu schenken, wenn du dich nicht wie eine Königin benimmst
- dich der anderen zuzumuten, weil du an ihre Größe glaubst

- ❖ dankbar zu sein, wenn sie sich dir zumutet, weil sie an deine Größe glaubt
- ❖ darauf zu vertrauen, dass jede Phase ihren Sinn hat.

Das ist es, was irgendein Business von einem authentischen, wahrhaftig gelebten und erfüllenden Business unterscheidet. Natürlich kannst du dich auch einfach abwenden und weggehen. Oder du übernimmst Verantwortung für dich und suchst den Weg der Klarheit und welches Learning in dieser Situation für dich drin steckt. Oder du bleibst zunächst einfach im Feuer stehen und spürst, wie unangenehm, wie ent-täuschend, wie menschlich sich das anfühlt, wenn zwischen Euch nicht alles glatt läuft. Du kannst jederzeit entscheiden, was du damit machst. Meistens offenbart sich genau dann, wenn du dir erlaubst, das Unzulängliche wirklich zu sehen und zu spüren, eine neue Schönheit. Im Feuer stehen zu bleiben, bringt dich weiter.

Begegne der Frau neben dir in Wahrhaftigkeit. Würdigt einander mit Liebe und Gnade. Geht ein Stück Weg miteinander in Tiefen und Höhen. Haltet einander, öffnet und verbindet Euch für diesen einen starken Moment, in dem Nähe im Trennenden möglich wird.

Lasst uns uns als Frauen ehren, die mit ihrem Tun, ihrem Wirken, ihrem Business jeden Tag Verantwortung übernehmen – für sich selbst! Damit tragen wir den Teil zu dieser Welt bei, den wir beitragen können. Lasst uns mit anderen Businessfrauen Seite an Seite stehen, die entschieden sind für sich und ihr Business zu gehen, und die „Ja!" sagen. Zu sich selbst. Zu jeder Frau. Zu uns allen. Zu unserer Aufgabe. Zur Liebe, die in jeder einzelnen spürbar ist und die gelebt werden will.

Verbinde dich im geschützten Kreis und öffne den Energieraum zwischen Frauen, um Klarheit einziehen zu lassen. Um anzunehmen, was ist. Um anzusehen, was sein darf. Um zu empfangen, was kommen will. Um zu lösen und zu verabschieden, was gehen will. Um weiterzugeben, was nicht unsere Aufgabe ist und was an anderer Stelle gelebt werden will. Lasst uns den Nebel lichten und den Weg für den klaren Blick frei machen, um zu sehen, was gesehen werden will. Lasst uns einander ermutigen und jede sich selbst ermächtigen, um dem Leben in vollem Vertrauen zu folgen. Lasst uns starke Frauenverbindungen eingehen, um erfüllt und erfolgreich im Miteinander zu leben.

Liebe die Veränderung

Sichtbarkeit braucht Sicherheit. Doch was ist, wenn Sicherheit eine Illusion ist? Damit du dich wahrhaftig, ehrlich und ohne Angst zeigen kannst, brauchst du beste Bedingungen. Als eine Voraussetzung für Sichtbarkeit gilt Sicherheit. Wenn wir uns sicher fühlen, fällt es uns leicht, uns zu zeigen, wie wir sind. Diese Sicherheit wollen wir von außen haben. Finden andere uns gut, kennen uns Menschen gut, wissen diese um unsere Fehler – dann fühlen wir uns sicher. Wir trauen uns, uns zu zeigen, weil wir die Wahrscheinlichkeit, Ablehnung zu erfahren, als gering einschätzen.

Doch diese Sicherheit durch andere Menschen ist eine Illusion! Was wäre, wenn dein Dich-Zeigen nicht abhängig ist von der Sicherheit, die dir andere vermitteln, weil es diese gar nicht gibt? Es gibt keine Möglichkeit, dich ständig sicher zu fühlen, dich ständig gemocht und anerkannt zu fühlen. Sicherheit kann sogar wie eine Bremse wirken und dich blockieren, denn Unsicherheit ist Bestandteil von Entwicklung.

Jedes Mal, wenn wir etwas Neues tun, fühlen wir uns unsicher. Unser Gegenüber fühlt sich ebenfalls unsicher, wenn wir auf einmal, statt jeden Morgen Rührei zu essen, plötzlich Müsli verspeisen. Das ist neu, das macht unsicher. Tun wir jedoch immer das Gleiche, sind wir zwar sicher, bleiben allerdings auch stehen. Evolution bedeutet, Neues zu wagen. Entwicklung bedeutet folglich Unsicherheit.

Der ganze Tag ist eine einzige Unsicherheit, denn du weißt nie, was wirklich passiert. Das banalste Beispiel ist das Wetter. Scheint die Sonne oder hagelt es? Was immer die Wettervorhersage prognostiziert hat: Ein Restrisiko bleibt, bis du in der Situation bist und das Wetter sich zeigt. Du weißt in deinem Alltag nie, ob dich jemand überraschend besucht, nach Jahren eine Person anruft oder dir plötzlich jemand schreibt, mit dem du nie gerechnet hast, oder umgekehrt, ob jemand nicht zu einer Verabredung kommt, mit dem du fest gerechnet hast. Alles ist unsicher.

Wir möchten uns sicher fühlen, um loszulassen und die Kontrolle abzugeben. Um uns zu entspannen und nicht alle Funktionen in unserem System zu aktivieren, weil etwas Unbekanntes in unser Leben tritt. Denn das geschieht bei Neuem. Alles in dir stellt sich auf Anspannung, um für das Neue gewappnet zu sein und abzuklären, ob es gut oder böse ist, und wie du damit umgehen wirst, ob du dich schützen musst oder nicht. Deshalb ist es deinem System lieber, wenn alles ruhig vor sich hinläuft und du die Kontrolle hast. Doch du kannst nichts wirklich kontrollieren. Nichts ist sicher. Nichts ist kontrollierbar. Verinnerlichst du diese Erkenntnis, führt das zu tiefer Entspannung.

Verabschiede dich vom Sicherheitsdenken. Wenn Sicherheit eine Illusion ist, dann zeigst du dich anderen permanent, ohne die Gewissheit zu haben, ob dies auf Wohlwollen trifft – selbst wenn du glaubst, die anderen würden dich kennen und dir wohlgesonnen sein. Du weißt es nie mit Sicherheit. Folglich kannst du dich direkt authentisch zeigen, wenn du ohnehin nicht vorher weißt, was geschehen wird. Du brauchst dich nicht verstellen, um zu gefallen, denn es ist nicht sicher, ob du anderen gefallen wirst. Sicherheit im Außen gibt es nicht. Du erlangst ein sicheres Gefühl durch etwas völlig Anderes.

Sicherheit entsteht durch Authentizität. Je mehr du bei dir selbst bist und je mehr du dich zeigst, wie du bist, umso sicherer wirst du. Das bedingt sich gegenseitig. Authentische Sichtbarkeit und Sicherheit sind miteinander verknüpft. Wenn du stets echt und ehrlich bist – wer soll dich dann in Frage stellen können? Wenn du präsent bist, was soll dann geschehen? Wenn du zu deinen Gefühlen stehst, wer soll dich verletzen können? Die meisten Menschen glauben, wenn sie Gefühle zeigen, wären sie verletzbar. Das Gegenteil ist der Fall!

Nehmen wir das Beispiel Scham. Du hast einen Fehler gemacht und schämst dich dafür. Wenn du Scham empfindest, bist du in der Regel höchst unsicher. Doch warum bist du unsicher? Wenn

Menschen sich schämen, versuchen sie meistens, diese Scham zu vertuschen. Und das macht uns verletzlich. Der Versuch, es zu vertuschen, verunsichert – nicht die Scham selbst.

Wenn du dich nämlich authentisch zeigst und dazu stehst: „Ja, dafür schäme ich mich gerade. Ich hab einen Fehler gemacht. Dafür übernehme ich die Verantwortung. Ich stehe dazu.", dann fällt die Unsicherheit weg. Deine Authentizität macht Platz für ein sicheres Gefühl in dir, weil du präsent und eins mit deinen Gefühlen bist. Du kreierst Sicherheit in dir selbst, nicht im Außen. Das ist der Boden, auf dem Veränderung entstehen und Entwicklung geschehen kann.

Die Veränderung zu lieben und nicht mehr als bedrohlich oder unangenehm zu empfinden, kannst du trainieren. Je mehr du dich in deiner eigenen kleinen Lebensbox heimisch einrichtest, umso mehr stärkst du vorhandenes Verhalten und pflegst beispielsweise deine Angst vor Sichtbarkeit. Gehe deshalb bewusst Veränderungen ein, auch wenn sich diese anfangs unsicher anfühlen. Das ist das Wesen von Veränderung: Sie macht uns unsicher.

Es gibt allerdings eine Unsicherheit, die dich lähmt und unfähig macht zu handeln, und eine, die sich zwar unangenehm anfühlt und in der du gleichzeitig handlungsfähig bleibst. Diese letztgenannte kannst du trainieren und zu einem Dauerzustand deines Lebens machen, um dein Entwicklungspotenzial zu aktivieren und um die Entwicklungsgeschwindigkeit zu erhöhen. Unterstütze die Veränderung, indem du dich bei jeder Neuerung in deinem Leben freust und sie bewusst willkommen heißt. Vielleicht fällt dir das anfangs schwer. Doch auch wenn du zunächst mit Abwehr reagiert hast, kannst du nach ein paar Atemzügen aktiv denken und dir sagen:

„Ich freue mich, dass diese Veränderung in mein Leben getreten ist. Ich öffne mich für Wachstum."

Denn jede Veränderung ist eine Chance, dich weiterzuentwickeln und etwas Neues zu lernen oder dich weiter zu entfalten.

Damit du aus einem Verhalten, das dir nicht mehr dient, leich-

ter aussteigen kannst, weil du beispielsweise bewusst etwas Anderes in dein Leben integrieren möchtest, kannst du Folgendes tun:
Mache alltägliche Rituale mit der anderen Hand als bisher, wie zum Beispiel, die Tür zu öffnen, Zähne zu putzen, aus einem Glas Wasser zu trinken oder die Wohnungstür abzuschließen. Mach es mit links - alternativ mit rechts, wenn du Linkshänder*in bist. Dies ist ein einfacher Trick, um Veränderung in Gang zu bringen: Etwas, was du immer mit der rechten Hand tust, mit der anderen Hand zu machen. Das fühlt sich anfangs komisch an und du wirst dir ungelenk vorkommen.
Genau das ist der Punkt: Die andere Seite kennt das nicht, dass sie jetzt agieren muss und ist unbeweglich. Damit setzt du in deinem System etwas Neues in Gang und aktivierst dein Gehirn, um sich für Veränderungen zu öffnen. Du brichst aus der Routine aus. So kannst du leichter eine neue Einstellung in deinem Leben etablieren, zum Beispiel, um dich sichtbarer zu machen, um dein Erfolgsdenken in eine andere Richtung zu lenken oder um dich für Fülle zu öffnen.
Menschen verändern ansonsten erst etwas, wenn Druck da ist. Meistens ist es dann allerdings zu spät. Insbesondere das Ändern von Verhaltensweisen oder Denkmustern, das Auflösen von Blockaden und das Transformieren von Bewusstseinszuständen braucht Zeit. Deshalb ist es gut, wenn du damit startest, solange noch nichts gravierend Schlimmes passiert ist. Viele Menschen müssen erst einen Burn-out oder andere Krankheiten erleiden, bevor sie für Veränderungen bereit sind.
Maria Sanchez schreibt: „Wenn die Sehnsucht größer ist, als die Angst, machen wir uns auf den Weg.“[65] Die meisten Menschen gehen Veränderungen ein, wenn es nicht mehr anders geht. Ich lade dich ein, die Veränderung als Bestandteil deines Lebens willkommen zu heißen und nicht erst zu reagieren, wenn alles

---

[65] Sanchez, Maria, 2019. Unter: https://shop.sehnsuchtundhunger.de (abgerufen am: 12.06.2019)

schon schwierig ist. Gewöhne dich daran, dass ein gewisses Risiko sowie die Veränderung und damit die Fähigkeit, dich zu wandeln, zu dir als Businessfrau gehören.
Du wirst springen müssen, um im Erfolg zu landen. Anders ausgedrückt: Nur wenn du den Schritt ins Ungewisse gehst, kannst du erfolgreich sein. Abzuwägen, ob das Risiko tragbar ist, ist wichtig. Gar kein Risiko einzugehen, geht nicht. Denn selbstständig zu sein und mit dem eigenen Business Erfolg zu haben, ist Veränderung pur. Das ist ein permanentes Risiko, weil du vorher nie genau weißt, in welche Richtung sich dein Business entwickeln und was sich genau verändern wird. Dein Business wird von zahllosen Faktoren beeinflusst, die du teils nicht steuern kannst, wie zum Beispiel den digitalen Wandel. Um dennoch erfolgreich zu sein, brauchst du die Risikobereitschaft, auf diese äußeren Veränderungen zu reagieren und mit ihnen zu leben, ohne andauernd in Stress zu geraten.
Es kann sein, dass sich sogar der Erfolg selbst am Anfang komisch anfühlt und dass du diese Veränderung nicht willst, weil es in dir zieht und zerrt, allein deshalb, weil Erfolg für dich ungewohnt ist. Es ist möglich, dass du zunächst in den Widerstand gehst, weil du das Alte festhalten willst, nur weil du gewohnt bist, im Mangel zu sein oder aus dem Mangel heraus zu denken.
Oftmals entsteht zu Beginn eine seltsame Leere, wenn du erfolgreich bist. Ein diffuser Schwebezustand tritt ein, weil du das alte Mangelgefühl loslässt und das Fülledenken und Fülleleben noch nicht vollends greifbar ist. Solch einen Dazwischen-Zustand mögen viele Frauen nicht, denn auch hier brauchst du die Einwilligung ins Ungewisse. Du weißt nicht, wie sich Fülle anfühlt, also gehst du zunächst in den Widerstand zum Erfolg. Das klingt paradox, ist jedoch nicht untypisch. Viele Frauen setzen deshalb ihr Business ein ums andere Mal in den Sand, weil sie eher mit dem Mangel umgehen können, der ihnen bekannt vorkommt, als sich auf das veränderte Gefühl – die Fülle – einzulassen.
Damit dir das nicht passiert, lerne die Veränderung zu lieben und Schwebezustände (aus)zuhalten. Halte den Raum in dir für

Unsicherheit, für wackelige Gefühle, für Zustände, in denen du noch nicht greifen kannst, wie sich etwas anfühlt. Übe bewusst, diesen nicht-sicheren Augenblick zu spüren, indem du dich beispielsweise in überschaubare Momente der Unsicherheit bringst. Du kannst im Park rückwärts laufen, auf dem Fußweg auf einem Bein hüpfen, ungeschminkt/geschminkt einkaufen gehen oder andere Dinge tun, die du sonst nie tust. Kreiere Situationen, bei denen du kontrolliert in das Risiko gehst, etwas anders zu machen als sonst oder als alle anderen. Spüre dich in dieser neuen Situation. Halte den Raum für das unsichere Gefühl und lerne, die Veränderung zu lieben!

Nutze deine Intuition

Als Kind hattest du vielleicht imaginäre, unsichtbare Freund*innen, also solche, die nur in deiner eigenen Kinderwelt existent waren. Du hattest ein intuitives Wissen und Verständnis für andere Lebewesen, hast mit Blumen gesprochen und selbstverständlich mit Tieren. Im besten Fall wurde das geduldet, als du ganz klein warst. Im schlechtesten Fall wurde dieses Verhalten schon damals gemaßregelt. Spätestens, als du in die Schule gekommen bist, galten nur noch sogenannte „Tatsachen“. Beweise wurden plötzlich wichtig. Kinder ziehen sich dann mit dem, was sie fühlen und intuitiv wahrnehmen, zurück, weil es nicht gefördert wird.

In der Schule musstest du vor die Klasse treten und dich sichtbar machen, wenn du ein Referat halten solltest, wenn du also etwas konntest oder wusstest. Dein kognitives Wissen war gefragt. Es wurde nicht belohnt, was du *gespürt* hast. Du wurdest nicht dazu aufgefordert, dich vor deine Mitschüler*innen zu stellen und zu sagen, was du fühlst oder was du als Energie im Raum wahrnimmst. Wie oft hören Kinder in der Schule: „Wer weiß es?“ und wie oft wird in einer Schulklasse gefragt: „Wer spürt es?“? Wenn es niemanden interessiert, was dein intuitives Gefühl ist, das du als Kind hattest, wird es im Laufe der Zeit immer leiser. Du sprichst nicht mehr so viel über deine Wahrnehmungen und über das, was du jenseits von Verstehen und Erlerntem spürst. Deine Intuition verkümmert.

Die Prägung in der Kindheit, nämlich, dich mit deinem intuitiven Spüren besser unsichtbar zu machen und dich nur auf deinen Kopf zu verlassen, ist ein Grund, warum du deiner Intuition heute nicht mehr traust. Menschen verlernen in Schulen, was ihr eigentliches Wissen ist: die Intuition. Wenn du dich nicht bewusst dafür entscheidest, mit deiner Intuition aktiv in die Sichtbarkeit zu gehen und das nicht permanent trainierst, greift das anerzogene Verhalten sehr oft automatisch um sich: Du tust, was du denkst, nicht, was du fühlst. Irgendwann glaubst du dann wirklich, du hast kein inneres Seelenwissen, sondern nur noch das erlernte Kopfwissen, und du zeigst dich ausschließlich mit diesem. Für deine Umwelt kann sich deine Ausstrahlung dadurch manchmal schräg anfühlen, weil Menschen sehr schnell spüren, dass hier etwas nicht stimmt: Es fehlt dein Seelenausdruck. Sie können oft nicht benennen, warum sie dich als seltsam empfinden, oder was es ist, was hier nicht stimmig ist. Doch sie nehmen dich als unecht, schwammig, nicht greifbar oder auch als arrogant, überzogen oder altklug wahr.

In meiner Arbeit mit Businessfrauen begegne ich solchen, die alles richtig machen, fleißig sind, engagiert an ihrer Website und an ihren Marketingstrategien arbeiten und der Erfolg bleibt dennoch aus. Das geschieht, weil ihr Businessausdruck nicht beseelt ist. Die Verknüpfung zu ihrer Seele findet nicht statt. Sie halten sich mit ihrem intuitiven Wissen zurück oder nehmen es oftmals nicht mehr wahr. Das geschieht in allen Sparten, sodass sogar Heiler*innen oder Energiearbeiter*innen manchmal keine wahrhaftige Verbindung zu ihrer Intuition haben. Denn auch Meditieren, Klopfen, schamanisches Trommeln, Yoga oder andere Techniken können zur Farce werden, wenn du nicht zu hundert Prozent mit deinem Intuitionskern verbunden bist – wenn dein Business nicht beseelt ist.

Der Zugang zu diesem tiefen Bewusstsein, das sich nicht mit dem Kopf erfassen lässt, geht über das Fühlen. Fühle! Spüre in dich hinein. Trau deinem Gefühl. Vertraue deiner Intuition. Voraussetzung für ein authentisches Business mit Erfolg ist, dass du dich von deiner Intuition führen lässt. Vertraue deinen intuitiven Fähigkeiten.

Hast du die Verbindung zu deiner Intuitionsführung verloren, beobachte dich haarscharf: In welchen Situationen weißt du, ohne nachzudenken, was falsch oder richtig ist, weil dein „Bauch" es dir sagt? Führe Tagebuch und stärke dein Bauchgefühl, indem du notierst, wann es auftritt, was es signalisiert, wie du damit umgehst und in welchen Situationen du deinem

Bauchgefühl – deiner Intuition – gut trauen kannst. Erinnere dich nach und nach, welche intuitiven Fähigkeiten du besitzt, die dir schon voll bewusst sind oder die du erahnst. Lass sie stärker werden. Richte deinen Fokus auf deine Intuition aus und geh über kein „komisches Gefühl“ mehr hinweg. Nimm deine Intuition ernst, dann nimmst du dich ernst.
Öffne dich für die Geschenke, die dir das Leben schickt. Sei wach, präsent, aufmerksam. Folge deinem Gefühl, indem du immer und immer wieder erspürst, ob das ein Moment, ein Mensch, eine Begebenheit ist, die gerade jetzt für dich bestimmt ist und die deine Aufmerksamkeit bekommen darf. Wenn nicht, entziehe der Situation oder den Menschen deine Präsenz, zum Beispiel, indem du weggehst.
Wenn du allerdings klar fühlst, dass dies hier eine Chance ist, die gelebt werden will, vertage nichts! Ideen und Inspirationen suchen sich gegebenenfalls andere Gefäße, andere Menschen oder andere Situationen, durch die sie sich materialisieren können, wenn du sie nicht sofort ins Leben bringst. Trau deinem Gefühl, wenn du merkst, dass hier etwas umgesetzt werden will. Stoppe dein Zögern und beginne mit der Umsetzung! Frauen gehen oftmals nicht für eine Businessidee, für ein neues Projekt oder für eine Idee los, weil sie ihrer eigenen Intuition nicht trauen. Sie glauben ihrem Gefühl nicht und zögern deshalb. Dadurch bleibt vieles auf der Strecke und manifestiert sich nicht, denn Ideen sind wie Wolken: Sie ziehen weiter oder lösen sich auf, wenn sie nicht materialisiert werden.
Eine weitere Angst, die dieses Verhalten des Nichtstuns bekräftigt, ist die, sich festzulegen. Viele Frauen befürchten, dass es schlecht wäre, sich mit etwas gezeigt zu haben, was später nicht mehr gültig ist. Deshalb legen sie sich am besten gar nicht fest. Damit kommt das Business nicht ins Laufen, es stockt oder bleibt in einer Business-Phase hängen. Es entwickelt sich nicht wirklich weiter. Dahinter steckt die Furcht, unglaubwürdig zu wirken oder als instabil zu gelten:
„Wenn ich mich jetzt mit etwas sichtbar mache und dann ändert

sich das später, bin ich unglaubwürdig.“

Tatsächlich haben Frauen, die scheinbar oft ihre Meinung wechseln, in der westlichen Gesellschaft Schwierigkeiten, als ernst zu nehmende Businessfrauen anerkannt zu werden. Schnell sind Urteile gefällt, die Geschäftsfrauen als labil, hysterisch, gescheitert oder launisch aussehen lassen, obwohl diese Frauen nur eines tun: Sie trauen ihrer Intuition. Denn das Leben ist Entwicklung! Alles, was du heute tust und womit du dich heute sichtbar machst, ist dein Bestmögliches. Dich genau damit zu zeigen, dass du dich entwickelst, dass neue Dinge hervorkommen oder jetzt andere Schwerpunkte in deinem Business gelten, ist die Kunst, das Leben so anzunehmen, wie es ist. Du folgst dem Leben und spürst intuitiv, dass hier Veränderung angesagt ist. Lass dich nicht von außen beirren. Festige deine seelengeführte Intuition, um deine Entscheidungen auch in Zeiten des Gegenwindes zu treffen, beizubehalten und durchzusetzen. Ich selbst habe schon mehrmals ein Business aufgebaut und stets war ich davon überzeugt, dass dies das Richtige ist. Es ist mir nicht peinlich und es macht mich nicht unglaubwürdig und nicht weniger kompetent, wenn ich heute etwas anderes tue als vor zwanzig Jahren. Leben bedeutet Wachstum. Vertraue ins Leben – es führt dich. Deine Seele kennt den Weg.

Nimm Widerstände in deinem Leben ernst und achte auf die Herausforderungen, die sich dir zeigen. Manch eine will bewältigt werden, andere hingegen dienen dir dazu, den Businesslauf zu stoppen und neu zu überdenken, wo du hingehst. Beobachte dich sehr genau, in welchen Situationen wirklich deine Intuition spricht und wann dich ein anerzogenes Verhalten voll im Griff hat. Oftmals sind es Dogmen und Konzepte, die sich über die Jahre oder Jahrzehnte in dir festgesetzt haben, weil du sie möglicherweise schon seit Generationen überliefert bekommen hast oder weil sie unser kollektives Bewusstsein infiltriert haben. Glaubenssätze können ziemlich hartnäckig sein und sich so stark aufplustern, dass es aussieht, als wären sie wahrhaftig deine Meinung. Spüre genau rein, wessen Statements das sind,

die in deinem Kopf toben, und ob sie dir (noch) dienen oder ausgedient haben.
Vertraue. Vertraue in dich und ins Leben. Hab Zutrauen, dass alles, was du tust und was in dein Business kommt, genau zum rechten Zeitpunkt geschieht. Wem außer dir selbst kannst du wirklich vertrauen? Nur dich kennst du tatsächlich! Alle anderen Menschen nimmst du nur so wahr, wie sie sich dir zeigen oder wie du sie sehen willst. Auch das Vertrauen in andere ist nichts, worauf du dich verlassen kannst. Mach Zutrauen daraus und traue dem Leben zu, dass es dir die richtigen Menschen, die passenden Situationen und die stimmigen Ideen schickt, die in deinem Business genau jetzt gebraucht werden. Deine Aufgabe ist es, zu lauschen und zu empfangen, welche der vielen Gedanken in deinem Kopf und der zahlreichen Gefühle in deinem Herzen die sind, die jetzt dran sind.
Ich führe seit Jahren ein intuitionsgeleitetes Business und bin damit erfolgreich. Konkret bedeutet das, dass ich jede Sekunde mit meiner Intuition in Kontakt bin und in mich lausche. Wenn ich bei einer Entscheidung ein ungutes Gefühl habe, mache ich es nicht, egal, wie lukrativ dieses Geschäft sich vielleicht darstellt. Wenn ich zum Beispiel einen Preis für ein neues Produkt ermittle, hilft mir eine Marktanalyse und eine Kosten-Nutzen-Berechnung. Zugleich achte ich auf meine Intuition, ob sich dieser kognitiv ermittelte Preis stimmig anfühlt. Mir hilft dabei, zu testen, ob ich diesen Preis gut aussprechen und ihm einen guten Klang geben kann. Probiere diese Methode aus und sprich verschiedene Preisvarianten für ein Produkt von dir aus, wie beispielsweise: 197 Euro, 198 Euro, 199 Euro. Die Abstufung ist nicht so groß, dass der kalkulatorische Wert sich eklatant bemerkbar macht. Klingt jedoch einer dieser Preise für dich nicht gut, wirst du das Produkt mit diesem Preis sehr wahrscheinlich nicht gut verkaufen. Der geringere Umsatz, der daraus entsteht, fällt dann ins Gewicht. Ich höre hin und lausche, wie der Preis klingt und wie er sich beim Aussprechen anfühlt. Dabei variiere ich mit der Stimmlage, mit der Lautstärke und mit der Frequenz.

Ich muss den Preis nicht nur kognitiv erfassen und für richtig halten, sondern ihn auch fühlen können. Der „Preisklang“ ist eine Methode, mit der ich mein intuitionsgeleitetes Business in den Erfolg geführt habe.

Abhängig davon, ob du eher ein akustischer, olfaktorischer, visueller oder anderweitig rezeptiver Mensch bist, werden für dich andere Mittel hilfreich sein. Manche Frauen reagieren auch nicht mit einem Bauchgefühl, sondern haben Ohrensausen, Gänsehaut oder spüren die Reaktion in ihrem Schoßraum, wenn sie in Kontakt mit ihrer Intuition sind. Finde heraus, welche Sinne und Körperregionen dich besonders unterstützen, damit du das Vertrauen in deine Intuition wiedergewinnen, aufbauen und stärken kannst. Nutze deine Intuition! Sie ist deine beste Ratgeberin für ein erfolgreiches Business.

Lebe Rituale für Heilung

Magische Rituale haben viel Kraft und große Wirkung. Immer. Egal, ob du sie bewusst oder unbewusst durchführst. Es ist auch egal, wie du dein Tun nennst: Spiritualität, Schamanismus, Magie, Energiearbeit, Clearing, Viewing, Heilarbeit, Zeremonie, Mystik, Seelenarbeit oder ganz anders. Mit Ritualen meine ich kein abgedrehtes Hexhex, kein spektakuläres Abrakadabra und schon gar kein sensationelles Showzaubern. Es muss dabei auch keinerlei Gegenstand verwendet werden und es braucht auch keine „Hexe", keine „Priesterin" oder anderswie bewandte Personen, die bestimmte Kräfte haben oder vorgeben, zu haben. Du allein genügst. Denn du hast die Fähigkeit, jedes für dich stimmige Ritual zu zelebrieren.
Jeder Mensch macht nämlich täglich Rituale. Sei es eine bestimmte Reihenfolge von Handlungen, die ihn in erhöhte Aufmerksamkeit versetzen, wie es Fußballspieler vor einem Match tun oder Manager*innen vor wichtigen Konferenzen. Sei es ein gewisser Ablauf innerhalb der Familie oder zu bestimmten Festivitäten, wie Kerzen zum Geburtstag auf den Kuchen stecken oder das Gute-Nacht-Lied für Babys. Selbst das Händeschütteln zur Begrüßung oder die Umarmung zum Abschied sind Ritualhandlungen.
Für dein Business kannst du dir die Energie, die durch ein Ritual entsteht, zunutze machen und ganz bewusst einsetzen. Ein Ritual hat für mich diese drei wichtigen Parameter:

Absicht

Du richtest deinen Fokus voll auf ein bestimmtes Thema aus, formulierst eine Absicht und öffnest dich dafür.
Dies geschieht dadurch, dass du für einen ablenkungsfreien Raum ohne Störung durch andere sorgst. Geübte brauchen keinen stillen Raum und können sich auch mitten in der U-Bahn in sich selbst zurückziehen. Für Ungeübte ist es gut, sich einen

ruhigen, störungsfreien Ort zu suchen. Du gehst mit deiner Aufmerksamkeit nach innen, indem du meditierst, bewusst atmest oder dich durch einen bestimmten Spruch (ein Gebet, ein Mantra, einen Leitsatz oder wie du das nennen möchtest) zu dir selbst führst. Dein Fokus ist bei dir. Du benennst dein Thema, um das es jetzt für dich geht, stellst es in den Mittelpunkt und äußerst laut oder leise eine Absicht.

Ausrichtung

Du lenkst deine Kraft und die aller Wesen – in der Jetzt-Welt und in der Anderswelt – auf dieses Thema. Deine Ausrichtung ist klar und eindeutig. Sei dir deiner Macht und Power gewahr und setze sie für deine Absicht ein und bitte alle, an die du glaubst und die dir wohlgesonnen sind oder die in deinem Feld sind, um ihre Unterstützung.

Handlung

Du vollziehst in deiner Ausrichtung und im Bewusstsein deiner bestimmten Absicht eine Handlung, um dieser Energie zusätzliche Stärke und die Richtung zu geben, die du anstrebst.
Gerade für diesen Teil – die rituelle Handlung – kannst du auch Gegenstände verwenden, wie Düfte, Rauchwerk, Steine, Federn, Wasser, Trommeln, Muscheln, Pflanzensamen oder was immer dir wichtig ist. Vertraue, dass alles stimmig ist. Eine Handlung kann jedoch auch eine Handbewegung, ein Kopfnicken, ein Aufstampfen mit dem Fuß, ein Tanz, das Aussprechen eines Wortes oder Satzes oder etwas völlig Gegenstandsloses sein. Die Handlung braucht nicht groß zu sein. Es geht um die Aktivität, die darin steckt, welche die Energie noch intensiver in Bewegung bringt, als dies nur über das reine Formulieren der Absicht geschieht. Bist du geübt oder hast du gerade keine Gelegenheit, eine Handlung an deine Intention zu knüpfen, kann auch die Absicht selbst genügen.
Was nicht funktioniert, ist der umgekehrte Weg: Eine reine Handlung ohne Absicht und ohne die Ausrichtung deiner Ener-

gie, bleibt wirkungslos. Dann ist es eben nur eine Handlung, nur eine Duftlampe, die du anmachst, es sind nur ein paar Runen, die du auf den Tisch schmeißt, nur ein Kraut, das du als Räucherwerk anzündest und das gut riecht. Natürlich hat alles Auswirkungen. Doch erst in der Verknüpfung mit einer Absicht und mit der klaren Ausrichtung lenkst du die Energien. Ansonsten wirbeln sie wild umher und du hast keine Ahnung, wohin sie gehen, und hast deinen Einfluss nicht geltend gemacht.

Über die Kraft der Worte und Wortmagie schreibe ich später noch ausführlich. Hier möchte ich dich nur an ihre immense Macht erinnern. Jedes gesprochene und gedachte Wort besitzt Wesentlichkeit. Sei dir dessen stets gewahr! In Verbindung mit anderen Menschen oder Wesen potenzierst du dieses Gewicht und verstärkst die Wirkung.

Für dein starkes Mind-Soul-Set ist es wichtig, neben dem Geist auch deine Seele regelmäßig zu reinigen, um den Seelenmüll los zu werden, der sich in dir ansammelt. Jeden Tag begegnest du Menschen und erlebst Situationen, die dir nicht gut tun, die dich aus deiner Bahn werfen oder es zumindest versuchen. Im Idealfall werden das zunehmend weniger, weil du dich mehr und mehr mit Menschen umgibst, die dich nähren. Dennoch gibt es auf deinem Businessweg auch negative Gedanken und ebenso negative Schwingungen, die dich energetisch zuschnüren, einengen, klein machen und schwächen.

Reinige dich durch Rituale regelmäßig, um wieder bei dir selbst anzukommen. Eine Form der regelmäßigen Reinigung kann das Fasten oder Detoxen (Entgiften) sein. Indem du deinen Körper entleerst, reinigst du deine Seele mit. Dein Seelenzustand braucht genau wie deine Geisteshaltung viel Aufmerksamkeit, damit du dich als Erfolgsfrau durch den Zyklus deiner Selbstständigkeit bewegen kannst. Blockaden und festgefrorene Situationen im Business deuten meistens darauf hin, dass du dich zu wenig um deine seelische Gesundheit gekümmert hast.

Wir Frauen sind mit starken Urwunden konfrontiert, die alle

Frauen betreffen. Wir docken an das gemeinsame Frauenfeld an, weil wir das gleiche Geschlecht haben und unsere Verbundenheit zu Frauen deshalb wesentlich größer und intensiver ist als zum anderen Geschlecht. Alles, was einer einzelnen Frau und ganzen Frauengemeinschaften in der zurückliegenden Geschichte und im Jetzt widerfahren ist und widerfährt, hast auch du in dir gespeichert. Die Anteile sind mehr oder minder ausgeprägt, doch vorhanden ist die kollektive Wunde in jeder Frau. Obendrauf kommt meistens noch deine individuelle Geschichte, die nicht selten weitere Spuren hinterlassen hat. Deshalb ist es wichtig, dass du deiner Seele regelmäßig Heilung zukommen lässt. Denn sie ist verletzt.
Möchtest du zu deiner eigenen Heilung und zur Heilung der kollektiven Wunde der Erde und der Schwesternschaft beitragen, lade ich dich ein, dir vor jedem Ritual bewusst zu machen:

- Nimm deine Macht an.

Vertraue deiner eigenen Wahrnehmung und deiner Macht, dass du in jeder einzelnen Sekunde Großes bewirken kannst, indem du wach bist, handelst und wirkst.

- Tu, was getan werden darf.

Spüre exakt in dich hinein und lausche, was die Botschaft ist. In jedem einzelnen Augenblick. Warte, wenn du sie nicht direkt "hörst", bis du wirklich klar wahrnimmst, was jetzt getan werden darf. Und dann tu es kompromisslos.

- Verbinde dich mit der Liebe.

Egal, wie schräg, seltsam, komisch sich die Frau dir gegenüber möglicherweise manchmal verhält: Sie ist deine Schwester. Das, was fehlt, ist immer Liebe. Schütte sie aus, im Überfluss – wo immer du auch bist und wer immer auch dein Gegenüber ist.

Wenn wir das tun, ermöglichen wir Heilung. Jede einzelne in sich und wir miteinander in uns. Gestern. Heute. Morgen. Kreiere Rituale auf dieser Basis und im Gewahrsein deiner Selbst und deiner Schwesternverbindungen.

Befeuere dein heiliges Fokus-Feuer

Agiere aus der Seelenkraft heraus. Damit meine ich: Tu nicht den nächsten Schritt, weil du dir überlegt hast, wie dein Business verlaufen soll und was dafür zu tun ist. Sondern geh ihn aus dem tiefen intuitiven, seelengeführten Erkennen heraus, dass genau das jetzt als Nächstes geschehen darf, weil es einfach richtig ist. Diese Art, Business zu machen, geschieht mit dem Fluss des Lebens und nicht dagegen. Dadurch verläuft dein Weg als Selbstständige beschwingt und gefällig, auch wenn du Anstrengungen zu meistern hast. Um auf diese Weise eine Selbstständigkeit zu führen oder ein Unternehmen zu leiten, brauchst du absoluten Fokus. Weil wir in einem Zeitalter permanenter Ablenkung leben, ist es wichtig, dass du dein heiliges Fokus-Feuer konstant schürst. Damit meine ich jenen Fokus, den du auf dein Herzensbusiness ausrichtest, damit aus ihm die Seelenkraft entsteht.

Ich werde immer wieder gefragt, wie ich all das schaffe, was ich in meinem Unternehmen zustandebringe. Die Antwort ist: Weil ich mein heiliges Fokus-Feuer befeuere! Unter Fokus verstehe ich, dass ich etwas im Visier habe. Das ist wie ein Tunnelblick. Ich richte alles auf einen Punkt aus. Zum Beispiel auf mein tiefes inneres Wissen, dass das, was ich bin und wie ich bin, gut ist. Dass ich mich frei zeigen darf. Dass ich in Fülle lebe. Dass ich ein seelenerfülltes Business zum Wohle aller mache ... und so weiter.

Fokus heißt ganz praktisch, auf deiner Website bei deinem Thema zu bleiben. Tust du das nicht, verschwimmst du dich und die Leser*innen gehen wieder, weil sie Chaos wahrnehmen. Baue auf deiner Website und in deinem Marketing alles rund um dein Thema auf. Konstant. Bleib dabei und lebe deine Kreativität nicht aus, indem du dauernd die Themenfelder wechselst. Sorge für einen guten Fokus, der auch nach außen hin immer sichtbar ist.

Der Fokus in deinem Mind-Soul-Set bedeutet: Halte den Fokus auf Fülle. Denke Fülle, atme Fülle, lebe Fülle. Es ist Gedankenklabaster, zu glauben, du wärst im Mangel. Wenn du dieses Buch lesen kannst, hast du genug Geld, um dir Luxus zu erlauben. Denn ein Buch ist ein Luxusgut. Du bist reich! Finanziell und immateriell. Wenn du etwas wirklich haben willst, dann kannst du es umsetzen. Du hast garantiert so viele materielle Güter, dass viel mehr möglich ist, als du aktuell glaubst. Verkaufe etwas von deinem Hab und Gut, wenn du meinst, kein Geld für eine Weiterbildung, ein neues technisches Gerät oder ein Mentoringprogramm zu haben, das dich in deinem Business weiterbringen würde.

Wenn du auch nur eine einzige Kundin hast, hast du Einnahmen. Würdige das! Finanzielle Fülle fängt nicht erst dann an, wenn du im Geld schwimmst. Mach dir bewusst, was du bereits hast. Schau genau hin, ob dein Mangelgefühl „Ich hab kein Geld." nicht ein selbst konstruiertes Gebilde ist oder ob du wirklich absolut kein Geld hast und auch keine Güter, die du zu Geld machen kannst. Achte auf deine Worte – immer wieder. Denn solche Sätze wie „Ich hab kein Geld." sind schnell dahingesprochen und können einen Zustand manifestieren, der aktuell keine Wirklichkeit ist. Die allermeisten, die dieses Buch lesen, werden in Fülle sein. Kokettiere nicht damit, dich im Mangel zu befinden. Sei stattdessen dankbar für die Möglichkeiten, die du hast. Richte deinen Fokus auf all die Chancen aus und auf das, was wirklich ist: Lebst du in Deutschland, hast du Zugang zu fließendem, reinem Wasser, lebst in einem friedlichen Land nicht mitten im Kriegsgebiet, bist frei und nicht inhaftiert, bist eingebunden in ein soziales System und ein Gesundheitssystem, das dich auffängt, und hast beste Voraussetzungen, um ein Business auch wirtschaftlich in die Fülle zu führen. Du bist in Verbindung. Du lebst in einem Land, in dem du die Freiheit hast, deine Gaben weiterzugeben und dich selbst zu verwirklichen. Dein Business findet in einem Zeitalter statt, in dem du via Social Media ein Feld der Verbindung kreieren kannst. Es liegt

einzig an dir und deinem Fokus auf Wertschätzung und Verbundenheit, dies zu tun.
Um dein heiliges Fokus-Feuer anzuzünden und am Lodern zu halten, ist Ausschluss ein wichtiger Aspekt. Alles bedienen zu wollen, führt zur Nicht-Fokussierung. Auf diversen Webseiten sehe ich immer wieder das „Verschwimmen“, weil eine Businessfrau alles anbieten will. Sich nicht zu positionieren, heißt, sich nicht zu fokussieren.
Menschen fischen sich aus einer Website, die wie ein Krämerladen aufgebaut ist, nicht das heraus, was sie brauchen. Stattdessen gehen sie wieder, weil es ihnen viel zu mühsam ist, das für sie Wesentliche zu finden. Sie wollen geführt werden. Richte den Fokus auf das, was du gern anbieten möchtest, was dir Spaß macht, was du mit Freude und Begeisterung jeden Tag in die Sichtbarkeit bringen willst. Das zieht die Menschen zu dir, die genau das brauchen und wollen.
Viele Frauen möchten am liebsten immer Everybody‘s Darling sein. Sie wollen allen gefallen, für alle da sein. Willst du das? Ich nicht. Fokus bedeutet Ausschluss. Ich will beispielsweise nicht, dass Waffenhändler meine Kunden werden. Ich will auch keine Frau dabei unterstützen, sichtbar zu werden, die alte Omas mit einem schrägen Geschäftsmodell ausnimmt, das unter dem Deckmantel der „Altenhilfe“ läuft. Möchtest du solche Kund*innen haben? Wenn nicht, dann positioniere dich richtig. Fokussiere dich auf das, was du willst! Gib den Fokus auch in deinen Texten, in deinem Marketing und in deiner Webseitendarstellung dorthin.
Fokus zu halten, gehört als wichtigste Tagesaufgabe auf deine To-do-Liste. Er geht schnell verloren und ein Grund dafür ist dieser: Unser System liebt es, bekannte Wege zu gehen. Selbst wenn wir diese als unangenehm, schmerzhaft oder demütigend erlebt haben. Denn die Krux daran ist, dass sie bekannt sind. Wir alle brauchen die Gewohnheit. Wenn du den Fokus jetzt auf etwas Neues ausrichtest, ist das, als ob jemand mit einer Schnur ständig an deinem Teleskop zieht, um dich zu hindern,

deine Ausrichtung in die Zukunft beizubehalten. Irgendwann wird das anstrengend. Anstrengung wollen Menschen nicht. Es soll bitte immer leicht gehen. Hier ist die Wahrheit: Den Fokus auf Neues zu lenken, ist anstrengend.

Es dauert, bis die Schnur nicht mehr zieht und du das Teleskop so justiert hast, dass es den Ausblick Richtung Zukunft selbstständig hält. Willige ein, dass die Neuausrichtung von Verhaltensweisen oder die Schritte in die nächste Businessphase anstrengend sind und deine volle Aufmerksamkeit brauchen. Das Fokus-Feuer benötigt immer wieder neue Energie, sonst erlischt es.

Um den Fokus zu halten, kannst du dir beispielsweise dein Thema fett an einen Ort schreiben, an dem du es dauernd siehst, wenn du Schwierigkeiten hast, bei deiner Positionierung zu bleiben. Überprüfe jeden Text, jedes Bild, alles, was du an Social Media Beiträgen, Podcasts oder Videos in die Welt schickst, ob das wirklich mit deinem Thema übereinstimmt.

Gehe deinen Businessweg außerdem mit Menschen, die dich in der Fokussierung bestärken. Personen zu haben, die es für dich (mit) übernehmen, deinen Fokus zu halten, sind gerade beim Business-Auf- und Ausbau wichtig. Fokus zu halten, heißt nicht immer nur, Geschäftliches zu machen. Das kann auch bedeuten, inne zu halten, still zu sein, zu lauschen, wenn du dich im Busy-Modus verfangen hast. Fokus zu halten, kann sein, deine Ängste an die Hand zu nehmen und genau jetzt raus zu gehen und dich zu zeigen, auch wenn noch nicht alles fertig ist. Fokus zu halten, beinhaltet auch, dass du dir all das ansiehst, was du Wundervolles erschaffen hast und dies würdigst.

Die Fokussierung unterstützt dich, deine Wünsche umzusetzen. Nimm deine Vision ernst. Sie wird Wirklichkeit. Ich lasse meine Visionen Realität werden, weil ich im Fokus bleibe. Eine Technik, die dabei hilft, ist „So tun, als ob …“. Kinder wenden diese Methode ständig an. Wir nennen das „spielen“. Kinder spielen Vater/Mutter/Kind oder stellen sich vor, sie wären Astronautin und würden zum Mond fliegen, während sie auf einem Baum-

stamm sitzen und so tun, als ob es eine Rakete wäre.
Wenn du ein Ziel erreichen möchtest, ist es notwendig, dir vorzustellen, was du fühlst, wenn du dieses Ziel erreicht hast. Sportler*innen arbeiten mit dieser Technik ebenfalls. Sie stellen sich nicht das Ergebnis am Ende eines Fußballspiels vor, sondern das Gefühl, gewonnen zu haben. Denn nur dann setzt sich das gesamte System – alles in dir und um dich – in Bewegung, um dieses Ziel überhaupt erreichen zu wollen.
Wir brauchen ein *Gefühl* als Ziel.
Wenn dein Ziel lautet, 10.000 Euro pro Monat zu verdienen, kickt das dein System nicht. Denn es hat kein Gefühl für 10.000 Euro. Schon gar nicht, wenn du das noch nie in deinem Leben hattest. Wie also soll es etwas erreichen können und wollen, was du nicht spürst?
Die Methode "So tun, als ob ..." hilft dir dabei. Sie stammt übrigens von einem Philosophen: Hans Vaihinger. Er hat sich damit beschäftigt, dass die fiktive Annahme, etwas wäre so, dazu führt, dass dies auch tatsächlich eintritt.[66] Wir handeln oftmals aus der Annahme, etwas würde so sein und verhalten uns entsprechend, obwohl es nicht nachweisbar ist, dass das stimmt. Genau das führt zum Erfolg und damit zum "Beweis", dass die Annahme richtig war und ist.
Ich nenne dir hier ein Beispiel:
Du glaubst deiner Freundin, dass sie dich mag. Weil sie dir das sagt und weil du das "spürst". Das Gefühl "mögen" ist nicht beweisbar! Aus der Annahme, dass sie dich mag, vertraust du ihr. Und weil du ihr vertraust, festigt das die Beziehung und genau deshalb mögt Ihr Euch. Klingt paradox? Ist es auch.
Spiel mit diesem Paradox! Tu einfach so, als ob ...

- du nicht mehr daran denken musst, wie du Geld verdienst, weil es in großer Fülle da ist
- du ein Business lebst, das dich erfüllt

[66] Vaihinger, Hans: Philosophie des Als Ob, 7. und 8. Auflage, Leipzig: Verlag von Felix Meiner 1922, S. 21-23

- du tolle Menschen um dich hast, die dein Business unterstützen
- du dich wunderschön, wertvoll und richtig fühlst, so wie du bist
- du jeden Tag tausend Euro für Wichtiges ausgibst und dass dich das glücklich macht
- du mit deinen Eltern/Freund*innen/Partner*innen komplett in Frieden lebst

Wähle oder ergänze hier etwas, was du an Zielen, Visionen und Wünschen hast, die du in ein Gefühl wandeln kannst.

Der Trick am "So tun, als ob ...", ist, dass du dir ein möglichst klares Bild mit sehr vielen Emotionen kreierst. So tun, als ob du reich bist? Das ist für die meisten Menschen noch wenig emotional. Wie sieht dein Leben dann aus? Was ist es wirklich, was du dann tust, wie du dann lebst, was dich dann erfüllt, wie du dich dann fühlst? Tu so, als ob du jetzt schon ein erfüllendes und erfolgreiches Leben als selbstständige Frau führst. Beschreibe deine Bilder in der Ist-Form – im Präsenz – mit möglichst vielen Emotionen. Zum Beispiel:

"Ich liege am Strand auf den Malediven vor meiner Villa und bin vollkommen entspannt. Nichts tut weh und ich spüre die Sonne wohltuend auf meinem braun gebrannten Körper. (nicht: Ich würde ... liegen.) Ich vertraue meinem Team, das mein Unternehmen, welches täglich 100.000 Euro Gewinn macht, mit Leichtigkeit managt. Ich trinke den ganzen Tag alkoholfreie Cocktails aus frischen Bio-Früchten aus der Region und lese jeden Tag zwei Bücher, deren Inhalte mich zu noch mehr Bewusstseinsentfaltung inspirieren. Ich bin glücklich und schaue stundenlang aufs Meer, das ruhig plätschert. Bei mir sind ..."

Das Beispiel ist übrigens nicht mein Bild eines erfolgreichen Businesslebens. Ich würde mich dabei entsetzlich langweilen. Eines meiner "So tun, als ob ...", das ich kreiert hatte, ist nach wenigen Jahren zu 98 Prozent Realität geworden. Unter anderem gehörte für mich dazu, mit meinen Liebsten gemeinsam zu arbeiten und ein tolles Team zu haben. Als ich meine Vision damals erschaffen habe, hatte ich keine Ahnung, wie das gehen sollte. Super Sabine gab es noch nicht, mein Liebster lebte fast 600 km von mir entfernt, meine heutige Soulsister kannte ich noch nicht und meine erwachsene Tochter war zu diesem Zeitpunkt in Hamburg in einer völlig anderen Job-Welt. Heute sind alle meine Liebsten Teil meines Teams oder mit mir im Business verbunden und wir leben gemeinsam den Erfolg. Es funktioniert. Indem ich meinen Fokus jeden einzelnen Tag über viele Jahre hinweg auf meine Businessentwicklung ausgerichtet habe, und sie nach wie vor ausrichte, erschaffe ich aus meinen Visionen Realität.

Es gibt zig Ablenkungen, zig Möglichkeiten, vor deiner Größe zu flüchten, zig Chancen, dich abbringen zu lassen. Rufe dir immer wieder deinen Fokus ins Gedächtnis und verbinde dich mit deiner Seele. Jeden einzelnen Tag bist du als selbstständige Frau gefordert, deinen Fokus zu halten. Jede einzelne Minute sogar.

Beziehe Stellung, wo du nur kannst und zeig dich mit deiner Haltung und deiner Meinung. Steh für dich auf, steh zu dir, geh für dich. Ja, das ist manchmal unbequem. Ja, das tut manchmal weh. Ja, das ist manchmal mit Anstrengung verbunden. Ja, das bedeutet, dir selbst mutig in die Augen zu schauen. Ein Herzensbusiness zu machen, ist nicht wie Vanillepudding essen. Du machst nämlich etwas, was nicht Mainstream ist, was andere Menschen fordert und was dich selbst an deine Grenzen und darüber hinaus bringt. Du machst etwas, das noch wenig verbreitet ist und das allein deshalb in dieser Gesellschaft Aufsehen erregt: Du lebst eine weibliche Selbstständigkeit.

Veränderung in der Welt bewirken zu wollen und für ein Leben in Fülle zu gehen, ist selten populär. Was du tust, ist sogar spektakulär! Ein selbstständiges Business als Frau in die Sichtbarkeit und in den Erfolg zu führen, ist nicht der Standard. Es ist die Ausnahme. Sei dir dessen bewusst. Möge dein Fokus auf Fülle ausgerichtet sein, weil Mangel krasse Schreckensgebilde hervorbringt. Lebe dich als Erfolgsfrau.

Bau dir Erinnerungsmagnete ein

Wenn du etwas in deinem Leben verändern willst, bau dir Erinnerungsmagnete ein! Erschaffe sanfte Stolpersteine und wirkungsvolle Begebenheiten, die dich aus deinem Alltagstrott und deinem versteinerten Mindset herausbringen und dich an das erinnern, was du wirklich möchtest. Der Magnet zieht dich in die Richtung, für die du dich entscheidest. Sorge dafür, dass du dich erinnerst, auf welche Art du Business machen willst, welches Erfolgsdenken du in deinem Leben implementieren möchtest, wohin dein Fokus geht und welche Mind-Soul-Set-Ausrichtung du dir selbst geben willst.

Erfolgsglas

Ein sehr effizientes Mittel, um deine Erfolgsabsicht in dein Leben einzubetten, ist das Erfolgsglas. Diese Methode wende ich bei vielen Teilnehmerinnen meiner Kurse oder Mentoringprogramme an und sie hat immer große Wirkung:
Du stellst ein durchsichtiges Glas an einen Platz in deinem Businessbereich, an dem du es gut siehst. Die Größe bleibt dir überlassen. Möglicherweise verschönerst du es mit einem Aufkleber oder einer Schleife oder lässt es, wie es ist. Es kann ein besonderes Glas sein oder eines, das ohnehin ungenutzt bei dir herumsteht. Gut geeignet sind Konserven-, Drahtbügel- oder Schraubgläser. Auch offene Gläser, wie Vasen oder Dekogläser, eignen sich. Suche dir eines aus, das deinem Erfolg würdig ist. In dieses Glas gibst du deine Erfolgszettel und siehst, wie das Glas nach und nach voller wird. Das ist wichtig! Denn somit ist dein Erfolgswachstum sichtbar für dich und erinnert dich ständig daran, wie erfolgreich du bist. Jedes Mal, wenn du einen Erfolg zu verzeichnen hast, schreibst du diesen auf einen Notizzettel, faltest ihn und steckst ihn in dein Erfolgsglas.
Neigst du dazu, dies zu vergessen, lege eine regelmäßige Erfolgsglas-Zeit fest, zum Beispiel immer am Freitagabend, um dic Wo-

che Revue passieren zu lassen. Da schreibst du deine Erfolgszettel. Schau genau hin. Wann immer dir ein Erfolg einfällt, der noch nicht im Glas ist, schreib einen Zettel dafür. Notiere dir kurz und dennoch detailliert, was der Erfolg war und wann er stattgefunden hat (Datum). Wenn du auf deinem Businessweg ins Stocken kommst oder einen Heute-fühle-ich-mich-klein-Tag hast, stöbere in deinen Erfolgszetteln und erinnere dich, was du schon alles geschafft hast. Das ist Seelenbalsam.
Nach 365 Tagen feierst du dein Erfolgsjahr. Dann machst du dir vielleicht schöne Musik an, kaufst dir Blumen, zündest eine Kerze an und bereitest dir ein leckeres Getränk zu. Jetzt holst du alle Erfolgszettel heraus und liest sie nacheinander durch. Schwele in Erfolgsgeschichten und bade in deinem Erfolg! Feiere dein Erfolgsjahr! Genieße dein Wachstum, deine bewältigten Herausforderungen, deine starken Schritte, deine großen und kleinen Änderungen. Wenn du magst, kannst du die Erfolgszettel in ein Jahrbuch kleben, um sie immer wieder ansehen zu können. Oder du kannst sie verbrennen und ein Erfolgsfeuer zelebrieren. Anschließend startest du mit deinem leeren Erfolgsglas in dein nächstes Erfolgsjahr. Übrigens muss das nicht der 1. Januar sein. Du kannst an jedem Tag des Jahres dein persönliches Erfolgsjahr starten.
Diese Methode funktioniert hervorragend, um deine Erfolgsprägung zu verändern, Vorhandenes zu verstärken und dein neues Mind-Soul-Set in deinem Business als Basis für deine weibliche Selbstständigkeit zu etablieren. Achte darauf, dass du nicht nur klassische Erfolge auf einen Erfolgszettel schreibst, wie Umsatz, Gewinn, Einnahmen, Kund*innengewinnung, Verkäufe, Durchführung von Marketingstrategien, Website-Erstellung, Reichweitensteigerung, Klickzahlen-Erhöhung, Leadgenerierung oder andere messbare Ziele. Gib auch all den anderen Dingen einen Platz in deinem Erfolgsglas, die ebenfalls zum Gelingen deiner weiblichen Selbstständigkeit beitragen, wie mehr Sichtbarkeit durch Überwindung deiner Ängste, Transformation ausgedienter Glaubenssätze, Leichtigkeit beim Umsetzen verschiedener Maß-

nahmen, erfolgreich umgesetzte Spiritualität, Dranbleiben an deinen Business-Strategien, Integration von Familienaufgaben und Business-Herausforderung zum Wohle aller, Seelenauszeiten für dich, gelebte Kreativität, Durchführung seelenreinigender Rituale, Fokus auf das Wesentliche, tolle Feedbacks von deinen Kund*Innen, Anerkennung von deinen Liebsten, Fürsorge für deinen Körper durch gute Nahrung und Bewegung, innere Klarheit, Mut, Zufriedenheit und vieles mehr. All das sind Erfolge, die für dich als Businessfrau existenziell wichtig sind. Sie stabilisieren dich, tragen zu deinem Wohlergehen bei und dienen der Selbststärkung. Jeder Erfolg, den du notierst, ist ein kleiner Erinnerungsmagnet, um dich im Fokus auf deine weibliche Art des Erfolgsdenkens zu halten.

Wenn du dies noch verstärken willst, teile deine Erfolge mit anderen und erzähle davon. Das ist gelebte Wertschätzung. Deine Erfolgsenergien wirken sich auf alle aus, insbesondere auf die, die nah in deinem Feld sind. Du kannst Menschen in deinem Umfeld runterziehen oder erheben. Entscheide dich fürs Erheben und sprich über deine Erfolge. Das ist gut für dein ganzes Feld und beeinflusst schrittchenweise die Gesamtenergie dieser Welt. Jeder deiner Erfolge ist wichtig, um das große Ganze zu verändern. Viele kleine Seelenerfolge können einen Orkan der Wertschätzung auslösen.

Erinnerungsträger

Baue weitere Erinnerungsmagnete in dein Leben ein, um nachhaltige Veränderung zu bewirken. Wir lernen Neues und transformieren Altes am besten über eine Emotion. Verknüpfst du deine neuen Gewohnheiten oder Denkmuster, deine geänderte Seelenhaltung oder dein frisch erwachtes Mind-Soul-Set mit einer Emotion, wirkt dies besonders prägend und dadurch schneller. Emotionen lassen sich sehr gut mit bestimmten Reizen verbinden, über welche das Gefühl dann leichter abrufbar ist.

Du kennst das sehr wahrscheinlich aus deiner Kindheit: Die Scham, wenn du in der Schule nichts gewusst hast, ist verknüpft mit dem miefigen Geruch des Klassenzimmers. Ein bestimmtes Parfum oder Aftershave weckt Erinnerungen an das erste Verliebtsein. Das Bild einer Eiche genügt, um dich an den Autounfall der Tante zu erinnern, die gegen einen Baum fuhr. Menschen, die den Spruch sagen „Der frühe Vogel fängt den Wurm“ machen dich sofort wütend, weil dich deine Oma früher in den Ferien mit diesen Worten geweckt hat, während du lieber ausschlafen wolltest.

Wir erinnern uns über:

- Visuelles (Bilder, Fotos, Farben, Kunst, Formen, Ästhetik, Design ...)
- Töne (Summen, Klangschalen, Zimbeln, Trommeln, Meeresrauschen, Musik, Geräusche ...)
- Worte (Sprüche, Bücher, Affirmationen, Gedichte, Weisheiten ...)
- Düfte (Gerüche, Aromen, Blumen, Räucherwerke ...)
- Geschmack (Essen, Trinken ...)
- Taten (Gesten, Bewegung, Tanz, Rhythmus, Sport, Yoga ...)
- Haptik (Erotik, Sex, Sinnlichkeit, Körperkontakt, Streicheln, Massage, Hautstimulation ...)

Finde genau heraus, welche deine effizientesten Erinnerungsträger sind und wie sie bei dir wirken. Wenn du beispielsweise eher akustisch veranlagt bist, wirst du ein neues Mind-Soul-Set kaum aufbauen, indem du dir gute Sprüche an die Wand hängst. Dann ist es für dich wahrscheinlich wirksamer, dir diese Sprüche ins Smartphone aufzusprechen und anzuhören oder jeden Tag laut vorzulesen.

Ein Mensch, für den Essen eher zur Nahrungsaufnahme als zum Genuss dient, wird von einem Erfolgs-Dinner nichts in Erinnerung behalten. Wohingegen die Person, die über Geschmack stimulierbar ist, den süßen Erdbeergeschmack ewig mit „viel Geld verdienen ist toll“ verbinden kann, wenn sie ihre ersten 10.000 Euro Umsatz mit einem Erfolgs-Dinner feiert, bei dem es Erdbeeren gibt. Es ist deshalb wichtig, deinen ureigenen stimulierenden Erinnerungsmagneten zu kreieren, der eine gute Emotion in dir verankert.

Erinnerungsbuddy

Ein weiterer cleverer Erinnerungsmagnet ist die Methode des Erinnerungsbuddys. Damit ist eine Person gemeint, die du zu einem ganz bestimmten Zweck und mit einem ganz bestimmten Ziel einsetzt. Natürlich mit deren Einwilligung. Schaffst du es alleine nicht, selbst gesetzte Verhaltensänderungen oder neue Denkweisen in deinen Alltag zu integrieren, beauftrage eine andere Person, dich daran zu erinnern.

Du möchtest beispielsweise am Ende des Tages immer drei Danksagungen für deinen zurückliegenden Tag formulieren, weil du entschieden hast, dass dir Dankbarkeit gut tut und dass dies deine Ausrichtung auf Fülle stärkt. Nun verlierst du dieses Vorhaben immer wieder aus den Augen, weil du deinen Fokus abends nicht halten kannst. Du lässt bisher zu viel Ablenkung, wie Fernseher, Familie oder Haushalt, zu. Um dich in der Geisteshaltung der Dankbarkeit zu schulen, kannst du dir einen Erinnerungsbuddy suchen. Idealerweise jemanden, der oder die sehr diszipliniert ist und sich abends nicht von Reizüberflutungen ablenken lässt. Bitte diese Person, etwas ganz Bestimmtes für dich zu tun. Zum Beispiel kann dir der Erinnerungsbuddy jeden Abend zwischen 20 und 21 Uhr eine Erinnerungsnachricht auf dein Smartphone schicken. In dieser Nachricht schreibt die Person nur einen kurzen Satz, wie „Hiermit erinnere ich dich an deine drei Danksagungen." Keine Frage. Kein Vorwurf. Keine Bemerkung. Das kann schon alles sein und dessen Aufgabe ist erfüllt. Du kannst auch ausmachen, ob du eine Bestätigung schickst, wenn du die Danksagungen gemacht hast, oder ob der Erinnerungsbuddy nachfragen soll, falls keine Bestätigung kommt. Vereinbare ganz klare Regeln, die *du* bestimmst. Denn schließlich bist du diejenige, die den Erinnerungsmagnet in ihr Leben einbauen will. Übrigens: Sagt die erste Person, die du als Erinnerungsbuddy anfragst, „Nein!", geh zur nächsten. Suche solange, bis du eine Person gefunden hast. Es kann sein, dass du mehrere Anläufe benötigst. Halte durch! Hier geht es um eine grundsätzliche Änderung in deinem Leben, die dich zu mehr Erfolg und Erfüllung führt. Da ist es wichtig, dranzubleiben. Sei es dir selbst wert, dranzubleiben.

Öffnende Frage

Um aus der Haltung des „Das geht eh nicht!“ oder der Einstellung „Ich bleibe immer wieder an der gleichen Blockade hängen.“ herauszukommen, braucht es neue Wege. Wenn du ein Ziel nicht erreichst oder keine Ahnung hast, wie du da hinkommst, hilft die Frage nach dem „Warum“ nicht.
„Warum verdiene ich nicht genug Geld?“
„Warum bin ich nicht erfolgreich?“
„Warum habe ich keine Kunden?“
„Warum ...“
Die Antwort auf das Warum liegt meistens in der Vergangenheit oder in der Zukunft. Sie besiegelt einen Zustand auf der Verstandsebene:
„Weil ich noch nicht fleißig genug bin.“
„Weil ich ein Kindheitstrauma habe.“
„Weil ich es nicht verdient habe.“
„Weil ...“
Solch eine Antwort ermöglicht im besten Fall ein Verstehen. Es hilft dir selten, jetzt und hier einen neuen Weg zu kreieren, wenn du verstehst, was war oder was sein wird, beziehungsweise sein könnte. Denn dieses Verstehen ist immer begrenzt. Um ein neues Ziel zu erreichen, brauchst du etwas, was du eben noch nicht verstehen, ja noch nicht einmal denken kannst! Da ist es wichtig, alles mit ins Boot zu nehmen. Nicht nur den Verstand, auch die Seele, das Herz und sogar der Körper sind für die Erschaffung von Neuem wichtig. Wenn du dich weiter entwickeln und erfolgreich sein willst, brauchst du einen neuen Weg, den du bisher noch nicht gegangen bist. Du wirst dir keine Million Euro vorstellen können, wenn du sie noch nie gehabt hast. Das

kannst du nicht denken, weil du es nicht kennst – noch nicht. Wie also willst du mit dem Verstand da hinkommen? Eine Warum-Frage ist immer eine Verstandsfrage:
„Warum verdiene ich keine Million Euro?"
Das kannst du eventuell verstehen und du weißt dennoch nicht, wie du dieses Ziel erreichst. Das macht Stress. Warum-Fragen machen oft Stress im System. Veränderungen und erfolgreiche Weiterentwicklungen brauchen neue Schritte. Die kannst du jedoch nur in einem stressfreien Zustand kreieren. Unter Stress verspannen wir, halten an Altem fest und können keinen Kontakt mit der Kreativität aufnehmen, die notwendig ist, um Neues zu erschaffen.
Die „öffnende Frage" ist eine Methode, die dir als Erinnerungsmagnet für die Wandlung deines Mind-Soul-Sets dienen kann und ich lege sie dir sehr ans Herz. Dein Fühlen, dein tief in dir liegendes System, das dich bestmöglich am Leben erhalten und deine Seelenaufgabe erfüllen möchte, öffnet sich durch Wie-Fragen.
„Wie kann ich ...?" oder
„Was kann ich tun, um ...?"
Daran anschließend formulierst du das Ziel, das du erreichen möchtest:
„Wie kann ich eine Million Euro bekommen?"
Schreibe deine Wie-Frage am besten auf einen großen Zettel und hänge diesen sichtbar an einen guten Ort. Die Wie-Frage setzt jetzt in dir einen Prozess in Gang. Denn dein System will eine Antwort auf diese Frage finden, die es jeden Tag liest. Alles in dir, nicht nur der Kopf, sondern auch deine Seele, deine Emotionen, dein Erfahrungsschatz, dein Wissen und deine Intuition, streben nach einer Antwort. Wenn es noch keine Antwort hat, arbeitet alles in dir zusammen, um eine zu finden. Nicht bewusst. Sehr viel geschieht hier im tiefer liegenden System, das oft Unterbewusstsein genannt wird.
Konfrontiere dein System mit deiner dringendsten Wie-Frage, wenn du auf deinem Veränderungsweg ins Stocken gerätst oder

große Änderungen bewirken willst. Möglicherweise entsteht dadurch anfangs eine starke Unruhe in dir. Heiße sie willkommen, denn sie bringt etwas in Gang. Ruhelosigkeit ist ein gutes Zeichen dafür, dass es in dir arbeitet, um Lösungen zu erschaffen. Dein System hat aktuell ja noch keine Antwort auf deine Frage. Es sucht danach. Das verursacht eine gewisse Spannung oder ein Kribbeln.
Manchmal löst sich die Frage in Luft auf, weil es die falsche war. Dann merkst du, dass es gar nicht das ist, was du willst. Auch das ist gut! So hast du Klarheit. Dann kannst du die Wie-Frage stellen, um die es wirklich geht. Bei der richtigen Frage arbeitet alles in dir – und dadurch auch im Außen – daran, eine Antwort und eine Lösung zu finden. Nach und nach tritt Veränderung ein. Menschen, die dir helfen, tauchen plötzlich in deinem Leben auf oder unkonventionelle Lösungen eröffnen sich dir. Lass deine Wie-Frage solange an deiner Wand hängen, bis die Lösung da ist oder bis du merkst, dass es eine dringendere als diese gibt. Das kann oft Wochen und sogar Monate dauern.
Nimm immer nur eine einzige Frage! Mehrere Fragen stressen das System. Es kann den Fokus am besten nur auf eine Aufgabe ausrichten. Entscheide dich für die, die jetzt wirklich am bedeutsamsten ist, weil sie am meisten dazu beitragen kann, dass du glücklich und erfüllt bist. Dein System und alles um dich herum wird eine Antwort finden. Die ist in den allermeisten Fällen anders, als du sie erwartet hast und als dein Verstand begreifen kann. Logisch! Würde er das können, hätte er längst einen Vorschlag unterbreitet. Mach dich also auf Überraschungen gefasst, wenn du mit der „öffnenden Frage“ arbeitest. Du wirst die Antworten exakt dann finden, wenn du dafür bereit bist. Die Wege und gegebenenfalls die Menschen, die du dazu brauchst, sind alle schon da. Vertraue. Du kannst sie aktuell nur noch nicht erkennen. Die öffnende Frage regt dein ganzes Sein an, die für dich stimmige Lösung zu entfalten.

All diese Methoden kannst du als Erinnerungsmagnete nutzen,

um einen Switch in deinem Business zu vollziehen und in die nächste Zyklusphase zu gehen. Erblühe mehr und mehr zu der einzigartigen Schönheit, die du schon immer warst, bist und sein wirst.

Entschuldige dich nicht

In den Bereich Selbstverantwortung, die das Wichtigste ist, um ein erfolgreiches Business als selbstständige Frau zu führen, gehört auch das Thema Entschuldigung. Hiermit möchte ich dich zu einem sehr radikalen Ansatz inspirieren. Ich lade dich zu einem Verhalten ein, mit dem du dein Mind-Soul-Set und deine Haltung im Leben gravierend veränderst:
Entschuldige dich nicht!
Kein „Tut mir leid!", kein leicht dahin gesagtes „T'schuldigung!", auch kein „Sorry!". Keine Entschuldigung, keine Rechtfertigung für etwas, was du angeblich Schlimmes gemacht hast. In den allermeisten Fällen hast du anerzogen bekommen, dass mit deinem Verhalten Schuld einherginge. Doch das ist so nicht.
Entschuldige dich nicht mehr.
Warum rate ich dir dazu, kein leichtfertiges Entschuldigung auszusprechen? Jedes Mal, wenn du „Entschuldige!" sagst, setzt du dich in Schuld. Schuld und Schulden hängen zusammen. Dieser Wirkzusammenhang manifestiert bei jedem „Entschuldige bitte!" deine Schuld und damit auch deine finanziellen und materiellen Schulden – den Mangel – in deinem Leben. Hör auf damit.
Was geschieht, wenn du dich entschuldigst? Erstens fühlst du dich schuldig. Dieses Gefühl drückt dich energetisch nach unten und macht dich klein. Scham kann mit einhergehen oder das Empfinden, falsch zu sein. Zweitens versuchst du, die Schuldbefreiung von jemand anderem zu bekommen, nämlich von der Person, bei der du dich entschuldigst. Du erwartest von ihr, dass sie dir die Schuld für etwas nimmt, was du getan hast: Sie soll dich ent-schulden. Du wälzt die Verantwortung damit auf die andere Person ab. Das ist Kleinkindverhalten: Mama und Papa sollen es bitte richten. Andere Menschen sollen dir vergeben, dir ihr Okay geben. Du setzt dich selbst in den Mangel und ziehst obendrein einen anderen Menschen mit in dieses Gefühl

hinein. Dabei hat dieser Mensch nichts mit deinem Verhalten zu tun. Das ist kein selbstverantwortliches Handeln, sondern das ist das Manifestieren eines anerzogenen Verhaltens, welches aus Schuld und Vergebung besteht.

Verantwortung zu übernehmen, heißt, zu dem zu stehen, was du tust. Uneingeschränkt. Fehler zu machen und dazu zu stehen. Oder zu hinterfragen, ob es denn überhaupt ein Fehler war oder schlicht Unachtsamkeit, die keinerlei Schuldgefühl bedarf. Wenn du in der Stadt jemanden anrempelst, bist du unachtsam. Du passt nicht auf, wo du entlang gehst, weil du nicht präsent bist und dich nicht auf deinen jetzigen Laufweg fokussierst. Das ist deine Verantwortung. Nicht die desjenigen, den du um Ent-Schuldigung bittest.

Dich zu entschuldigen, ist eine Bremse für ein Leben in Fülle. Löse die Bremsen in deinem Leben und übernimm die volle Verantwortung für dich. Immer. Entschuldige dich ab heute nicht mehr. Achte darauf, an welchen Stellen du das Bedürfnis hast, dich zu entschuldigen, und was dahinter steckt, beispielsweise: Unachtsamkeit, Unehrlichkeit (zu spät kommen, weil etwas anderes noch wichtiger war, als pünktlich bei der Verabredung zu sein), Gleichgültigkeit, Leichtfertigkeit ... Wenn du für dein Handeln die Verantwortung übernimmst, bist du wirklich ehrlich zu dir selbst. Das stärkt die Fülle in dir.

Es ist aktuell nicht leicht, entschuldigungsfrei zu leben. Denn kaum jemand tut es. In unserer Gesellschaft wird dieses „Entschuldigung!" unter dem Deckmantel der Höflichkeit von Kindheit an gelehrt, um eine ganze Gesellschaft klein zu halten. Das ist mächtig. Und es ist machtvoll, damit aufzuhören. Ich habe allein durch diesen Switch „weg vom Entschuldigen hin zur Verantwortung" enorme Schritte zu Reichtum, auch finanziell, gemacht. Meine gesamte Haltung hat sich geändert und ich stehe viel selbst-bewusster und klarer im Leben. Du hast keine Schuld. Nie! Du hast immer eine Verantwortung. Ja!

Ich wiederhole es, weil dieser Ansatz für die meisten so ungewohnt ist:

Entschuldigung kreiert Schuld. Sich entschuldigen zu müssen, ist eine anerzogene Verhaltensweise, die uns alle künstlich klein macht und die dich ständig in ein Ohnmachtsgefühl bringt. Denn nicht du bestimmst die Situation, sondern dein Gegenüber. Du bringst dich damit jedes Mal in die Abhängigkeit eines anderen, der dir deine Schuld nehmen soll.
Du bist beispielsweise zu spät gekommen. Du sagst „Entschuldigung!“ und willst vom anderen hören, dass dieser sagt: „Okay!“ Dass er dir Absolution erteilt und dich von einer imaginären Schuld befreit. Dein Gegenüber hat damit jedoch gar nichts zu tun. Nimm die Verantwortung zu dir: Wenn *du* zu spät kommst, hast *du* das so kreiert. Steh dazu! Sag zum Beispiel:
„Ich habe nicht auf die Zeit geachtet, ich war unachtsam. In Zukunft möchte ich achtsamer sein.“
Oder sag, wenn das die Wahrheit ist:
„Ich wollte noch diesen Film zu Ende ansehen. Das war mir wichtiger, als rechtzeitig bei unserem Termin zu sein.“
Das ist am Anfang hart. Doch es macht dir nach und nach bewusst, wie unachtsam oder nicht-integer du dich in deinem Leben verhältst. Das wiederum gibt dir die Chance, blinde Flecken aufzuspüren. Du befähigst dich selbst, wo du ansetzen kannst, um ein Leben in Integrität und Authentizität zu führen. Das wirkt sich auf dein Business aus und in einigen Fällen ist genau dieses unterwürfige und ohnmachtsfördernde Entschuldigungsverhalten der Knackpunkt, warum du im weiblichen Zyklus der Selbstständigkeit bisher nicht in die nächste Business-Phase eintreten konntest. Allein der Versuch, dich nicht mehr entschuldigen zu wollen, wird etwas in deinem Verhalten bewirken. Du wirst bei jedem Entschuldigung, das dir auf den Lippen liegt, stoppen und überlegen, ob diese Situation hier ein Grund für eine Entschuldigung ist oder warum du dich entschuldigen willst. Du wirst nach Worten ringen, um zu erklären, was hier geschehen ist, wenn du nicht mehr lapidar „sorry“ sagen willst, weil du dich mit dieser Floskel nicht mehr zufrieden gibst. Du wirst mit deinen Liebsten und mit den Menschen in deiner Um-

gebung ins Gespräch kommen, um ihnen mitzuteilen, warum du dich nicht mehr entschuldigst. Ihr werdet im besten Fall darüber diskutieren, wie eine Gesellschaft sich selbst ermächtigen kann, indem sie aufhört, sich sinnlos zu entschuldigen. Du wirst sprachlos sein, wenn du das Entschuldigung nicht aussprichst, weil du keine Worte für das hast, wie du dich verhältst, und wirst in der Stille in dir finden, was hier wirklich vorgeht und wie wenig achtsam du oft bist, obwohl du glaubtest, ein achtsamer Mensch zu sein. All das wird bewirken, dass du anders mit deiner Macht umgehst. Es wird einen Unterschied in deinem Leben und Business machen. Denn mit jedem leichtfertig dahin geworfenen „T'schuldigung!", das du weglässt, erlaubst du dir selbst, die Macht über die Situation bei dir zu behalten und die Verantwortung für dein Leben wahrhaftig zu übernehmen.

Probiere es aus! Ich lebe seit Jahren ohne Entschuldigung. Seither bin ich wesentlich klarer, ich handle noch verantwortungsvoller und befähige mich Tag für Tag mehr, mein Leben in Integrität und Würde zu führen.

Suche deine inneren Kraftplätze auf

Je sichtbarer, erfolgreicher und größer du wirst, umso wichtiger ist es, zu wissen, wie du dich schnell fokussierst und wie du dich entleerst. Mit zunehmendem Businesswachstum wird in deinem Kopf ein Gedankenkarussell kreiseln, deine Seele wird randvoll gefüllt sein mit Erlebnissen und dein Unternehmen braucht von dir Entscheidungen, Pläne, Strategien. Plane Zeiten für die Leere ein und für das Entleeren. Es ist wichtig, wenn du in dir einen Ort hast, den du immer aufsuchen kannst, um dort Kraft zu tanken, oder auch, um alles heraus zu lassen, was jetzt, heute oder gar nicht (mehr) gebraucht wird.

Ich liebe Planung und ich bin eine gute Strategin. Und ich liebe es genauso, einen Plan über den Haufen zu werfen, wenn das Leben etwas anderes fordert. Lausche in dich: Womit will dich das Leben heute beschenken? Was für Aufgaben hält das Universum für dich an diesem Tag bereit? Ist dafür Platz? Wie willst du lauschen, wenn alles mit Terminen durchgetaktet und mit Zielen vollgestopft ist?

Eine Methode, die ich praktiziere, um das Leben einzuladen und dem Universum zu signalisieren „Ich bin bereit zu empfangen, was du mir schenkst!“ ist diese: Ich hänge zwischen die vollgeschriebenen Zettel, auf denen meine Planungs-To-dos stehen, leere Zettel auf. Oder ich lasse zwischen den Aufgaben auf meiner Liste bewusst freien Platz, Leerzeilen. In die Leere hinein kannst du empfangen, was sich zeigen will. Künstler*innen stellen oft eine leere Leinwand im Atelier auf, um sich für die künstlerische Inspiration zu öffnen. Du kannst auch ein leeres Blatt an die Wand hängen, wenn du Empfangsbereitschaft ans Universum signalisieren willst. Oder eine leere Unterseite in deine Website integrieren, die du nicht veröffentlichst, sondern die dazu dient, dich für das aufzumachen, was sich zeigen will.

Der Leerraum öffnet deinen inneren Kraftplatz der Empfängnis für die relevanten Aufgaben des Lebens. Du brauchst Leere im

Kopf, damit Fülle entstehen kann. Wohinein willst du dich intuitiv entfalten, wenn kein Raum dafür da ist? Leere ist der Raum, der Wachstum möglich macht. Wenn alles in deinem Business mit Plänen und Strategien zugekleistert ist, kann sich nichts mehr entfalten. Viele Businessfrauen kommen deshalb nicht weiter, weil alles in ihrer Selbstständigkeit und/oder in ihrem Familienablauf verplant ist. Sie sind fleißig, arbeiten hart und dennoch zeigt sich kein Erfolg. Wenn es dir so geht, brauchst du möglicherweise Leere und Entleeren, am besten regelmäßig, damit sich zeigen kann, worauf es wirklich ankommt.
Ich entleere meinen Kopf und meine Seele jeden Morgen im Freien. Das ist mir heilig. Ich sitze nur und schaue ins Weite, ins Nichts, in die Leere. Alles fließt aus mir hinaus, was für den jetzigen Moment nicht wichtig ist, und ich empfange Neues und gebe mich den Tagesaufgaben des Lebens hin. Dabei suche ich einen inneren Platz der Stille in mir auf. Ob du über Meditation, autogenes Training, Yoga, Sport oder Tanz an deinen inneren Kraftplatz gelangst, spielt keine Rolle. Wichtig ist, dass du deinen Ort der Stille in dir kennst, um ihn jederzeit nutzen zu können. Das ist fürs Business überlebensnotwendig. Sonst drehst du durch und bist im Dauerstress, wenn es andauernd in dir rattert und du dich nicht entleeren kannst. Finde deinen Ort der Stille und geh dort regelmäßig hin!
Wenn du viel unter Menschen bist, fällt es dir vielleicht manchmal schwer, einen Ruheort zu finden und zu halten. Stell dir vor, dass du um dich herum einen Kraftraum erschaffst. Errichte um dich einen unsichtbaren Raum, der dich von allem abschirmt, was jetzt nicht gebraucht wird. Probiere aus, wie groß er für dich ist, aus was er besteht und wie weit er sich um dich herum ausdehnt, damit du kraftvoll mit dir selbst sein kannst. Fühle, während du ihn entstehen lässt, wie er zu dir kommt und wie du ihn um dich bilden kannst. Übe das mit dir allein in Ruhe und entwickle, wie du deinen eigenen Kraftraum jederzeit aktivieren kannst. Je öfter du das übst, umso eher bist du in der Lage, ihn in jeder Situation zu kreieren und unter allen Umständen auf-

bauen zu können. Das ist dein Ort, an den du dich zurückziehen kannst, wann immer du willst. Hier tankst du Kraft, atmest, verbindest dich mit dir selbst, ziehst dich zurück und sei es nur für Sekunden, wenn alles um dich tobt. Beherrschst du das Errichten eines Kraftraumes, hast du deinen inneren Kraftplatz immer bei dir. Sogar, wenn du in der vollen U-Bahn sitzt.
Ein wesentlicher Kraftort in meinem Leben ist das Tipi. Das Tipi ist ein Kraftzelt, das vor einem Schamanischen Business-Ritual Seminar zu mir gekommen ist. Es hat sich mir gezeigt, weil ich vor diesem Seminar um Schutz gebeten hatte. Anfangs erschien es vor meinem geistigen Auge als leeres weißes Indianerzelt. Über die Jahre entwickelte es sich als ein reich mit Blumen, Steinen, Perlen, Federn und Knochen geschmücktes Tipi, gebaut aus starken Baumstämmen. Die meisten Menschen würden sagen, es besteht nur in meiner Fantasie. Für mich ist es jedoch so real, als wäre es in der Jetzt-Welt gebaut. Und tatsächlich begegne ich, seit dieses Kraftzelt in meinem Inneren zu mir kam, auch im Außen immer wieder Tipis, die meistens aus Ästen gebaut wurden und die im Wald, am Strand oder am Flussufer stehen.
Mein Tipi ist mein innerer Kraftplatz. In mein Tipi kann ich eintreten, wann immer ich will und wann immer ich bereit bin, zu empfangen, was mir dort geschenkt wird oder was dort geschieht. Es ist mein heiliger Ort, an dem ich zur Ruhe komme, Schutz finde und Erkenntnisse habe. Viele stellen sich Pyramiden vor, in die sie eintreten, andere haben einen bestimmten Platz am Meer, an einem See, an einer Quelle oder auf einem Berg. Für manche Menschen ist es eine Art Tempel, in den sie eintreten und sich dem Leben hingeben. Was und wo auch immer dein innerer Kraftplatz ist: Suche ihn immer wieder auf, um dich dort mit neuer Energie und neuen Inspirationen für dein Business auszurichten.

Erkenne deine Größe an

Deine wahre Größe anzuerkennen, ist einer der entscheidenden Schritte in den Erfolg. Viele Frauen kreieren keinen sichtbaren Erfolg, weil sie Angst davor haben, was das mit sich bringt. Sie gehen nie über die Phase 4 – Optimierung – hinaus und kommen nie in einen Zustand der Fülle oder gar in den Reichtum. Großen Erfolg zu haben, bedeutet

- mit viel Geld umgehen zu müssen (ersetze „müssen“ durch „dürfen“ – das macht den Umgang damit bereits etwas leichter)
- sehr sichtbar zu sein
- viel Aufmerksamkeit zu kriegen
- sich nicht mehr zurückziehen zu können, ohne dass es jemand merkt
- voll im Rampenlicht zu stehen
- zu spüren, dass das, was du sagst, Gewicht hat, und zwar alles, was du sagst
- einen Umgang damit zu finden, dass dich Menschen detailliert an deinen Taten und Worten messen, dass sie dich durchleuchten und jeden kleinsten „Fehler“ finden
- damit klarzukommen, dass dich andere anklagen, verraten und beschimpfen, weil du zur Projektionsfläche ihrer eigenen unerlösten Anteile wirst
- volle Verantwortung für deine Wirksamkeit zu übernehmen, für das Geld, für deine Person, gegebenenfalls für weitere Menschen in deinem Unternehmen
- die Welt durch deinen Erfolg möglicherweise maßgeblich zu verändern und mit allen Konsequenzen umzugehen, die daraus folgen, selbst denen, die sich nicht absehen lassen
- zu akzeptieren, dass du nicht mehr auf alles Einfluss nehmen kannst, was durch dein erfolgreiches Business entsteht

Frauen kreieren oft Misserfolg und zwar mit einer immens hohen

Anstrengung, weil sie mit diesen Auswirkungen nicht leben wollen. Meistens tun sie das völlig unbewusst. Sie landen in einem Schuldenberg oder im finanziellen Ruin und wundern sich, warum ihr Business nicht läuft. Sie verstehen nicht, warum sie nie in die nächste Zyklusphase kommen oder warum sie ständig scheitern, beziehungsweise dieses Gefühl von Scheitern haben. Sie verausgaben sich maßlos, das heißt, sie verschulden sich oder erzeugen mehr Ausgaben ihres Ressourcenhaushalts, als ihnen gut tut. Das ist eine andere Form von Armut, nämlich Kräfte-Armut. Sie gehen weit über ihre Grenzen, powern übertrieben aktiv ins Business und sind dennoch nicht erfolgreich. Weder wirtschaftlich, noch in Form von Anerkennung durch ihren Mann, durch Freund*innen oder Familienangehörige. Sie bewirken auch nicht wirklich etwas in der Welt, weil sie nicht gesehen werden. Der Grund ist: Sie zeigen sich nicht wirklich. Denn tief in ihrem Inneren wollen sie den Untergang ihres Business erreichen.

Im Misserfolg kannst du dich verkriechen und verstecken. Im Erfolg nicht! Erfolg heißt, sichtbar zu sein und zwar immer mehr und immer deutlicher. Es bedeutet, dass du die Verantwortung übernimmst. Das ist nicht so leicht, wie es sich anhört, wie ich ja bereits in vorherigen Kapiteln beschrieben habe. Dabei ist den meisten nicht klar: Misserfolg im Business zu erschaffen, ist genauso anstrengend, wie Erfolg zu kreieren. Der Weg in den Erfolg geht über das Erkennen und Annehmen deiner wahren Größe. Wenn du in deiner wahren Größe bist und dem Leben folgst, kannst du alle Aufgaben meistern, die sich zeigen. Du wirst vom Leben keine Herausforderungen gestellt bekommen, die du nicht auch bewerkstelligen kannst, wenn du wahrhaftig in deiner ureigenen Selbstgröße bist.

Wahre Größe ist der Moment, wenn alles in dir still ist und du *bist*. Kein Tun. Kein Denken. Keine Show. Dann bist du die schönste Version von dir. Dann sind dort keine Gedanken, ob das reicht, ob es gut genug ist, was du tust, ob du noch mehr machen musst oder was du besser sein lassen solltest. Im Zu-

stand des vollen Bewusstseins der wahren Größe gibt es kein „müsste …, sollte …, könnte …, bräuchte …“.
Wahre Größe hat viel mit Vertrauen ins Leben zu tun. Jetzt, hier, in jedem Moment. In immer mehr Momenten. Wahre Größe bedeutet, dem Leben zu dienen. In Hingabe, nicht in Aufopferung. Nicht „um … zu …“ (um xy zu erreichen oder um xy zu bekommen), sondern weil es jetzt einfach dran ist. Wahre Größe heißt, im Gegenüber die wundervollste Schönheit zu sehen, die diese Person ist. Und zwar immer. Nicht nur, wenn das Gegenüber sympathisch und freundlich ist. Sondern, wenn du in Liebe und aus der Liebe heraus erkennst, was sich hinter all dem Neid, hinter dem Hass, hinter der Wut, hinter der Gegenwehr offenbaren will, die dir manche Menschen entgegenschleudern. Wenn du anerkennst, ohne es „besser zu wissen“, ohne am anderen herumzuzerren und ohne ihn zu einem „besseren“ Menschen machen zu wollen:
„Ja, diese Person ist liebens-wert – genau so, wie sie ist.“
Wahre Größe beinhaltet auch Selbstannahme und Selbstliebe. Nicht im Sinn von Stehenbleiben und einer vorgegaukelten Akzeptanz von „ach ja, so bin ich halt, da kann ich nichts ändern“, sondern im Sinne von verzeihendem Mitgefühl mit dir selbst:
„Ja, so bin ich aktuell und es ist das Beste, zu dem ich gerade in der Lage bin. Ich liebe mich genau so, wie ich jetzt bin.“
Dazu ist die Hingabe ans Leben wichtig. Es braucht deine Einwilligung, dass es dich führen möge, damit du dich immer mehr zu deiner wundervollsten Version entfaltest. An sich ist wahre Größe folglich etwas sehr Schönes und eine Bereicherung für alle. Trotzdem laufen Menschen – insbesondere Frauen – dauernd vor ihr davon. Warum ist das so? Zwei Aspekte möchte ich hier aufgreifen, die bei der Angst vor der eigenen Größe eine besonders wichtige Rolle spielen.
Der erste Punkt bezieht sich auf das Annehmen der Macht, worauf ich hier nur kurz eingehe, denn das folgende Kapitel beschäftigt sich ausgiebig mit Macht und Ermächtigung. Wenn du sichtbar, immer größer und erfolgreicher wirst, dann hast du

irgendwann auch sehr viel Macht. In deiner wahren Größe zu sein, heißt, mit dieser Macht umgehen zu können – zum Wohle aller. Vor dieser Macht haben viele Angst, bewusst oder unbewusst.

Der zweite wichtige Punkt ist die Konfrontation mit den Schatten. Sämtliche Blender*innen und Erfolgsverhinder*innen tauchen auf und wollen transformiert oder integriert werden, wenn du deine wahre Größe erkennen willst und dich für sie öffnest. Es bleibt kein einziger noch so kleiner Schattengeist in dir, der unbemerkt sein Unwesen treibt, wenn du zur Meisterin deines Lebens wirst. Wahre Größe ist Licht. Sie strahlt aus dir heraus, ohne dass du es beeinflusst und ohne dass du es steuern kannst.

Die Auseinandersetzung mit Schatten ist nicht angenehm. Weil die meisten vermeiden wollen, sich ihren eigenen oder den Schatten anderer, die dich als Projektionsfläche benutzen, zu stellen, kommen sie nicht in ihre wahre Größe. Neid, Missgunst, Verleumdung, Betrug – um nur ein paar zu nennen – sind unangenehme Themen und rufen starke Gefühle hervor, wenn sie nicht erlöst sind. Gehst du deinen Meisterinnenweg, wirkt das für viele Menschen bedrohlich. Insbesondere für alle, die sich nicht bewegen wollen, die in vermeintlicher Sicherheit bleiben und die nicht sichtbar sein möchten. Sie tun alles, um dich zu deckeln, klein zu halten, zu bekriegen und schlimmstenfalls sogar zu töten, wenigstens auf energetischer Ebene. Die Aussicht für einen Weg in die wahre Größe liest sich nicht gerade wie ein Spaziergang am Meer. Trotzdem ermutige ich dich, dich zu zeigen und zu leuchten und sichtbar zu sein.

Der Grund dafür ist dieser:

Eine junge Solopreneurin, gerade 30 Jahre alt, sagte auf einem meiner Events mit lauter selbstständigen Frauen:

„Weil Ihr sichtbar seid, traue ich mich auch und weiß: Ich bin richtig, so wie ich bin.“

Diesen Satz hat meine Tochter gesagt. Das ist der Grund, warum ich dich bitte, dich zu zeigen. Ich möchte, dass sich kein

einziges Mädchen, keine junge oder ältere Frau mehr falsch fühlt. Da draußen warten Milliarden Frauen, die glauben, sie wären nicht richtig, nicht genug, ungewollt, verrückt oder abgedreht. Sie haben das Gefühl, sie wären nicht willkommen auf dieser Erde. Einige von ihnen entscheiden sich deshalb sogar dazu, diese Erde vorzeitig wieder zu verlassen. Sie bevorzugen den Tod, weil sie ihren Platz hier nicht gefunden haben und weil sie glaubten, sie wären nicht gut genug. Wenn du dich sichtbar machst – in deiner ganzen vollkommenen wahren Größe – ermutigst du damit andere Frauen, sich ebenfalls zu zeigen und zu spüren:
„Ich bin gut, so wie ich bin!"
Zeig dich jeden Tag online auf Social Media Kanälen oder in deinen Online-Netzwerken. Zeig dich live in deinem Umfeld mit deinen Gedanken und mit deiner Haltung. Tritt für dich ein. Zeig deine Fähigkeiten und Begabungen. Lebe deine wahre Größe und erkenne an, dass du ein vollkommenes Geschöpf bist. Jeden einzelnen Tag. Nimm dich wichtig. Nimm dein Business wichtig. Setze um, was du gelernt hast oder lerne, was dir zur Umsetzung noch fehlt.
Deine wichtigste Aufgabe als Businessfrau ist jedoch:
Räume in deinem Leben auf. Nimm dich und alles, was sich in deinem Leben zeigt, ernst. Jeden Schatten, jede Gabe. Solange du das nicht tust, gibt es keinen Erfolg und keinen Schritt in die nächste Zyklusphase. Schau dir all die Themen an, die dich triggern und lerne von denen, die dir in diesem Thema voraus sind. Sieh genau hin. Spüre jedes Unwohlsein, jeden Bauchschmerz, jede Schräglage und jede unklare Energie. Geh dem nach. Löse deine Schattenthemen auf.
Denn volle Sichtbarkeit und wahre Größe lassen sich nicht lernen. Wahre Größe zu leben, ist eine Haltung. Erkennst du dich in deiner Größe voll an, wird dich nur noch interessieren, was der Ruf des heutigen Tages ist und wie du dem Leben heute dienen kannst. Dann hast du aufgehört, herumzueiern, wie deine Businessbezeichnung lauten könnte oder ob du dich mit diesem

oder jenem wirklich zeigen könntest. Du zierst dich nicht und hinterfragst nicht mehr, ob du sagen kannst, dass du eine Heilerin, professionelle Moderatorin, eine erstklassige Mentorin, eine wirkungsvolle Schamanin, eine spirituelle Lehrerin, eine Schmuckmacherin mit exzellenten Fähigkeiten, eine begnadete Coachin, eine authentische Speakerin, eine großartige Lebensberaterin, eine reiche Unternehmerin oder ein anderes einzigartiges Business-Wesen bist, das Menschen begeistert.
Falsche Bescheidenheit, aber auch überzogenes „Hier bin ich, Ihr müsst jetzt alle applaudieren“ haben beide nichts mit Größe zu tun. Wahre Größe ist leise. Sie dient. Sie geht auch dann in die Liebe, wenn in der Situation nur Hass zu sein scheint, ohne im Mitgefühl zu ertrinken. Wahre Größe agiert im Bewusstsein der Liebe. Sie ist egofrei und das Gefühl ist vollkommen unaufgeregt. Du bist dann wie im Kern eines Wirbelsturms, mitten in tosender Ruhe. Die Angst ist weg. Das Ego braucht nichts mehr. Du spürst, dass du einfach *bist*. Im höchsten Gewahrsein deiner wahrhaftigen Größe bist du reine Stille.
Um diesen Zustand der Meister*in zu erreichen, gebe ich dir ein paar Inspirationen. Sie können dich unterstützen, um in Kontakt mit deiner wahren Größe zu gehen.

Stärkende Worte

Eine offene Geisteshaltung für deine wahre Größe kannst du erreichen, indem du deinen Tag mit diesem Mantra oder anderen stärkenden Worten startest:

Ich vergebe.
Ich vertraue.
Ich bin in meiner wahren Größe.

Die Regelmäßigkeit der gesprochenen oder gedachten Worte, trägt dazu bei, dass du deine wahre Größe nach und nach in deinem Leben erblühen lassen kannst.

Unverhüllt sein

Eine der Herausforderungen beim Thema „wahre Größe“ ist,

dass du dich wahrlich sichtbar machst und dich zeigst: nackt. Dabei meine ich nicht „nackt“ im Sinn von „unbekleidet“, sondern ehrlich, unverblümt, einzigartig. Wenn du dein Herzensprojekt in die Welt tragen willst, ist es wichtig, dass andere von dir wissen. Wie könnten sie dich finden, wenn du dich nicht zeigst? Wie sollten sie sich mit dir verbinden, wenn du dich klein machst? Du darfst dich zeigen und du darfst groß sein.
Wenn dich bei diesem Gedanken das Gefühl der Schutzlosigkeit überkommt, ist es eine schöne Übung, tatsächlich die Hüllen fallen zu lassen und unbekleidet in deiner Wohnung, in deinem Haus oder an einem anderen geschützten, privaten Ort herumzulaufen. Mach dich nackt! Lass dich auf das Gefühl ein, dass es schön ist, unverhüllt zu sein, so nackt, wie du geboren wurdest. Kleidung wurde von Menschenhand erfunden. Deine Natur ist Nacktheit. Freunde dich damit an, dich ungefiltert zu zeigen, indem du dich selbst in deiner Nacktheit spürst. Wir haben so stark gelernt, uns unter und hinter Kleidung zu verstecken und sie sogar zum Statussymbol für unsere Persönlichkeit zu machen, dass uns mehr Nacktheit mit uns selbst gut täte. Wir schirmen uns in unserer Kleidung ab – auch vor dem Gefühl, die eigene Haut zu spüren. Um mit dir in Kontakt zu gehen, ist Sinnlichkeit mit dem eigenen Körper ein wundervoller Weg. Zeiten des Nacktseins können diesen beflügeln.

Glücksdehnen

Eine ebenso praktische wie wirksame Methode ist es zudem, dich in deine Größe hinein zu dehnen. Glücksdehnen nenne ich das auch gern. Wie schon mehrfach erwähnt, neigen wir Menschen dazu, in Altem bleiben zu wollen, weil wir es kennen. Das Neue ist unbekannt und deshalb wird es zunächst abgelehnt. Selbst dann, wenn dieses Neue etwas Fantastisches ist!
Unser System rebelliert gegen Veränderung. Das tut es immer. Wenn du dich allerdings – wie in vorherigen Kapiteln beschrieben – darin übst, Veränderungen willkommen zu heißen, ist die Rebellionsphase kürzer und sie hat weniger bremsende Wir-

kung.
Gehst du mehr und mehr in deine wahre Größe, wirst du auch zunehmend mehr Glücksgefühle haben. Diese sind manchmal so stark, dass du platzen könntest vor Glück und der Dopaminrausch, den du in deinem Körper verursachst, ist mächtig. Erkennst du nicht, dass du eine bisherige obere Grenze von Glück erreichst, wird dein System versuchen, dich nach unten zu drücken und den Glückspegel wieder runter zu schrauben. Du kreierst dann (scheinbar unbewusst) Situationen, in denen es dir schlecht geht: technische Ausfälle, um deine Verkaufsseite lahm zu legen, Streit mit deinen Liebsten oder mit Kund*innen, Verlust von Portemonnaie, Unfälle oder ähnliches.
Um deinen Weg in die wahre Größe zu unterstützen und den Level deines Glücksempfindens stetig anzuheben, dehne dich! Das meine ich ganz real: Mach Dehnübungen, insbesondere dann, wenn du dich enorm glücklich fühlst. Strecke die Arme seitlich weit aus und stell dir vor, dass du dich in dein Glück, in deine wahre Größe hineindehnst und dass sie noch mehr wächst, sich noch mehr ausbreitet. Mach das in Phasen höchsten Glücks besonders oft. Dehne dich in deine Größe!

Absicht erinnern

Um deine wahre Größe wirklich anerkennen zu können, ist außerdem das Bewusstsein um deine Absicht entscheidend. Wenn deine Absicht nicht heilig ist (und damit meine ich kein religiöses Heiligtum, sondern ich meine, dass sie deiner Seelentiefe entspringt, rein und ganz, also „heil“ ist), dann ist die Entwicklung deiner wahren Größe nicht möglich. Deine Seele schützt sich sozusagen selbst, indem sie dich nicht weiter zur Entfaltung kommen lässt, wenn deine Absicht unheilig ist. Wenn sie unheilig für das Große Ganze, die Welt, das Göttliche, das Universum, oder wie deine Bezeichnung dafür lautet, ist. Erinnere dich immer wieder an dein Herzenswarum, denn darin liegt deine Absicht.

Anbindung

Wahre Größe zu leben, fühlt sich oft einsam an. Doch du bist verbunden und verwurzelt, und zwar immer. In dieser Erde. Inmitten von Menschen. In dir. Wahre Größe braucht starke Verwurzelung nach unten und kraftvolle Anbindung nach oben. Sei dir dieser Verbindungen sicher, die dich selbst dann tragen, wenn alles andere wegbricht. Du bist nicht allein! Deine wahre Größe hat diese Verbindungen, in denen du immer angebunden bist, damit du allein, für dich und für alle gehen kannst. Du kannst das Anbindungsgefühl aktivieren und pflegen, indem du deine inneren Kraftplätze aufsuchst, Stillezeiten in dein Leben integrierst, Kontakt zu deinen Ahn*innen aufnimmst, Dankbarkeit kultivierst, für Seelenreinigung sorgst und Halt in der Natur findest. Es gibt viele Formen, wie dein Weg zu einer guten Anbindung nach oben und nach unten geschehen kann. Hast du das Gefühl von Verbindung nicht, ist es deine Aufgabe, immer wieder für starke Verwurzelung und kraftvolle Anbindung nach oben zu sorgen.

Rückhalt

Zudem benötigst du auch irdischen Rückhalt in Form von Menschen oder Tieren, die deine Begleiter*innen sind. Kreiere dein Leben so, dass du Halt durch Weggefährt*innen bekommst, die zu dir stehen, dich stärken und nähren. Sei achtsam, mit wem du dich umgibst und wer deiner wahren Größe wirklich dienlich ist und wer sie behindert. Der Rückhalt, den du hast, um mit aufrechter Haltung durchs Leben zu gehen, ist wichtig. Dann stehst du die Herausforderungen und gehst in dein volles Leuchten. Dann lebst du deine einzigartige Schönheit und deine wahre Größe.

Ermächtige dich

Wir leben in einer wichtigen Frauen-Zeit. In dieser geht es darum, die Macht anzunehmen und machtvolle Positionen einzunehmen. Um in deinem Business wirkungsvoll alle Phasen des Zyklus weiblicher Selbstständigkeit zu durchschreiten, ist die Transformation deiner Macht-Themen Voraussetzung. Eine der wichtigsten Aufgaben einer Business-Frau ist es, zu lernen, mit ihrer Macht umzugehen. Lerne, wie ein guter, liebevoller, tragender und verantwortungsbewusster Umgang mit Macht funktioniert.

Wie bei allem, was wir lernen, gibt es auch in diesem Lernprozess Grenzüberschreitungen. Manchmal wirst du deine Macht gut einsetzen, manchmal nicht. Es kann passieren, dass du die Grenze beim Gebrauch von Macht überschreitest und deine Macht missbrauchst. Viele Frauen laufen vor der Macht davon, weil sie allein die Vorstellung, dass dies geschehen könnte, grauenhaft finden. Wir Frauen haben Machtmissbrauch erfahren – individuell oder als kollektive Erfahrung, die wir in unseren Zellen abgespeichert haben. Das macht uns Angst. Das verhindert, dass wir bei Macht sofort schreien:

„Juhu, hier bin ich! Her mit der Macht!"

Viele Frauen fürchten ihre eigene Macht und die Verantwortung, die Macht bedeutet. Das ist ein Hauptgrund, warum es so wenige Führungskräfte in den Machtpositionen der Wirtschaftsbetriebe gibt. Deshalb haben wir wenig herrschende Frauen. Die guten Herrscherinnen in dieser Welt fehlen. Deshalb haben wir bisher wenige mächtige Frauenvorbilder. Wir wissen: Macht birgt immer die Gefahr, diese zu missbrauchen, wenn du nicht wach, bewusst, und klar bist. Wenn bei dir noch Transformationsprozesse laufen, in denen es sehr stark um die Heilung deiner Macht-Geschichte geht, und wenn du noch nicht weißt, was du da wirklich tust, wenn du Macht bekommst, läufst du Gefahr, dass du vom Opfer zur Täterin wirst.

Wir Frauen wollen mit Macht oft nichts zu tun haben, weil wir Angst haben, diese Macht zu missbrauchen. Sei dir dessen bewusst – auch im Umgang mit anderen Frauen! Dann ist die Angst und der Schmerz, der durch Machtmissbrauch erlebt wurde oder den du im Frauen-Kollektiv wahrnimmst, noch nicht gewandelt. Es ist ebenso wichtig, zu lernen, wie du mit der Wahrnehmung von Machtmissbrauch umgehen kannst, den *andere* Frauen erlebt haben. Das tut sehr weh. Das ist Schmerz pur. Du spürst die Ketten und die Gewalt anderer fast körperlich, wenn du dich ans Frauen-Kollektiv andockst. Es ist existenziell wichtig, vorbereitet zu sein und zu wissen, wie du das in dir verarbeitest und verwandelst. Sonst wirst du nicht bereit sein, dich den Themen Macht, Machtmissbrauch und Ohnmacht zu stellen, die dir auf deinem Erfolgsweg unweigerlich begegnen werden.

Angst ist in diesem Fall keine gute Führerin. Sie lässt dich meistens in die Lähmung gehen und erstarren. Sie schickt dich ins Nicht Handeln. Oftmals bringt sie dich auch zurück in die Kinderrolle. Wenn das geschieht, sind typische Verhaltensweisen, dass du keine Verantwortung übernimmst, in deinem Business immer wieder etwas Neues startest und nichts durchziehst, dass du Business mehr als Spiel ansiehst oder als Hobby betreibst. Du bist nicht bereit, mit voller Konsequenz die Verantwortung zu übernehmen. Denn damit würdest du auch die Macht in dein Leben lassen. Macht und dein Umgang mit ihr sind allerdings wichtige Faktoren für ein erfolgreiches Business.

Egogetriebene Macht kann verheerend sein. Weil du spürst – bewusst oder unterbewusst –, dass du deine Macht missbrauchen könntest, nimmst du sie noch nicht an. Weil du mit deinen Ängsten, mit Gewalterlebnissen, mit deinem Schmerz und mit deinen Täter*innen noch nicht vollkommen im Reinen bist, verweigerst du dich der Macht. Du wirst erst erfolgreich sein, nachdem du deine Macht-Geschichte aufgeräumt hast und alles vergeben hast, was es hier zu vergeben gibt. Nichts in deinem Business wird sich nachhaltig erfolgreich entwickeln, bevor du dein

Macht-Thema nicht geklärt hast und einen Umgang damit gefunden hast. Unser System schützt und bewahrt uns davor, in die Macht zu gehen, weil wir sie sonst eventuell falsch verwenden würden. Das spürst du. Das weißt du intuitiv – ob im Klarbewusstsein oder im Unterbewusstsein.

Wir Frauen haben allesamt Erfahrungen mit Macht und oft mit Machtmissbrauch gemacht. Diese Erfahrungen sind teils tief in unserem System abgespeichert, auch wenn wir uns gar nicht konkret erinnern können. Es gibt eine Kollektiv-Erfahrung des Machtmissbrauchs an Frauen. Und genau das wollen wir nicht wiederholen! Deshalb ist den meisten Frauen Macht nicht geheuer. Weil sie diese nicht gegen sich selbst oder andere Menschen, insbesondere nicht gegen andere Frauen, anwenden wollen. In dir gibt es einen Schutzmechanismus, der dich davor bewahrt, Macht zu missbrauchen. Das geschieht nämlich dann, wenn du im Ego-Modus bist oder glaubst, du wärst im Mangel, und wenn du gleichzeitig Macht bekommst. Dann kann es passieren, dass du sie verwendest, um dieses egogetriebene Mangelgefühl zu befriedigen.

Nun ist ein Teil in dir so schlau und schützt dich davor, Macht überhaupt zu haben, wenn du noch nicht ordentlich in deinem Inneren aufgeräumt hast. Wenn dort das Ego regiert, das nach Anerkennung lechzt und das die größte, tollste, geilste Frau sein will. Dieser Teil sorgt dafür, dass du dich nicht sichtbar machst und dass du gar nicht so groß wirst, um überhaupt Macht zu bekommen. Damit du in deine wahre Größe kommst, wirst du all den Mangel, der in dir herrscht, satt machen müssen. Du wirst dein Ego in all seinen Facetten enttarnen müssen und knallhart ansehen müssen, was du brauchst und wie egoistisch du bist und wie du das ausleben kannst. Auf eine gesunde Art!

An dieser Aufgabe kommst du nicht vorbei, wenn du erfolgreich sein willst. Sonst kriegst du keine Macht. Sonst wirst du nicht voll sichtbar werden und immer mit angezogener Handbremse agieren. Weil ein Teil in dir dich ausbremst, der sehr genau weiß, dass du Macht missbrauchen würdest, wenn du sie hät-

test, lässt er dich nicht erfolgreich und damit nicht mächtig werden.
Ich war früher eine Drama Queen, wie du sie dir schöner nicht ausmalen kannst. Drama war mein Zuhause! Ich konnte es in allen Facetten des Alltags spielen und in zahlreichen Fassungen inszenieren, sodass ich einen Theaterpreis verdient gehabt hätte. Ich wollte im Mittelpunkt stehen, weil das Kindsein an mir vorbeigezogen ist und ich viel zu früh erwachsen werden musste. Ich war solange nicht mit meinen verschiedenen Business-Versuchen erfolgreich, bis ich mir konsequent angesehen habe, was ich hier mit dem Drama mache. Bis ich bejaht habe, dass ich im Mittelpunkt stehen wollte und dass ich andere dafür missbraucht habe, mir Aufmerksamkeit zu schenken, indem ich sie durch meine Dramen manipuliert habe. Hier war ich gefordert, mit diesem Machtmissbrauch aufzuhören und den Weg der Selbstliebe zu gehen. Erst als ich damit angefangen habe, traten die ersten Erfolge im Business ein und wuchsen, je mehr ich mich selbst wahrhaftig liebte.
Finde heraus, welche deine Felder sind, in denen du Macht missbrauchst und was hier geheilt werden will!
Mit Macht umzugehen, will gelernt werden. Genau wie du Onlinemarketing lernst, übst du, Macht anzuwenden. Das bedeutet eben auch, Fehler zu machen. Beim Onlinemarketing machst du anfangs viel „falsch" und genauso machst du es beim Umgang mit der Macht auch. Hast du nicht klar, wo deine Macht-Baustellen sind und welche Gefahren darin lauern, kann es passieren, dass das Üben mit der Macht aus dem Ruder läuft. Schau dir deshalb sehr genau an, wo dich noch Macht- und Ohnmacht-Felder triggern und löse sie. Wandle sie. Heile, was geheilt werden darf. Transformiere deine Macht-Ohnmacht-Aufgaben. Suche dir Unterstützung, wenn dir das allein zu schwer wird.
Damit du wahrhaftig mächtig sein kannst und damit du Erfolg im Business hast, entwickle die Fähigkeit, deine Macht anzunehmen. Sonst bestimmt immer eine andere Person über dich –

direkt oder indirekt. Nur als eigenverantwortliche Frau bist du frei – und hast Macht. Typische Verhaltensweisen, die eintreten, wenn du nicht machtvoll bist, können diese sein:

- starkes bis hin zu übertriebenem Sicherheitsdenken
- Entscheidungsunfähigkeit – nicht nein/ja sagen können
- Unverbindlichkeit
- kein Risiko eingehen
- handlungsunfähig/erstarrt sein (zum Beispiel, wenn du nicht aus einer energieraubenden Situation weggehen kannst)
- verantwortungslos sein (das kann sich auch positiv anfühlen: sich fallen lassen, Kontrolle an den Mann abgeben und so weiter)
- nicht kümmern und anderen die Verantwortung überlassen
- Abhängigkeit (auch finanziell)
- wirkungslos sein (keine Feedbacks/keine Interaktion/keine Kooperationen im Business)
- Sorgen haben
- unbekannt/unsichtbar sein
- keine Anerkennung
- keine Herausforderungen, zu viel Routine
- Stagnation/keine Entwicklung
- Unlust und gelangweilt sein
- Frust/Ärger
- wenig Energie

Spüre die Felder auf, in denen du noch nicht machtvoll bist! Oftmals kannst du dies sogar direkt im Körper fühlen. Vielleicht reagierst du bei bestimmten der oben genannten Verhaltenscharakteristika mit Wärme, Kälte, Schmerz, Krampf, Ziehen oder anderem. Deine weibliche Macht sitzt im Körper in deinem Venusbereich. Dort, wo dein Venusfeuer glüht. Da sitzt die Macht – auch für dein Business. Eine gute Übung, um deine Macht bei dir zu behalten, sie zu stärken und sie nicht immer wieder an andere (meistens Männer) zu verlieren und abzugeben, ist, wenn

du Energie in Venuskraft wandelst statt sie abfließen zu lassen, beispielsweise beim Weinen.
Mit anderen Menschen mitzufühlen und berührbar zu sein, ist eine zutiefst weibliche Qualität. Oftmals weinen wir mit anderen mit, wenn diese traurig oder betroffen sind. Weinen kann sehr reinigend und heilsam sein. Es kann dich jedoch auch schwächen und auslaugen. Als Mitfühlende kann Weinen sogar Ausdruck eines Energieüberschusses sein, denn es ist nicht dein Schmerz, sondern der einer anderen Person. Du weißt möglicherweise nur nicht, was du anderes mit der Energie machen kannst, als sie abfließen zu lassen. Deshalb weinst du. Stattdessen kannst du die Energie in eine Kraft wandeln, die du in dir selbst ansammelst und speicherst, um deine Power zu erhöhen statt sie zu schwächen. Du kannst, wenn du weinen musst, weil du mit einem anderen Menschen mitfühlst, die Tränen nicht fließen lassen, sondern sie sehr bewusst durch Atmen steuern. Atme bei den ersten Tränen, die kommen wollen, tief ein. Stell dir dabei vor, wie du diese Energie, die sich in Weinen ausdrücken will, in dich hinein holst, sie in dein Becken einfließen statt rausfließen lässt. Male dir aus, dass dort im Venusbereich ein weicher Boden ist, der durch diese Energie immer mehr gestärkt und genährt wird. Es erfordert Konzentration, um Weinen (wegfließende Energie) in Venuskraft (stärkende Energie) zu wandeln. Auf diese Weise kannst du allerdings deine Fähigkeit des Mitfühlens nutzen, um daraus Kraft und Macht in deinem Beckenboden anzusammeln und dein Machtfeuer zu schüren.
Um deine Machtgefühle zu stärken, kannst du dir obendrein die Qualitäten einer Herrscherin aufschreiben oder sie laut aussprechen, wie zum Beispiel:

- Ich nehme mein Zepter in die Hand.
- Ich besteige meinen Thron – souverän, mit Würde und Freude.
- Ich halte meinen Raum.
- Ich führe mich und andere würdevoll.
- Ich richte mich auf.

- Ich begegne meinen Aufgaben und Herausforderungen in aufrechter Haltung.
- Ich übernehme Verantwortung.
- Ich bin mächtig.
- Ich habe Macht.

Gerade die letzten drei Zeilen kannst du als Mantra nutzen:

Ich übernehme Verantwortung.
Ich bin mächtig.
Ich habe Macht.

Sprich sie früh morgens regelmäßig aus, um deinen Tag machtvoll zu starten. Oder wiederhole das Mantra sechzig Sekunden lang immer wieder in verschiedenen Stimmlagen und Betonungen in den Phasen, in denen du dich besonders ohnmächtig fühlst. Experimentiere mit den Worten einer Herrscherin und spüre, wie es dir damit geht.

Authentisch und erfolgreich Business zu machen, bedeutet, die eigene Macht anzunehmen und Verantwortung zu übernehmen. Macht kommt von „machen“. Macht bedeutet, deine Kraft zu spüren und anzuwenden. Es bedeutet, den eigenen Thron zu besteigen und niemand anderen mehr auf diesen Thron zu setzen. Es bedeutet, nicht mehr wegzulaufen und dich nicht mehr in die Kleinkind-Rolle fallen zu lassen, sondern wirklich zu handeln. Denn dann kannst du dein Business in den Erfolg führen, wirksam in der Welt sein und in Fülle leben.
Du bist die Königin in deinem Business und in deinem Leben. Du hast das Sagen. Du erschaffst, was du erschaffen willst. Als Herrscherin in deinem Business weißt du, was du kannst. Und du vertraust darauf. Es gibt ein Wissen jenseits des Erlernten. Das ist das Urwissen in dir, zu dem du freien Zugang hast, weil du mit allem verbunden bist. Öffne dich dafür! Das ist der heilige Raum des Erkennens. Es ist der innere Schatz an Erfahrung dessen, was du und alle vor dir in deinem Leben wirklich und wahrhaftig erlebt haben und was nicht aus Büchern angelesen

ist. Der heilige Raum des Erkennens, was in diesem Leben wirklich Wert hat, ist deine Quelle. Traue dir selbst! Verlass dich auf deine Fähigkeiten, die weit über das hinausreichen, was du jemals in diesem Leben gelernt hast, lernst oder lernen wirst. Nimm diese Macht (wieder) an dich, die aus diesem Erkennen entsteht. Ermächtige dich selbst und sei die Königin in deinem Business.

Wende Wortmagie und Geldzauber an

Ich bin eine Wortmagierin. Worte sind es, mit denen du den magischen Weg zu einem erfüllten Leben wie einen roten Teppich auslegst, lange bevor du ihn gehst. Ich beschäftige mich viel mit den Worten und Texten, die ich schreibe, die ich spreche und in die Welt trage. Jedes Wort kann wie ein Kieselstein sein, der den Weg ebnet – oder es kann ein Felsbrocken sein, welcher das Durchkommen unmöglich macht. Durch Worte verändere ich meine eigene Welt und die anderer nachhaltig. Manchmal sind es Winzigkeiten, welche den Ausschlag geben. Nutze die Magie der Worte weise! Achte auf deine Worte. Schenke ihnen viel Aufmerksamkeit. Ich gebe dir ein paar magische Tipps, wie du Worte nutzen kannst, um mehr Erfolg und Geld in dein Leben zu ziehen. Wie du Wortmagie betreibst und Geldzauber anwendest – ganz legal, nur durch die Kraft des Ausdrucks.

Jedes gesprochene, geschriebene oder gedachte Wort wirkt magisch. Ich nenne das „Wortmagie". Es ist faszinierend, welch bedeutsame Wunder geschehen, indem du Buchstaben aneinanderreihst, die alleine nichts bedeuten. Die einfachste Wortmagie ist die, jemandem zu sagen, dass du ihn oder sie liebst. Das öffnet das Herz dieses Menschen. Die Buchstaben allein bedeuten nichts: I C H L I E B E D I C H. Erst durch das Aussprechen an eine bestimmte Person, geschieht Magie:

„Ich liebe dich."

Alles, was du zu dir selbst sagst, hat ebenfalls Zauberwirkung. Wenn dir im Selbstgespräch immer wieder ein: „Ach, bin ich blöd!" über die Lippen kommt, nur weil du etwas vergessen hast, hat das Wirkung. Dein Gefühl, dich „nicht genug" oder „zu blöd" zu finden, kann von diesen flapsigen Selbstgesprächssätzen kommen, mit denen sich viele Menschen jeden Tag einer selbst konstruierten Gehirnwäsche unterziehen. Achte auf deine Worte – gerade auf die, die du mit dir alleine sprichst! Gehe mit dir selbst gut um, indem du gute Worte an dich aussendest.

Eigenes Mantra

Kreiere zum Beispiel dein eigenes Mantra oder deinen Zauberspruch, deine Affirmation oder wie du es nennen möchtest. Der Begriff Mantra kommt aus dem Hinduismus, beziehungsweise Buddhismus. Damit ist eine Art Spruch oder Wortfolge gemeint, die sich durch mehrmaliges Wiederholen einprägt und die dadurch dein Bewusstsein beeinflusst. Beim Mantra ist nicht nur der Inhalt wichtig, sondern auch die Tonlage und die Sprechtechnik, mit der du dich in eine bestimmte energetische Schwingung versetzt. Ich habe ein selbst entwickeltes Mantra, das ich mir besonders dann innerlich oder laut aufgesagt habe, wenn ich Angst hatte, mich zu zeigen, oder wenn ich wichtige Entscheidungen treffen musste oder auch zum Aufwachen, um jeden Tag voller Freude zu begrüßen. Mein Mantra lautet:

Ich bin schön.
Ich bin stark.
Ich bin selbstbewusst.

Das sage ich mehrere Male hintereinander auf, um es tief in meinem Inneren wirken zu lassen. Mir hilft das sehr. Ein anderes Mantra, das ich dir ans Herz lege, um aus der Haltung des „Kleinfühlens“ herauszukommen, ist dieses, das ich dir schon beim Thema „wahre Größe“ vorgestellt habe:

Ich vergebe.
Ich vertraue.
Ich bin in meiner wahren Größe.

Erschaffe dein eigenes Mantra, das mit deinen Worten gefüllt ist, die für dich wichtig sind. Überlege dir, welcher kurze einprägsame Satz dich innerlich stark macht, um dich besser zeigen zu können, um deinen Erfolgsweg selbstbewusst zu gehen, um dich für dein Business in Fülle zu öffnen und in die nächste Business-Phase einzutreten. Sprich dieses Mantra immer dann, wenn es dir nicht so gut geht, wenn Wichtiges ansteht oder zur Stärkung deines Selbst an jedem Tag. Deine Worte haben magische Kraft.

Bestimmte Wörter weglassen

In den Bereich der Wortmagie fällt auch meine Inspiration, jede Art von Entschuldigung sein zu lassen, um keine Schuld mehr zu kreieren und stattdessen in die Verantwortung für deine Taten zu gehen. Das beginnt bei deinen Worten. Statt eines lapidaren T'schuldigung, trau dich, anzusprechen, was los ist und wie es dir geht. Das ist echter Kontakt mit dir selbst und mit deinem Gegenüber. Auf diese Art festigst du, achtsam zu leben und nur noch die Dinge zu tun, hinter denen du wirklich stehst. Denn für die brauchst du dich nicht zu entschuldigen.

Das Weglassen von Wörtern wie „müssen" oder „sollen", sowie von unnötigem Gefasel wie „eigentlich" oder „aber", unterstützt deinen achtsamen Businessweg ebenso. Formuliere klar! Wortmagie bezieht sich übrigens nicht nur auf die gesprochene Sprache. Auch in deinen geschriebenen Texten auf deiner Website unterstützt es den Inhalt und deine Klarheit, sogenannte Füllwörter wegzulassen. Dadurch wird dein Text lesbarer und er wird obendrein besser in Suchmaschinen gefunden.[67] Eine klare Ausdrucksweise macht dich und deine Meinung sichtbarer.

Öffnende Sprache

Je authentischer du in deinem Sprachgebrauch bist, umso wirkungsvoller wirst du. Deine Worte ziehen an, was du aussendest. Schreibe und sprich jedes Wort mit Bedacht. Sei dir über die Wirkung bewusst und untersuche immer wieder die Sätze, die du formulierst. Entscheide dich täglich neu für eine öffnende Sprache und kultiviere diese.

Ein Beispiel für Einengung und Manifestation von Stress durch unbedachte Wortkonstruktionen ist dieses:

„Ich habe zu wenig Kunden. Ich hadere damit und will das nicht mehr."

Es liest sich, als wären dies zwei ganz normale Sätze. Doch für

---

[67] Krink, Sabine: Füllwörter: Lass sie weg!, 2019. Unter: https://super-sabine.de/fuellwoerter (abgerufen am: 17.06.2019)

dein System sendest du eine Doppelbotschaft aus, die dich unter Stress setzt. In dir versucht alles, beides zu erfüllen: zu wenig Kunden haben und genau das nicht mehr wollen. Beides wurde im Ist-Zustand formuliert und damit setzt du dich selbst unter Dauerstress. Das ist eine Zwickmühlensituation, wie du sie wahrscheinlich schon tausendfach kreiert und gespürt hast, ohne zu wissen, was du da tust.
Fügst du ein paar Kleinigkeiten hinzu, entsteht eine vollkommen andere Situation und die Energie verschiebt sich. Eine Lösung wird für dein System erkennbar. Folgende Wörter können hier auflösend wirken: „bisher“, „aktuell“, „zur Zeit“, „momentan“, „jetzt“, „bis hierhin“ oder ähnliche Begriffe. Damit kann sich Veränderung in Gang setzen.
„Ich habe *bisher* zu wenig Kund*innen.“
Diese Formulierung geht weg vom Ist-Stand, hin zu einer möglichen Entwicklung, dass sich ab jetzt etwas ändern darf. Damit lädst du das Leben ein und machst eine Tür auf, damit in Zukunft mehr Kund*innen zu dir kommen können. Das Gendersternchen öffnet obendrein den Kreis der potenziellen Kundschaft, weg von der reinen männlichen Form hin zu einer öffnenden Schreibform, die alle Menschen einschließt. Auch das kann deinen Kund*innenzufluss erhöhen. Eine Steigerung des veränderten Sprachgebrauchs wäre dann, wenn du den Satz mit dem „hadern“ in einen emotional wohltuenden Zustand umformulierst, wie zum Beispiel:
„Ich freue mich, wenn mehr Kund*innen kommen.“
Ein anderes Beispiel, das klar macht, wie einfach Wortmagie dadurch wirkt, dass du ein paar Begriffe einfügst, ist dieses:
„Ich habe nichts umgesetzt.“
Der Begriff „nichts“ entfacht eine starke Kraft, die den Fokus voll auf den Mangel legt. Prüfe, ob es wirklich stimmt, dass du „nichts“ mit dieser Absolutheit meinst, die das Wort aussagt. Du belügst dich manchmal selbst, indem du das Drama steigerst, und festigst den Mangel, wenn du solche absoluten Wörter verwendest. Öffnender wäre hier:

„Ich habe bisher kaum etwas umgesetzt."
Noch ein Beispiel ist dieses:
„Weil ich mir selbst total im Weg stehe, kriege ich es nicht hin."
Besser ist:
„Weil ich mir manchmal (zurzeit) im Weg stehe, kriege ich es aktuell (bisher noch) nicht hin."
Erkenne, wie machtvoll Wortmagie wirkt! Wandle deine Sätze und nutze bewusst solche Begriffe, die eine Einladung an dich selbst sind, um dich für Veränderungen zu öffnen. Du manifestierst, was du sprichst! Achte darauf, dass du deine Negativformulierungen in einladende Worte verwandelst. Das verändert enorm viel in deiner Haltung, in deinem System, in dem, was du nach außen bringst und was du anziehst. Worte haben immense Kraft und sind die Transmitter von deiner Innen- zur Außenwelt. Mit ihnen rufst du sozusagen in die Welt hinaus und diese resoniert auf das, was du aussendest.

Passwortzauber

Durch Wortmagie im Alltag kannst du Erfolg in dein Leben ziehen. Achte überall, wo du Worte in deinem Unterbewusstsein aktivierst, darauf, welche du nutzt. Du musst dich nicht dem beugen, was diese Gesellschaft „vorschreibt" oder von dem du glaubst, es „müsste so sein". Du darfst Eigenes kreieren und dich damit selbst steuern. Du bist die Schöpferin deines Lebens. Du kannst beispielsweise deinen Marmeladengläsern Namen geben, die Erfolg manifestieren, wie „Ich bin reich", oder du kannst die Ordner oder Dateien in deinem Business so nennen, dass sie Fülle signalisieren, wie „glückliche Kund*innen" oder „Buchhaltung meines Erfolgsjahrs xy" oder „Reichtumsstatistiken". Durch die Namensgebung richtest du dich bereits aus, weil das Wörter sind, die du oft liest. Bei allem, dem du eigene Namen zuordnest, kannst du deinen Erfolgswillen fördern und deinem System sagen, wohin es geht. Denn die stete, unbewusste Wiederholung prägt sich in dein Mind-Soul-Set ein. Es macht einen Unterschied, ob du deinen Ordner schlicht „Kunden" nennst oder „zufriedene Kunden“ oder „Business-Lieblingsmenschen“, wie ich die „Zielgruppe“ bezeichne. Ob dein Steuerordner „Steuer Jahr 2019“ heißt oder „Erfolgsbusiness Steuer Jahr 2019“, ist ebenfalls ein enormer Unterschied.

Auch bei Passwörtern kannst du dich selbst prägen und statt nichtssagenden Buchstaben und Zahlenkombinationen wundervolle Wortkreationen wählen, wie beispielsweise „gluecklich-erfolgreich-wirksam“ oder „ichbinwundervoll“ oder „authentischerfolgreichundwundervoll“ oder „Supererfolg1Million“ oder so, wie es für dich stark und kräftigend klingt. Gerade so ein Passwortzauber ist mächtig! Du gibst diese Worte ja immer wieder ein und das prägt deinen Mind.

Worte sind machtvolle Braintrainer. Wir sind dauernd von ihnen umgeben. Fernsehwerbung arbeitet damit, dass sich das permanente Wiederholen in unser Gedächtnis einprägt, bis wir verinnerlicht haben, dass Geiz echt geil wäre oder dass wir im Schlaf reich, schlank oder was auch immer werden würden. Dort, wo du diese Macht der Worte selbst nutzen kannst, bist du eingeladen, dieses wortmagische Instrument für dich sinnvoll zu verwenden. Du prägst dein Mind-Soul-Set, das so lange auf Mangel gepolt war („Ich bin nichts wert.“), zur Fülle („Ich bin wertvoll.“).

Finde eigene stimmige Ideen, wo du gut gewählte Begriffe in deinen Alltag einbauen kannst, die du ohnehin andauernd wiederholst, um dich selbst damit zu beeinflussen. Beobachte deinen Alltag und nutze jede Gelegenheit! Der Einkaufszettel darf mit einem Satz beginnen, der lautet: „Ich öffne mich für Reichtum.“ Oder dein Smartphone-Bildschirm kann den Text tragen: „Heute ist ein Erfolgstag.“ Ziehe den Erfolg regelrecht in dein Leben, indem du ihn immer wieder nennst. Setze Sprache und Worte als Instrumente ein, um dich innerlich kraftvoll auszurichten.

Geld willkommen heißen

Mit dem Geld und dem Geldzauber ist es ähnlich, wie mit den Worten. Das, was du aussendest, kommt zu dir. Das kannst du Geldmagie nennen oder schlicht: Fokus auf Geld ausrichten. Wie immer, wenn du etwas haben willst, lenke die Aufmerksamkeit genau dorthin. Wenn du achtsamer laufen möchtest, konzentrierst du dich auf deine Schritte. Das gleiche mache mit Erfolg und Geld: Fokussiere dich aufs Geld. Frage dich, wie willkommen das Geld bei dir ist. Bei Geld entstehen schnell Emotionen wie Angst oder Sorge, dass Geld weniger wird, abhandenkommt, zu wenig übrig bleibt oder du nicht weißt, wie du es behalten oder vermehren kannst. Viele empfinden tendenziell eher ein Stressgefühl mit Geld statt Freude. Die wohltuende Möglichkeit, es zu ehren, zu würdigen und willkommen zu heißen, ist für die meisten nicht existent. Lenke deinen Fokus auf einen schönen Umgang mit Geld.

Gut sichtbarer Preis

Das beginnt bei der Preisauszeichnung deiner Ware oder auf deiner Website. Wenn du deinen Preis miniklein versteckst, nebenbei irgendwo hinschreibst oder er mitten im Satz steht, kriegt ihn keine*r mit. Wenn du Geld haben möchtest, platziere den Preis liebevoll prominent. Deutlich. Klar. Schön. Und groß. Sichtbar! Wie viel Geld du für dein Produkt oder deine Leistung haben willst, ist wichtig. Lass Menschen nicht nach deinem Preis fragen, wenn du ihn „eigentlich schon weißt". Geh offen damit um. Wer hat dir gesagt „Über Geld spricht man nicht."? Hast du möglicherweise noch Glaubenssätze in dir schlummern, die enttarnt und aufgelöst werden wollen? Geh würdig mit Geld um – auch in der Kommunikation. Sprich gut über das Geld und freue dich, wenn es in dein Leben tritt.

Geldaltar

Entwickle ein wundervolles und erfüllendes Gefühl für Geld. Geld kommt gerne dorthin, wo es erwünscht ist und wo du es schön empfängst. Wenn du Seminare gibst oder Events machst, einen Laden oder Betrieb mit Laufkundschaft hast, achtest du auf eine gute Atmosphäre. Hast du schon jemals ein wundervolles Ambiente für Geld hergestellt, um es atmosphärisch willkommen zu heißen? Kreiere einen wunderschönen Geldplatz, um das Geld zu dir einzuladen und um ihm einen festen Platz in deinem Leben zu geben. Lege Geld auf einen eigens dafür erschaffenen Geldplatz, den du zum Beispiel „geldmagischer Altar" nennen kannst. Wenn du sparen willst, weil du nie Reserven hast, richte einen Geldplatz mit einer Spardose ein. Gib dir Mühe mit dem Ambiente! Kreiere einen Platz, an dem sich das Geld eingeladen fühlt, zu bleiben, und nicht sofort wieder die Flucht ergreifen will. Mach dem Platz Geschenke in Form von Edelsteinen, Federn oder Blumen, und: Lass den Platz nicht verstauben, sondern pflege ihn regelmäßig!

Geld-Dinner

Wenn du nicht genug Geld verdienst, mach ein Fest für das Geld oder ein Festessen, zu dem du das Geld einlädst. Schreibe eine Einladungskarte für ein Geld-Dinner, das du für dich und das Geld gibst. Koche und iss im vollen Bewusstsein, dass du das Geld an deinen Tisch bittest. Überlege dir eine Zeremonie.

Spiel mit dem Geld

Möglicherweise hast du Geld, aber keine Energie mehr. Du hast dich verausgabt. „Verausgaben" kommt von Ausgaben. Du hast nur ein Tauschgeschäft gemacht: Du hast Erschöpfung gegen Geld getauscht. Das ist nicht Fülle! Fülle ist, Geld und Energie und Freude am Leben zu haben.

Wenn du zwar Geld besitzt, dich dafür jedoch verausgabt hast, um es zu bekommen, mach etwas Entspannendes mit deinem Geld, etwas Leichtes. Bastle einen Papierflieger oder ein Boot aus einem Geldschein und lass diesen in einer Schüssel Wasser schwimmen. Bring Leichtigkeit und das spielerische Element in deinen Umgang mit Geld hinein.

Geld verschenken

Wenn du verbissen dein Geld festhältst, dann verschenke es! Ein

Euro oder zehn Cent sind kleine Einheiten, die dich dazu bringen, Geld besser loslassen zu können. Lege sie beispielsweise auf eine Parkbank, an öffentliche Orte oder gib sie bewusst Menschen, die du nicht kennst und die vielleicht weniger haben als du.

Früher haben mich Bettler*innen am Bahnhof gestresst, weil ich nicht wusste, wie ich mit dem Geld umgehen wollte, das ich in Fülle hatte und diese Personen nicht. Bis eines Tages eine Situation am Hauptbahnhof in Köln eskaliert ist, weil mich eine Frau bitter beschimpft hat und ich mich schlecht fühlte, ihr nichts gegeben zu haben. Ich hatte meinen Umgang damit nicht klar und wusste nicht, wie ich mit ihrer hartnäckigen Forderung umgehen wollte. Geld hatte mich ohnmächtig gemacht! Bis ich für mich entschieden habe: Es darf mir mit Geld – selbst mit sehr viel Geld – gut gehen und ich darf mir gleichzeitig überlegen, wie viel ich abgeben möchte und hierbei auch Grenzen setzen. Seither stecke ich immer, bevor ich auf einen Bahnhof gehe, einen bestimmten Geldbetrag in die Jackentasche, den ich schnell herausholen kann, wenn ich um Geld gebeten werde. Wenn dieser Betrag ausgegeben ist, verneine ich die Anfragen.

Seit dieser Entscheidung bin ich entspannt mit dem Loslassen und freue mich sogar, wenn ich den Wohnungslosen am Bahnhof damit eine Freude machen kann, statt mich gestresst zu fühlen, wenn ich angebettelt werde. Ich habe mir die Macht über die Situation zurückgeholt, treffe vorher eine Entscheidung, wie viel Geld ich abgeben will und lasse mit Leichtigkeit los.

Alles ist deine Entscheidung. Auch, ob du Geld hast oder nicht. Ob es zu dir kommt oder nicht. Ob du dich ohnmächtig fühlst oder wunderbar machtvoll mit deinem Geld lebst. Ob du leichten Erfolg hast oder ob du dich für ihn verausgabst. Alles ist deine Entscheidung. Entscheide dich für leichte Fülle in deinem Leben.

Dein Geldgefühl

Was für ein Gefühl hast du zu Geld? Ich meine nicht das emotionale Gefühl, sondern das haptische. Wie fühlt sich Geld für dich an? Nimm es in die Hand, schau es dir an, fühle es. Spüre wirklich, wie sich ein Geldschein oder Münzen anfühlen. Du wirst viel eher einen Zugang dazu bekommen, wenn du Geld wahrhaftig fühlst. Achte darauf, wie du Geld gibst und empfängst, sei es beim Bezahlen im Café, beim Trinkgeldgeben, beim Friseur, im Supermarkt oder im Restaurant. Bist du achtlos oder achtsam? Bezahle bewusst mit Freude, denn du tust damit einer anderen Person etwas Gutes.

Dein Geldgefühl zeigt sich auch beim Einstecken von Geld in dein Portemonnaie oder in die Tasche. Viele zerknittern die Geldscheine leichtfertig oder lassen die Münzen in der Handtasche herumfliegen. Beobachte dich selbst im tagtäglichen Umgang mit Geld und entwickle eine sorgsame und ehrwürdige Handhabung mit den Scheinen und Münzen. Spüre das Geld mit all deinen Sinnen und baue eine Beziehung zu ihm auf.

Ich war einst in einem Supermarkt, der einen Coin-Automaten hatte. Da konnte ich die ganzen Münzen aus einer Spardose hinein schütten, die dieser Automat dann zählte. Er gab einen Beleg mit dem Betrag aus und damit konnte ich einkaufen gehen. Als die Münzen durch den Eingabeschacht rauschten, klang das Coin-Geklimper wie ein Wasserfall. Das ist ein atemberaubend schönes Geräusch gewesen und ein geldglückseliger Zaubermoment. „So klingt also Geldfülle!“, dachte ich damals. Seither trage ich einen Klang für Geldfülle in mir.

Bezahlfest

Für mich ist das Bezahlen einer Rechnung oder einer Gehaltsüberweisung ein Fest. Wann immer ich die Chance habe, dies selbst vorzunehmen, macht es mir große Freude! Ich unterstütze damit einen anderen Menschen, indem ich mein Geld fließen lasse. Du kannst einen Akt der Ehre daraus machen, wenn du Rechnungen bezahlst, und dies voller Freude zelebrieren: Mach eine Kerze an, gieß dir einen leckeren Tee ein, leg gute Musik auf und dann nimm mit einem Glücksgefühl deine Rechnungsüberweisungen vor. Du bringst das Geld in Fluss, indem du es von dir weg fließen lässt und neues Geld zu dir fließen kann.

Wende bewusst Wortmagie und Geldzauber auf diese oder deine eigene Weise an, damit du dich selbst, dein Business und dein Leben beeinflusst und nicht beeinflusst wirst. Es sind magische und machtvolle Instrumente, mit denen du dein Mind-Soul-Set nachhaltig prägst.

Sei dankbar und ehre jeden Erfolg

Dankbarkeit ist eine mystische Wachstumskraft: Wann immer du sie ausschüttest, vermehrt sie sich. Alles, was du in deinem Business tust, ist ein Riesengeschenk. Sei dir dessen stets bewusst und ehre dies. Du lebst in sehr großer Freiheit, wählen zu können, wie du deine Aufgabe in dieser Welt erfüllst. Dankbarkeit ist der Schlüssel, um demütig anzuerkennen, welche Fülle du bereits hast – ganz gleich, wie viel Geld du verdienst oder wie viele Kund*innen schon bei dir kaufen. Ein Business zu führen, ist ein Privileg, das du dir erschaffen hast. Das ist großartig und gerade bei der geringen Gründerinnenquote in Deutschland eine starke Leistung. Ehre dich dafür, dass du diesen Weg weiblicher Selbstständigkeit gewählt hast. Du bist Teil einer Veränderungswelle, denn immer mehr sichtbare Erfolgsfrauen prägen die Welt.
Große Visionen zu haben, ist wichtig, voranzukommen auch. Backe kleine Brötchen, wenn du visualisierst und manifestierst. Erreichbare Ziele sind das Maß der Dinge. Stell dir zunächst eine*n einzige*n zufriedene*n Kund*in vor oder ein einziges verkauftes Produkt. Dann tue alles, was getan werden darf, um dieses Ziel zu erreichen. Vor allem jedoch: Feiere deine Erfolge! Jeden winzigen und jeden großen. Der Erinnerungsmagnet „Erfolgsglas“ ist ein guter Begleiter, um die kleinen Erfolgsschritte in dem Gefühl der Dankbarkeit zu gehen.
Würdige jedes Feedback, antworte auf jede Mail und jeden Kommentar, freue dich über jede*n Teilnehmer*in und jede*n Kund*in – auch wenn es nur eine*r ist! Das ist ein Grundprinzip, das deine Erfolgsentwicklung beschleunigt. Gib dir bei deinem Business Zeit, sehr viel Zeit. Ehre jeden noch so kleinen Erfolg. Mach dir bewusst, dass es nicht selbstverständlich ist, dass du Erfolg hast. Das ist die Frucht deiner hartnäckigen Arbeit, deines Dranbleibens, deiner Hingabe an deine Berufung und des konsequenten Folgens deiner Intuition. Auch wenn laut Deut-

schem Startup Monitor 2018 nahezu 60 Prozent der Gründer*innen wieder ein Start-up gründen würden[68], wenn sie scheitern, ist Scheitern die Norm. Mach dir das bewusst. In der Regel überlebt nur eines von zehn Start-Ups langfristig.[69] Wenn du erfolgreich bist, ist dies also die Ausnahme. Ehre dich dafür!
Sich anzusehen, was du wirklich erreicht hast, statt dich auf das zu fokussieren, was du noch nicht geschafft hast, setzt Energie frei, um weiterzumachen. Auf diese Art gehst du deinen Erfolgsweg und durchläufst alle sieben Zyklusphasen in deinem Tempo und mit tiefer Erfüllung. Es macht dich glücklich, wenn du dich dankbar fühlst. Kultiviere deshalb Dankbarkeit, weil sie ein wahrer Glücksbooster ist. Wie du Dankbarkeit in deinem Leben etablierst, habe ich dir bei den Erinnerungsmagneten mit konkreten Tipps beschrieben.
Erinnere dich zudem, dass du nicht nur ein Jetzt-Leben hast, sondern verknüpft bist mit deinen Eltern und deinen Ahn*innen. Das ist deine Linie, aus der du hervorgegangen bist und die dich geprägt hat. Ganz gleich, wie du zu deinen Eltern stehst, ob sie noch leben oder nicht, ob du Kontakt zu ihnen hast oder nicht: Sie gehören zu deinen Wurzeln. Ehre deine Herkunft und sei dankbar für die Wurzelkraft, die aus deiner Ahn*innenlinie kommt.
Lass der Dankbarkeit die Chance, sich auszuweiten, denn alles, was du an Energien nach außen trägst, inspiriert auch andere Menschen. Gerade Dankbarkeit hat hohes Wachstumspotenzial, wenn du sie verbreitest.

---

[68] Kollmann Prof. Dr., Tobias, Hensellek, Simon, Benedikt Jung, Philip, Kleine-Stegemann, Lucas: Deutscher Startup Monitor 2018, Neue Signale, klare Ziele, Frankfurt, Bundesverband Deutsche Startups e.V.: 2018

[69] Für-Gründer.de GmbH, Studie: Start-up-Landschaft in Deutschland zeigt sich von neuer Seite, 2019. Unter: https://www.fuer-gruender.de/blog/2018/10/deutscher-startup-monitor-2018 (abgerufen am: 18.06.2019)

Aktiviere deine Schöpferinnenkraft

Nichts auf dieser Erde ruht wirklich. Alles bewegt sich immer und schwingt andauernd. Elektronen und Atome, aus denen Materie besteht, sind stets in Bewegung und verströmen je nach Materie und Zusammensetzung eine andere Art von Schwingung.[70] Alles ist folglich in Bewegung. Du erkennst die jeweilige Schwingbewegung nicht immer sofort. Doch sie ist da. Das Meer hat auf mich eine magische Wirkung, denn es bewegt sich stetig ohne Stillstand, und zwar sichtbar. Das finde ich tröstlich und beruhigend. Zugleich zeigt es mir sehr deutlich: Es ist niemals Bewegungslosigkeit! Alles ist immer in Aktion.

Das bedeutet: Was immer du tust oder lässt, hat Auswirkungen. Nicht zu wirken, geht nicht. Selbst, wenn du dich nicht sichtbar machst, hat dies eine Wirkung. Es liegt also an dir, wie du dein Umfeld gestaltest und welche Reaktionen du bewirkst. Du kannst die vorhandenen Schwingungen annehmen und mit ihnen schwingen oder dich ihnen entgegensetzen. Oder du kannst komplett eigene Schwingungen kreieren und andere dadurch mit dir schwingen lassen. Es ist immer deine Entscheidung. Wenn du nichts bewegst, wirst du bewegt. Du kannst andere Menschen mit deinem Geist und deinem Spirit beseelen, du kannst sie begeistern und ermutigen, du kannst sie inspirieren und zu Neuem anstiften. Dein Sein und dein Tun hat Auswirkungen. Tust du nichts und machst du dich mit deinem Leuchten nicht sichtbar, verglüht dein Stern schlimmstenfalls in der Schwingung eines anderen Sterns und geht dort verloren. Auch das hat Auswirkungen! Bewahre dir deine eigene Schwingung und setze dich und dein Umfeld in eine gute Bewegung.

Frauen sind hochgradig schöpferische Wesen. Wir können gebä-

---

[70] Hermetik Akademie GmbH: Hermetisches Gesetz der Schwingung, 2018, unter: https://www.hermetik-international.com/de/hermetisches-gesetz-der-schwingung (abgerufen am: 18.06.2019)

ren – Kinder oder Projekte, Ideen und Urwissen. Wir entscheiden über Leben und Tod, denn wir regieren über den Fortbestand der Menschheit. Gebären wir nicht, stirbt die Menschheit aus. Das ist ein großes Machtpotenzial, das in jeder einzelnen Frau schlummert. Sei dir deiner Schöpfungskraft bewusst. Du bist die Herrin deines Lebens und die Königin in deinem Lebensfeld. Mach daraus das Beste, das dir möglich ist! Verleihe deiner kreativen Schöpferinnenseite Ausdruck und kanalisiere sie bewusst. Lass nicht zu, dass du von anderen bewegt wirst. Bewege selbst!

Da wir rund fünfzigtausend Gedanken pro Tag haben, ist es entscheidend, was du denkst. Du kannst dich fremdsteuern lassen, zum Beispiel durch Werbebotschaften und Gesellschaftsmeinungen, wie

„Älter werden ist schlecht."

„Du musst immer fit sein."

"Das Leben ist doof/immer ein Hit/eine Bürde."

"Gutes Aussehen ist alles!"

„Junge Menschen können noch nichts, du brauchst erst ein gewisses Alter."

und so weiter.

Oder du entscheidest, von was du dich beeinflussen lässt, und steuerst dein Gedankengut selbst. Denn unsere Gedanken werden permanent durch unsere Außenwelt mitbestimmt. Um die Themen in dein Leben hinein zu ziehen, die du haben möchtest, fokussiere dich darauf, mit welchen Fragen du dich beschäftigst und wohin deine Gedankenreise in jeder einzelnen Sekunde geht.

Was dich unterstützen kann, um aus dem Zustand des ewigen Haderns und Kämpfens herauszukommen, ist, Vertrauen in deine Seele zu haben. Sie führt dich. Wenn du sie lässt, tut sie das auf ganz zauberhafte Weise, denn sie ist daran interessiert, dass du dein Leuchten nach außen entfaltest und dein wundervollstes Sein lebst. Nimm an, was ist. Alles geschieht zur rechten Zeit und ist gut, so wie es ist, denn du hast es dir genau so erschaffen.

Es funktioniert nie, dir selbst zu sagen: „Du musst dich ändern!“. Wenn etwas geschieht, dann deshalb, weil du es gerade so in deinem Leben und Business brauchst. Dann ist das ein Geschenk oder eine Herausforderung, mit der du einen kreativen Schöpfungsprozess erleben darfst. Mach etwas Wundervolles daraus! Du hast die Schöpferinnenkraft dazu.

- Erster Schritt: Fühle, was du brauchst. (Ist-Stand)
- Zweiter Schritt: Äußere, was du willst. (Absicht)
- Dritter Schritt: Erschaffe, was du möchtest. (Handeln)

Das ist machtvolles Leben. Das ist Verantwortung übernehmen – für dich. Geh in deine Macht, statt dir und anderen in Ohnmacht und Starre zu begegnen.

Manche Frauen versuchen die Unterdrückung ihrer schöpferischen Kraft durch zu viel oder zu wenig gelebtes kreatives Frau-Sein zu kompensieren. Nicht (genug) gelebte Anteile deiner Schöpferinnenpower können sich in Hochsensibilität äußern, die dich blockiert oder durch die du dich in die Einsamkeit drängst. Statt Bedingungen zu erschaffen, in denen du dich als wahrnehmungssensible Frau wundervoll entfalten kannst, leidest du unter deiner hohen Sensibilität. Oder deine ungelebte Schöpferinnenmacht äußert sich als Selbstdarstellerin, die sich in nervigen Inszenierungen den Mittelpunkt sichert, und erhöhte Ansprüche an ihr Umfeld stellt, um sich selbst als „besonders“ empfinden zu können. Statt sich verantwortungsbewusst dafür einzusetzen, dass sie ihre Kreativität auf gute Weise zum Wohle aller ausleben kann. Kreativität ist alles. Auch das Zubereiten von Essen mit dem, was im Kühlschrank übrig ist, kann ein kreativer Schaffensprozess sein. Zelebriere dein Leben und gib der Kreativitätspower und Schaffenskraft in dir Raum. Würdige sie, ehre sie. Es muss nicht immer das künstlerische Tun sein, doch gib den kreativen Anteilen einen festen Platz in deinem Leben.

Im Business bist du beim Durchlaufen des Zyklus ständig gefordert, das Beste aus Situationen zu machen und deinen Selbst-

ausdruck zu leben, um mit dem umzugehen, was von außen an dich herangetragen wird. Lerne, deine Schöpferinnenkraft einzusetzen und dein Business aktiv zu bewegen und zu gestalten. Dazu brauchst du die Anerkennung deines einzigartigen Selbstausdrucks ebenso wie das Lob für dein finanzielles Wachstum. Jede Frau ist anders, jede ist kreativ. Deinen einzigartigen Kreativausdruck anzuerkennen, bedeutet, wahre Größe zu leben. Wenn du dein Meisterinnenwerk nicht lebst, bleibt es für die Welt verloren. Räume deiner Persönlichkeit in all ihren Facetten Platz ein!
Die kreative Frau vervollständigt mich, wenn ich sie lebe. Den intuitiven Fähigkeiten einen Ausdruck zu geben, ist gelebte Kreativität und Schöpferinnenkraft. Du als Frau hast Macht und das ist eine Gnade. Gib dich dem großen Ganzen hin und lebe diese schöpferischen Qualitäten, die Neues erzeugen und wahrhaftig verändern. Erfüllt leben zu wollen und dabei nur auf Außeneinflüsse zu reagieren, lässt sich nicht vereinbaren. Bestimme selbst, was du fühlen und wahrnehmen möchtest, in welchen Energien du dich aufhalten willst und welche Menschen dir begegnen dürfen. Manchmal funktioniert dies nur mit viel Rückzug aus klassischen gesellschaftlichen Aktivitäten. Zugfahrten, Supermarkt, Einkaufscenter, Fernsehen, Elternabende, Familienfeiern, Essen gehen im Restaurant, Stadtfeste können dich in einen Energiemodus ziehen, der dir nicht gut tut. Dann ist Rückzug und (scheinbarer) Verzicht auf solche Aktivitäten und Menschen die beste Lösung. Erkläre dich nicht. Bleibe dem einfach in aller Klarheit fern. Du brauchst dich nicht zu rechtfertigen. Es gibt kein Gesetz der Höflichkeit. Höflichkeit ist antrainiert und kommt von außen. Wertschätzung entspringt deiner Seele und kommt von innen. Selbstwertschätzung und Selbstachtung sind wichtiger als Höflichkeit. Sorge gut für dich und entziehe dich Energiesaugern oder Überforderungssituationen.

Lausche deinem schöpferischen Selbst, das sich ausdrücken und das Wahrhaftiges kreieren möchte. Erlaube dir, deine

Schöpferinnenkraft machtvoll zu leben. Das befähigt dich, jede der sieben Phasen des Zyklus weiblicher Selbstständigkeit mit aller Intensität und in Fülle zu genießen. Es ist dein Business und dein Leben. Entscheide dich, es als sichtbare Erfolgsfrau zu leben!

| Mantras und Wortfreuden

Mantras kommen aus dem Buddhismus und wirken durch die permanente Wiederholung und den Singsang, der beim Aussprechen angewandt wird. Für mich haben sie keinen religiösen Zweck. Die kurzen Sprechzeilen unterstützen als Wortfreuden den Geist und die Seele. Das Variieren der Tonlage und Lautstärke versetzt dich in energetische Schwingungen, damit den Worten Taten folgen. Ein 3-Satz-Mantra ist besonders effektiv, denn die Drei ist die Zahl der Verwirklichung.

Ich bin klar.
Ich bin frei.
Ich bin eins mit mir.

Ich bin erfolgreich.
Ich bin wertvoll.
Ich leuchte und bin voller Freude sichtbar.

Ich übernehme Verantwortung.
Ich bin mächtig.
Ich habe Macht.

Ich bin schön.
Ich bin stark.
Ich bin selbstbewusst.

Ich vergebe.
Ich vertraue.
Ich bin in meiner wahren Größe.

| Das Manifest der Erfolgsfrau

Eine Erfolgsfrau **LIEBT** sich so, wie sie jetzt ist.
Sie übernimmt gerne und mit Freude die volle **VERANTWORTUNG** für ihr Leben, wie sie es sich kreiert hat und kreiert.
Eine Erfolgsfrau steht **AUFRECHT** zu dem, was sie denkt, fühlt, sagt und tut.
Eine Erfolgsfrau traut ihrer **INTUITION** und folgt ihr.
Sie entfaltet ihr volles Potenzial und lebt in **FÜLLE**.
In jeder Sekunde ist sie bestmöglich authentisch, ehrlich,**WAHRHAFTIG** zu sich und anderen.
Sie erkennt ihre wahre **AUFGABE** im Leben, nimmt sie an und gibt sich ihr hin – zu ihrem eigenen und zum Wohle aller.
Sie nimmt ihre **MACHT** an und nutzt sie würdevoll zum Wohle aller.
Eine Erfolgsfrau gibt jede Sekunde das Bestmögliche und erkennt sich dafür an, dass dies aktuell das **BESTE** ist, zu dem sie fähig ist.
Eine Erfolgsfrau weiß, dass wir alle miteinander **VERBUNDEN** sind.
Sie nimmt jeden Tag als **GESCHENK** oder Herausforderung an.
Sie lebt **WACHSTUM**, Fülle und Erfolg in jeder Hinsicht.
Sie erkennt an, dass sie stets eine **WAHL** hat und dass sie es ist, die diese Wahl trifft.
Sie kreiert **FREUDE**, Liebe und Frieden in ihrem Leben.
Eine Erfolgsfrau ist **GLÜCKLICH** und sorgt dafür, ihr Glück selbst zu kreieren.
Sie macht sich **SICHTBAR**, so gut und klar, wie es ihr jetzt möglich ist, und lässt ihr Licht leuchten.
Sie teilt, **DIENT** und gibt zum Wohle aller, was sie kann, und geht mit dem Leben in Resonanz, um zu bekommen und zu empfangen, was sie braucht.
Eine Erfolgsfrau öffnet sich für die Entstehung von Neuem

durch die **VERBINDUNG** mit anderen.
Sie geht **ACHTSAM** und würdevoll in Kontakt mit anderen.
Sie öffnet ihr Herz, um **FRIEDVOLL** mit allen und allem zu leben.
Sie **LIEBT** bedingungslos.

| Abschluss

Dankbarkeit

Mein für mich wichtigstes Werkzeug für Erfolg verrate ich dir jetzt: Es ist die Dankbarkeit. Ich kultiviere Dankbarkeit auf vielen Wegen, denn sie multipliziert sich so wundervoll leicht, wenn ich sie mit anderen teile. Sie ist für mich die magischste Kraft, um mit allem anderen in wahrhaftige Verbindung zu gehen: Selbstliebe, Verantwortung, Fülle.

Mein besonderer Dank in Hinblick auf die Erstellung dieses Buches geht an ...
Sava, meine wundervolle Tochter, deren weise alte Seele sich mich als Mutter ausgesucht hat. Jeder Tag mit ihr ist bis heute ein einziges Wunder und sie überrascht mich immer wieder aufs Neue. Ich bin dankbar für dieses Geschenk, eine solch bezaubernde, tiefsinnige und kreative Tochter zu haben und diese außergewöhnliche Frau ein Stück ihres Weges begleiten zu dürfen.
All die seelenschönen Illustrationen hat Sava Krink gezeichnet, wodurch sie dieses Buch auf ihre ganz eigene, zauberhafte Art bereichert. Es ist für mich eine Ehre, dass sie ihr Talent und ihre Schöpferinnenkraft mit hinein gegeben hat.
Dirk, meinen Gefährten und Partner an meiner Seite, mit dem ich bald zwei Jahrzehnte durchs Leben gehe. Er ist meine Herausforderung, meine Stärkung, mein Rückhalt und mein Antrieb, mich weiter zu meiner schönsten Version als Frau zu entfalten, denn seine Liebe für mich und meine Liebe für ihn möchte in immer größerer Tiefe gelebt werden.
Zudem danke ich ihm für seinen Respekt, seine Wertschätzung und seine Unterstützung für mein Wirken und fürs Korrekturlesen. Er ist das beste „Fehlerfinde-Trüffelschwein“ der Welt!
Denisa, meine Seelenschwester, Verbündete in der magischen und diesseitigen Welt, Gefährtin auf dem Weg, gemeinsam für

die Freiheit der Frauen zu gehen und für tiefste Heilung und für den Frieden einzustehen. Ihr Vertrauen in mich ehrt mich, denn ich werde der mystischen Drachenfrau auf Reisen die Hand halten und reichen, wohin auch immer sie geht, und solange wir diesen Weg gemeinsam beschreiten. Von Königin zu Königin im Wissen und Erkennen des Großen, was wir miteinander gehen dürfen, sage ich der wundervollsten Seelenfrau, mit der ich so intensiv reflektieren, erkennen, transformieren und heilen kann, wie mit sonst keiner, meinen tiefen Dank.
Zudem danke ich ihr für alle ihre Feedbacks auf dem Weg zur Veröffentlichung dieses Buches, die mir stets Inspiration waren.

Ich danke außerdem ...
Katja B. für ihre übersprudelnde Energie, ihre Ehrlichkeit und ihren tiefen Glauben an meine Größe und damit an ihre eigene. Andrea L. für ihre Frauenkraft und lebensfrohe Schönheit, die mich so oft inspiriert hat, und ihrem Mann Veit L. dafür, dass er sich auf seinem Weg befindet und sich damit zeigt, denn das hat mich ermutigt, meinen eigenen Weg zu gehen. Anja N. dafür, dass ich mit ihr erleben darf, wie wunderschön Leben und Sterben miteinander verwoben sind. Frank A., weil er in mir die Hoffnung festigt, dass Frauen und Männer in Achtung, Respekt und Frieden miteinander leben können, und weil er nicht aufgehört hat, mich sanft zu fordern, bis ich auf der Bühne alles lebe, was gelebt werden will. Maarten H. für „Einfach mal die Klappe halten, Männer!“. Jeder einzelnen Frau, die in meinem Feld ist (überall auf der Welt), für ihren Willen, Mut und ihre Selbstliebe, sich wahrhaftig zeigen zu wollen, und für ihr Vertrauen in mich, sich dabei von mir begleiten zu lassen. Für jede sichtbare Erfolgsfrau, die mit ihrem Sein die Welt bereichert.

Möge das Frauenleuchten hell erstrahlen.

Ich erkenne mich

Ich bin die Schöne, die in den Spiegel schaut und die gelebten Geschichten in ihren Falten sieht.
Ich bin die Trauernde, in deren Weinen um die Verletzungen an mir und all meinen Schwestern die Wölfinnen heulend einstimmen.
Ich bin die Mutige, weil ich im Feuer stehen bleibe, wenn Wahrhaftigkeit mein Ego zerfrisst.
Ich bin die Demütige, wenn ich atemlos den keimenden Samen in der Erde erblicke.
Ich bin die Glückliche, wenn ich in deine leuchtenden Augen sehe und deine Schönheit wahrlich erkenne.
Ich bin die Kriegerin, wenn ich das Schwert der Heldin führe und mich erhebe, weil es einfach richtig ist.
Ich bin die Schöpferin, die in der Feuerglut des Lebens verbrennt, um mich als Phönixfrau neu zu gebären.
Ich bin die Staunende, wenn Ideen aus mir sprudeln wie glucksende Wasserströme aus ihrer Quelle.
Ich bin die Liebende, deren Herz endlos überquillt, weil mein ganzes Sein durchdrungen ist von Glück.

Ich bin Tochter und Mutter. Bin Lernende und Gelehrte. Bin Schwester, Geliebte und Gefährtin.
Ich bin eine Königin.
Ich bin du. Und du bist ich.
Ich erkenne mich. In dir.

| Literaturverzeichnis

Bahr, Petra 2006: *https://www.ekd.de* (abgerufen am: 22.04.2019)
Bibliographisches Institut GmbH Dudenverlag, 2019: *https://www.duden.de* (abgerufen am: 17.03.2019)
Cayir, Fulya, Flocke, Camille 2018: *https://www.handelsblatt.com* (abgerufen am: 15.03.2019)
Dechant, Andrea, *Die Sonnenkräuter.* Wien: Bliss Media, artedea eBooks 2017
Dechant, Andrea, Bliss Media, 2008: *https://artedea.net* (abgerufen am: 19.03.2019)
FRA – Agentur der Europäischen Union für Grundrechte: *Gewalt gegen Frauen: eine EU-weite Erhebung.* Wien (Österreich): Luxemburg: Amt für Veröffentlichungen 2014
Europäische Union Kommission, 2017: *https://ec.europa.eu* (abgerufen am 22.032019)
Für-Gründer.de GmbH, 2019: *https://www.fuer-gruender.de* (abgerufen am 18.06.2019)
Haarkemper, Wiebke, 2013: *http://www.schamanische-krafttiere.de* (abgerufen am: 28.03.2019)
Held, Kurt: *Die rote Zora und ihre Bande.* Leipzig: E. Klett Schulbuchverlag Leipzig GmbH 2004
Holitzka, Marlies & Klaus: *E.V.A. Projekt, Meine vielen Gesichter. Entdecke und lebe deine Vielfalt.* Uhlstädt-Kirchhasel: Arun-Verlag 2012
Hermetik Akademie GmbH, 2018: *https://www.hermetik-international.com* (abgerufen am: 18.06.2019)
Hofmann, Antje und Helmut G.: *Die Botschaft der Edelsteine.* München: Hugendubel 1992
Kailitz, Susanne, 2019: *https://www.das-parlament.de* (abgerufen am: 20.6.2019)
König, Mareike, 2017: *https://www.welt.de* (abgerufen am: 27.03.2019)
Kollmann Prof. Dr., Tobias, Hensellek, Simon, Benedikt Jung, Philip, Kleine-Stegemann, Lucas: *Deutscher Startup Monitor 2018, Neue Signale, klare Ziele.* Frankfurt: Bundesverband Deutsche Startups e.V. 2018
Krink, Sabine 2019: *https://super-sabine.de* (abgerufen am: 11.03.2019)
Krink, Sabine: *In 10 Schritten zu deinen Business-Lieblingsmenschen.* Köln: Super Sabine 2018
Metzger Dr., Georg: *KfW Gründungsmonitor 2018.* Frankfurt am Main: KfW Bankengruppe 2018
Noble, Vicki: *Mythen, Musen und Tarot, Motherpeace.* München: Frauenoffensive, 1991
Riederer, Antje: *https://www.mondfee.de* (abgerufen am: 24.3.2019)

Sams, Jamie, Carson, David: *Karten der Kraft, Ein schamanisches Einweihungs-Spiel in den „Pfad der Tiere“*. Aitrang: Windpferd Verlagsgesellschaft mbH 1992
Sanchez, Maria 2019: *https://shop.sehnsuchtundhunger.de* (abgerufen am: 12.06.2019)
Sanchez, Maria: *Die revolutionäre Kraft des Fühlens*. München: Gräfe & Unzer Verlag GmbH 2019
Sigg, Gabriele: *Das Sehen als weibliche Form der Erkenntnis, Ein theoretischer Versuch*. In: Tattva Viveka, Zeitschrift für Wissenschaft, Philosophie und spirituelle Kultur 2016
Soutschek, Alexander, Universität Zürich (UZH) 2017: *https://www.media.uzh.ch* (abgerufen am: 13.3.2019)
Statista GmbH, 2018: *https://de.statista.com* (abgerufen am 15.3.2019)
Vaihinger, Hans: *Philosophie des Als Ob*. Leipzig: Verlag von Felix Meiner 1922
Verband der Gründer und Selbstständigen Deutschland e.V.: *Selbstständigen Report 2018*. Neunkirchen: Buhl Data Service GmbH 2018
Verlag opus magnum, Müller, Prof. Dr. Lutz, 2011: *https://symbolonline.de* (abgerufen am: 18.03.2019)
Vertical Media GmbH, 2019: *https://www.gruenderszene.de* (abgerufen am: 18.03.2019)
Viversum Redaktion 2017: *https://www.viversum.de* (abgerufen am 22.03.2019)

Printed in Poland
by Amazon Fulfillment
Poland Sp. z o.o., Wrocław

51627603R00212